THE SMART
SWARM

SMART SWARM

스마트 스웜

THE SMART SWARM

스마트 스웜

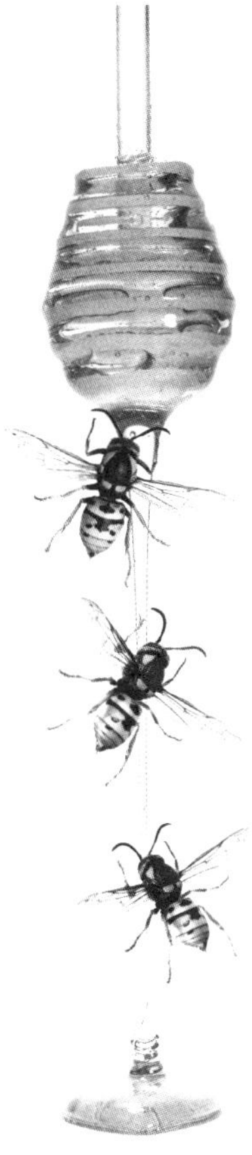

피터 밀러

이한음 옮김 · 이인식 해제

김영사

스마트 스웜

지은이 피터 밀러
옮긴이 이한음
해제 이인식

1판 1쇄 발행 2010. 9. 16.
1판 4쇄 발행 2023. 9. 25.

발행인 고세규
발행처 김영사
등록 1979년 5월 17일(제406-2003-036호)
주소 경기도 파주시 문발로 197(문발동) 우편번호 10881
전화 마케팅부 031)955-3100, 편집부 031)955-3200 | 팩스 031)955-3111

값은 뒤표지에 있습니다.
ISBN 978-89-349-4139-2 03320

홈페이지 www.gimmyoung.com
블로그 blog.naver.com/gybook
인스타그램 instagram.com/gimmyoung
이메일 bestbook@gimmyoung.com

좋은 독자가 좋은 책을 만듭니다.
김영사는 독자 여러분의 의견에 항상 귀 기울이고 있습니다.

서문

SMART
SWARM

많은 이들이 군중, 대규모 협력, 기업 생태계, 네트워크를 어떻게 하면 일을 더 잘 할 수 있도록 재편할 수 있는지를 연구해왔다. 그 중 한 사람인 나는 우리가 당대의 심층구조, 건축방식에 가장 큰 변화가 일어나는 초창기에 있다고 확신한다. 하지만 그것은 과학보다 기술에 훨씬 더 가깝다고 느낄 때가 많다. 자연은 과학을 통해 우리를 도울 수 있다.

우리는 사회를 구성할 때, 종종 전통적인 위계 조직을 택하곤 한다. 이 모형은 일을 체계화하고, 권위를 확립하고, 자원을 배분하고, 업무를 할당하고, 관계를 정의하고, 조직이 돌아갈 수 있도록 하는 방식으로서는 잘 작동해왔다. 그리스, 로마, 중국, 아메리카의 고대 노예 제국이든, 더 나중에 지구 전체를 뒤덮었던 봉건 제국이든, 산업 자본주의의 기업이든, 소련식 공산주의의 관료제든 간에, 위계 조직은 인류 역사의 여명기부터 우리와 함께 했다. 권한 부여, 팀제, 네트워킹을 앞세우는 오늘날의 경영 문헌들조차도 명령과 통제 방식을 전제로 삼는다. 즉 한 조직에 속한 모든 사람은 다른 누군가에 종속되고 모든 기업은 공급 사슬을 통해 종속 기업을 통제한다. 낡은 경제 개발 모형에 따르면, 일벌들은 벌꿀을 생산할 때 감독을 받아야 한다.

이 기본 개념은 확고한 지위를 차지하고 있지만, 전통적인 위계 조직은 점점 더 한계를 드러내고 있다. 20여 년 전 피터 드러커는 관리자를 "정보 이전 시대의 전통적인 조직에서 미약하고 산만한 신호를 증폭시켜서 정보를 전달하는 인간 증폭기, 즉 중계기"라고 묘사했다. 아래로부터의 의사소통은 정식 노사 관계를 통할 때를 제외하고 제한될 때가 많다. 위계 조직은 대개 관료적이며, 직원에게 동기부여를 하지 못한다. 때문에 혁신, 가치 창조, 소비자 관계를 위해 인적 자본을 자유롭게 활용할 필요가 있는 오늘날의 경제로 삼기에는 점점 더 미흡해지고 있다.

게다가 거래와 협력에 수반되는 비용을 급격히 줄이는 의사소통 매체인 인터넷의 등장으로 기업의 업무 절차에서 두 가지 근본적인 변화가 일어났다. 첫째, 기업을 비롯한 기관들의 내부 일 처리 방식을 다른 식으로 재편할 수 있는 대안들이 나타난 것이다. 피터 밀러가 말하듯이, 베스트바이 같은 기업은 예측 시장 같은 기법을 통해 다수의 지혜를 더 효과적으로 활용할 수 있으며, 그럼으로써 그들은 위계 통제의 핵심 교리에 도전한다. 동료들은 위계 조직 특유의 사일로silo 효과 같은 폐쇄적인 장벽을 넘어 서로 협력할 수 있다. 권력이라는 개념도 재고된다. 업무는 새 프로젝트 모형을 토대로 재편할 수 있으며, 그런 상황에서는 인적 자본의 재능이 명령과 통제의 속박에서 풀려날 수 있다. 직원은 나름의 상호 연결망을 구성하고, 상호작용을 통해 지구 전체에 걸친 실시간 노동력 역할을 할 수 있는 범기능적인 팀을 짤 수 있다. 위계 조직을 느슨하게 하고 직원에게 더 많은 권한을 부여한다면, 혁신 주기가 빨라지고, 저 비용 구조를 구축하고, 더 신속하며, 소비자에게 더 빨리 응답하고, 시장에서 더 신뢰와 존중을 얻을 수 있다.

둘째, 기업은 혁신을 일으키고, 상품과 용역을 창출하고, 공적 가치까지 산출하도록 능력을 조화시킬 강력한 새로운 접근법이 가능하도록 그 경계가 더 모호해질 수 있다. 기업은 위계적 공급 사슬이 아니라, 참가자의 역할, 동기, 행동이 다르며, 극적으로 더 나은 결과를 내놓는 P2Ppeer-to-peer 망을 구축할 수 있다.

하지만 여기에는 이 모든 것을 규명할 더 나은 과학이 빠져 있다. 이 책은 바로 그것을 제공한다. 자연 자체에 존재하는 역동적이고 복잡한 협력 체제로부터 우리는 무엇을 배울 수 있을까? 자연은 복잡계 이론을 현실에 적용하는 일에 어떤 도움을 줄 수 있을까?

앞서 나를 비롯한 연구자들은 네트워크 조직의 출현을 V자 대형을 형성하는 기러기 떼에 비교했다. 중앙 통제 없이 조화롭게 혼연일체가 되어 행동하는 무리 말이다. 오래 전 〈하버드 비즈니스 리뷰〉의 편집장 토머스 스튜어트는 기러기 떼의 움직임이 나름의 국소적인 세계 인식을 토대로 움직이는 각 개체의 행동의 총체적 결과라고 설명한 바 있다. 거기에 지도자는 없다. V 대형의 선두에 있는 새는 바람 저항 때문에 가장 열심히 날갯짓을 해야 한다. 하지만 피로해지면 다른 새가 그 자리를 대신한다. 기러기들은 일종의 협동 리더십을 발휘하는 셈이다.

이 책이 나옴으로써, 우리는 처음으로 새, 물고기, 곤충 등 다양한 동물 무리로부터 얻은 교훈들을 하나로 모을 수 있게 되었다. 이 책은 그런 교훈을 통해 어떻게 하면 우리가 더 일을 잘할 수 있는지를 쉽게 읽히는 문장에 담았다. 어떤 의미에서 이 책은 협동의 과학을 창시하기 위해 한 걸음 내딛었다고 할 수 있다.

이 모든 논의는 어디로 향할까? 모든 사람이 지구 전체의 디지털 기간망을 통해 연결됨으로써 정보뿐 아니라 기억하고 정보를 처리하고 더 나아가 생각하는 능력까지도 공유하기 시작한다는 것이 가능할까? 이것이 그저 멋진 비유에 불과할까, 아니면 우리가 정말로 네트워킹을 점점 더 많은 인적 자본을 연결하고 다시금 질(연결 정도)을 양(근본적으로 새로운 무언가)으로 전환시킬 신경망으로 생각하게 될까?

독자는 이 책을 즐기게 될 것이다. 그것은 미래에 관해 예측하기 때문만이 아니다. 오히려 이 책은 오늘날 어떻게 하면 더 나은 조직을 만들 수 있을지를 고심하는 우리에게 자연이 무엇을 말해줄 수 있는지를 알려주는 실용적인 지침으로 가득하다. 어떻게 하면 당신의 회사가 자기조직화, 다양성, 지식, 개인간의 협동, 적응성 모방을 받아들여서 경쟁회사를 이기거나 사회에 더 공헌을 할 수 있을까? 그리고 어떻게 해야 영리한 무리의 어두운 이면을 회피할 수 있을까? 한 번 읽어보시라. 그러면 알 수 있다.

돈 탭스코트
《위키노믹스》 저자

프롤로그

SMART SWARM

미심쩍으면 전문가에게 물어보라

얼마 전 사우스웨스트 항공사는 심각한 문제로 고심하고 있었다. 오랫동안 유지해온 여객기 자유 좌석제 방침을 폐기해야 할까 하는 문제였다. 주요 항공사 중에 승객이 탑승하여 자기가 앉을 자리를 고르도록 하는 곳은 사우스웨스트뿐이었다. 이 항공사는 34년 넘게 그 방식을 써왔으며, 항공 산업계의 이단자라는 자부심을 갖고 있었다. 사우스웨스트가 승무원에게 비행 중에 농담을 하라고 격려한 최초의 항공사였다는 점도 기억하도록. 그런 독불장군식 태도는 세계 최대의 항공사 중 하나로 자리를 잡는 데 한몫 했다.

그런데 최근 들어 몇몇 고객, 특히 업무 목적으로 여행하는 승객들이 사우스웨스트 여객기에 탈 때면 무한경쟁을 벌여야 하는 상황이 정말 싫다고 불만을 터뜨렸다. 좋은 좌석을 차지하려는 승객들은 줄 맨 앞에

서기 위해 탑승 시각보다 몇 시간 일찍 공항에 나오거나, 잊지 말고 항공사의 온라인 예약 시스템에서 전날 탑승 서류를 인쇄해야 했다. 이런 일들을 하다 보면 자신이 고객이 아니라 소에 더 가깝다는 느낌을 받는다는 사람들도 있었다. 항공업계는 경쟁이 심한 곳이라 그런 문제를 해결하지 않고 방치할 수 없었다. 그래서 사우스웨스트는 그 문제를 회의 안건으로 올렸다. 지정 좌석제로 승객이 더 행복해진다면, 그것은 기꺼이 고려해야 할 대안이었다.

그런데 문제가 겉으로 보이는 것보다 훨씬 더 복잡하다는 사실이 드러났다. 우선 지정 좌석제로 바꾸었을 때 승객이 모두 탑승하는 데 걸리는 시간이 어떻게 변할지 아무도 알지 못했다. 물론 지정 좌석제로 탑승 시간이 단축된다면, 바꾸는 것도 의미가 있을 터였다. 하지만 시간이 더 길어진다면 어느 누구도 더 행복하게 해줄 것 같지 않았다. 탑승 시간은 어떤 탑승 방식을 쓰느냐에도 어느 정도 좌우되었다. 여객기 뒷좌석부터 태워야 하나? 앞쪽부터 태워야 하나? 창가 좌석부터 앉히고, 가운데 좌석을 그 다음, 복도 쪽 좌석을 마지막으로 앉혀야 할까? 여러 구역을 번갈아 가면서 채우면 어떨까? 각 전략은 나름의 장단점이 있었고, 걸리는 시간도 저마다 달랐다. 그런 변수들이 주어졌을 때 항공사는 어떻게 결정을 내려야 할까?

사우스웨스트의 시스템 분석가인 더그 로슨에게는 답이 뻔해 보였다. 지정 좌석제가 더 빠른지를 알아내는 가장 좋은 방법은 승객들이 여객기에 탑승하는 과정을 컴퓨터 시뮬레이션으로 만든 뒤, 이런저런 탑승 방식을 시도해보는 것이다. 다른 항공사들도 그 동안 여러 해에 걸쳐 이와 비슷한 과제를 수행한 바 있었다. 하지만 로슨의 계획에는 한 가지 다른 점이 있었다. 바로 개미의 행동을 토대로 했다는 점이었다.

"개미는 이 연구에 안성맞춤이었지요. 좁은 공간에 왕창 쏟아 부어서 상호작용을 하도록 하면 되니까요. 모든 개체는 다른 모든 이들도 똑같은 과제를 해야 하는 상황에 대처하면서 각자 맡은 과제를 수행했어요. 여기서는 그 과제가 바로 좌석을 차지하는 일이었죠. 어떤 의미에서 그것은 전형적인 생물학 문제였습니다."

로슨의 디지털 개미는 진짜 개미와 마찬가지로 몇 가지 단순한 규칙에 따라 행동했다. "각 개미에게 연결 통로를 따라 비행기로 들어가서 돌아다니도록 했어요. 모사하는 것이 자유 좌석제라면, 각 개미는 실제 승객 자료를 토대로 어느 좌석이 좋다는 나름의 생각을 지니고 있을 것이고, 둘러보면서 '흠, 저 자리가 비었네, 저곳이 좋겠군, 가볼까'라고 중얼거리겠지요." 통로에 아무도 없으면 개미는 통로를 따라 그 좌석 열까지 가서 자리를 차지했다. 다른 개미들이 통로를 막고 있으면, 몇 초 기다리거나 비켜달라고 요구했다. 로슨은 시뮬레이션이 엉망으로 전개되는 상황을 몇 차례 겪은 뒤 기다리기 규칙을 추가해야 했다. "처음에는 개미들에게 통로를 뚫고 나아가도록 했는데, 서로 마구 밀치고 밀리고 난리가 아니었어요. 그들이 비행기에서 혼돈을 야기하고 있었기에, 그들 중 일부를 점잖게 만들어야 했지요."

개미들이 모두 자리에 앉자마자 시뮬레이션은 끝났다. 연구진은 각 시뮬레이션에 걸린 시간을 비교했다. 사우스웨스트 항공사는 보잉 737기만 운항하므로, 해결할 문제의 물리적 제약 조건은 언제나 같았다. 그래서 로슨의 시뮬레이션 결과를 실제 탑승 자료에 맞게 보정하기도 더 쉬웠다. 게다가 항공사는 결과를 보정할 수 있도록 직원들을 동원하여 실제 비행기에서 온종일 실험할 수 있게 편의를 봐주었다. 로슨은 가능한 모든 패턴을 시뮬레이션한 끝에, 자유 좌석제가 상대적으로 빠르긴 하지만 특정한 상황에서는 지정 좌석제가 더 빠를 수 있다는 결론을 얻었다. 하지만 차이는 겨우 1, 2분에 불과했다. 따라서 항공사의 오랜 전통을 포기할 정도의 차이는 아니었다.

로슨은 말했다. "우리 회사에는 비행기 안으로 들어와서 원하는 자리에 앉는 쪽을 선호하는 우량 고객이 많습니다. 그들은 그 전통을 우리 기업 브랜드의 일부로 여기며, 그 브랜드가 어떤 식으로든 바뀌는 것을 원치 않았습니다."

그래서 항공사는 자유 좌석제를 없애는 대신, 승객들이 입구에서 줄을 서는 방식을 자세히 검토했다. 항공사는 생각했다. 진짜 문제가 승객들이 줄을 서는 경쟁을 원하지 않는 것이라면, 탑승 수속을 할 때 좌석을 고르게 하면 되지 않을까? 그러면 나중에 피곤한 짓을 할 필요가 없을 테고. 그렇게 하면 먼저 온 사람이 먼저 탑승하겠지만, 줄을 섰을 때의 순서는 유지될 터였다. 이 방식을 택하면 승객들은 탑승 시각보다 몇 시간 더 일찍 공항에 나올 필요가 없을 것이고, 비행기에 탔을 때는 "남이 앉은 자리에 겹쳐 앉지 않는 한" 원하는 자리에 앉을 수 있을 것이다. 항공사는 2007년 말 이 새 방식을 채택했다.

개미를 토대로 한 시뮬레이션이 왜 사우스웨스트 항공사에 도움이 되었을까? 개미와 항공사는 어떤 공통점을 지닐까? 답은 내가 영리한 무리smart swarm 라고 이름 붙인 놀라운 현상과 관련이 있다. 예측할 수 없는 환경에 살면서도 매일 아침 갖가지 업무에 일꾼들을 몇 마리씩 할당해야 할지를 정확히 파악하는 사막의 개미 군체는 바로 그런 오랜 세월에 걸쳐 진화한 영리한 무리다. 개체들 사이에 의견이 상충됨에도, 단순하기 그지없는 체계를 이용하여 새 집을 짓기에 알맞은 나무를 고르는 숲의 꿀벌 군체도 마찬가지로 영리한 무리다. 마치 한 마리의 거대한 은백색 생물처럼 한순간에 전체가 방향을 바꿀 수 있을 만큼 서로 행동을 정확히 조화시킬 줄 아는 카리브해의 수천 마리의 물고기 떼도 그렇다. 대부분의 개체들이 자신이 어디로 향하는지 정확한 단서를 갖고 있지 않으면서도 각자 확실히 번식지에 도착하는 순록 떼도 그렇다. 그들이 북극 지방을 이주할 때는 엄청난 규모의 장관을 이룬다.

로슨은 개미 군체가 큰 문제를 수천 가지의 작은 문제로 세분하는 영리한 방식에 영감을 받아서, '인지적 이동 객체cognitive moving object'라고 이름 붙인 가상 개미를 만들 때 같은 종류의 집단 지능을 활용하고 싶어 했다. 하지만 그는 가상의 여객기에 그들을 풀어놓을 때에도, 디지털 개미가 실제 개미를 엉성하게 흉내 낸 것에 불과함을 잘 알고 있었다. 진짜 개미 군체는 훨씬 더 많은 일을 할 수 있다.

댈러스의 사우스웨스트 본사에서 일하는 로슨은 이렇게 말했다. "이곳 텍사스에는 아주 다양한 종류의 개미가 있어요. 텍사스 중부에 사는 잎꾼개미들은 당신이 상상할 수 있는 가장 놀라운 사회 구조를 지니고 있지요." 남아메리카의 별난 사촌들처럼, 이 개미 종Atta texana의 일꾼들도 조립 라인처럼 죽 늘어서서 곰팡이를 기른다. 이 곰팡이는 개미 군체의 먹이가 되는 공생생물이다. 조립 라인의 한쪽 끝에는 나무나 덤불에서 잎을 잘라서 집으로 가져오는 숙련된 일개미들이 있다. 이 모습은 생물학자 E. O. 윌슨과 베르트 횔도블러의 책 《초유기체》에 잘 묘사되어 있다. 집 안에는 두 번째 일개미 집단이 있다. 그들은 첫 번째 집단보다 몸집이 약간 작으며, 잎을 작게 조각내어 다음 집단으로 넘긴다. 세 번째 집단에 속한 일개미들은 몸집이 더 작다. 이들은 잎을 씹어서 펄프로 만든 뒤 펄프를 작은 공 모양으로 빚는다. 몸집이 더욱 작은 네 번째 집단의 일개미들은 군체의 지하 정원에 그것들을 쌓고 곰팡이 균사를 심는다. 마지막으로 가장 작은 일개미들은 불필요한 홀씨들을 솎아내면서 곰팡이를 잘 가꾼다. "공장은 그런 식으로 운영된다." 윌슨의 말이다.

개미집 한 곳에서 수백만 마리의 일꾼이 일하는 잎꾼개미 군체 하나는 연간 약 0.5톤의 식물을 수확할 수 있다. 그것은 개미들이 협력하고 조정함으로써 얼마나 놀라운 힘을 발휘할 수 있는지를 말해준다. 하나의 집단으로서의 개미 군체는 화학물질을 토대로 한 정교한 의사소통 체계를 통해 관리되는 능력을 이용해 자신들의 행동을 개체를 초월하여 더 높은 수준으로 끌어올릴 수 있다. 그것이 바로 윌슨과 횔도블러가 그런 군체를 초유기체라고 말한 이유다. 그들은 이렇게 썼다. "현대의 곤충 사회들은 오늘날 우리에게 가르칠 것을 아주 많이 지니고 있다."

이런 사실이 놀라울지도 모르겠다. 개미, 벌, 흰개미는 우리가 모르는 것을 어떻게 알 수 있었을까? 그런 미미한 생물들이 어떻게 자산 가치 110억 달러에 달하는 사우스웨스트 항공사보다 복잡한 문제를 더 잘 풀 수 있었을까? 개미가 그렇게 영리하다면, 왜 그들은 737기를 공중에 띄우지 않을까? 사실 이런 생물들은 오랜 세월에 걸쳐 가장 어려운 종류의 문제들을 다루어왔다. 불확실성, 복잡성, 변화라는 문제들을 말이다. 이번 주 군체의 먹이는 충분할까? 먹이는 어디에서 찾을 수 있을까? 꿀벌이 집을 짓는 데 일벌이 몇이나 필요할까? 날씨는 올해의 동물 떼 이

주에 얼마나 영향을 끼칠까? 그들이 이런 도전 과제에 대처하는 방식은 융통성과 적응력이 있으며 신뢰할 수 있는 특수한 형태의 집단 행동으로 진화했다.

영리한 무리의 원리들은 수학 공식으로 번역되어 기업이 직면하는 가장 어려운 문제들 중 일부를 해결하는 강력한 도구가 되었다. 예를 들어 운송 회사는 화물 배달 경로를 정할 때 이 원리들을 이용한다. 전화 회사는 송수신 응답 속도를 높이는 데 이 원리들을 써왔다. 항공역학자와 항공공학자는 새 비행기의 문제점을 알아내는 데 이 원리들을 써왔다. 정보 기관들은 이 원리들을 이용하여 위험 지역을 감시해왔다.

영리한 무리는 어떻게 일을 할까? 그 비밀을 풀기 위해 이 분야에 뛰어든 과학자들의 자취를 따라가면서 다음 세 장에 걸쳐 그 문제를 탐구하기로 하자. 연구자들이 발견했듯이, 개미, 벌, 흰개미 같은 사회성 곤충은 문제 해결 과제를 많은 개체에 분산시킨다. 각 개체는 단순한 명령에 따라 행동할 뿐 큰 그림을 보지 못한다. 책임자 같은 것은 없다. 남이 무엇을 하고 있다고 말해주는 자도 없다. 대신 그런 집단의 개체들은 예측할 수 없는 무수한 방식으로 상호작용을 한다. 그러다 보면 개미 군체가 가장 가까이 있는 씨앗 더미를 찾게 해주고 청어 떼가 굶주린 꼬치고기를 피할 수 있게 해주는 어떤 패턴이 출현한다. 움직임이나 의미의 전환점(요즘 유행하는 용어로 치면 티핑 포인트)이 나타나는 것이다.

4장에서는 개체가 집단의 진로를 유지하는 데 어떤 역할을 하는지 살펴볼 것이다. 새 떼, 물고기 떼, 순록 떼처럼 대체로 서로 친척 관계가 아닌 개체들로 이루어진 무리에서는 집단 행동과 이기적 욕구 사이에 균형을 잡는 기술이 생존의 열쇠가 된다. 인류로서의 우리는 그런 집단들과 공통의 문제들을 안고 있다. 우리도 종종 똑같은 충동들에 시달리곤 하기 때문이다. 협력하면서도 개인적인 이익을 얻고 싶고, 공동체를 위해 올바른 일을 하면서도 자신과 식구를 돌보고 싶은 충동 말이다.

물론 모든 무리가 다 영리한 것은 아니다. 집단 행동에도 어두운 이면이 있다. 5장에서는 왜 평화로운 메뚜기 집단이 갑자기 폭발적으로 늘어나서 닥치는 대로 먹어치우는 해충이 되는지를 규명하고자 애쓴 과학자들이 발견한 것들을 살펴보기로 하자. 또 우리는 사우디아라비아를 찾은 순례자들 사이에서 벌어진 군중 참사를 조사한 학자들의 연구를 통해 인간의 본능이 어떻게 잘못된 방향으로 흐를 수 있는지를 알아볼 것이다. 아울러 그런 사고를 예방하기 위해 어떤 일들을 해왔는지도 살펴볼 것이다.

영리한 무리와 그들의 어리석은 사촌을 가르는 것이 무엇일까? 행복한 군중은 왜 난동을 부리는 폭도로 돌변하는 걸까? 단순히 말하면, 그 이유는 영리한 무리가 집단의 힘을 가능한 무수한 해답들을 살펴서 그 가운데 최선의 것을 고르는 데 쓰는 반면, 폭도는 자신의 혼돈 에너지를 자신을 상대로 분출하기 때문이다. 그리고 그것은 영리한 무리가 어떻게 일을 하는지, 나아가 무리의 힘을 어떻게 다스릴지를 이해하는 것이 왜 중요한가도 말해준다.

일상 생활이 점점 더 복잡해짐에 따라, 우리는 정보의 홍수에 빠지고, 즉각즉각 들이닥치는 너무나 많은 되먹임에 난타당하고, 얽히고설킨 온갖 결정에 직면한다. 깨닫고 있든 그렇지 않든 간에 우리는 기업, 공동체, 가정을 확신을 갖고 이끌어가는 데 점점 더 어려움을 겪고 있다. 그런 상황을 만드는 집단 현상들의 세계에 사로잡혀 있는 것이다. 해결해야 할 이런 과제들은 이미 우리 눈앞에 있으며, 우리는 이에 대비해야 한다. 책장을 넘기면서 알게 되겠지만, 가장 좋은 방법은 전문가에게 물어보는 것이다. 케이블 TV에 출연하는 전문가들이 아니라, 풀밭, 나무, 호수, 숲에 사는 전문가들에게 말이다.

THE SMART SWARM

PETER MILLER

How Understanding Flocks, Schools, and Colonies Can Make Us Better at Communicating, Decision Making, and Getting Things Done

/ 차례 /

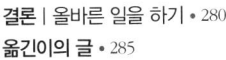

CHAPTER 1

Ants

여기 책임자가 누구야?

개미

개미는 영리하지 않다 | 순회 외판원 문제
노란 벽돌길 | 체커 게임에서 얻은 교훈

개미가 한 곳에서 다른 곳으로
사물을 옮기는 영리한 방법을 진화시켰다면,
그 지식을 에어리퀴드 트럭에
적용해도 좋지 않을까요?

SMART
SWARM

뉴멕시코 남서부의 533번 도로에서 조금 벗어난 곳에 철조망이 쳐진 60에이커의 땅이 있다. 치리카와산맥의 자락인 이곳은 예전에 소 방목장이었다. 몇 년 전 생물학자 데보라 고든의 요청으로 스탠퍼드대학교가 이 땅을 구입했다. 그녀는 이곳을 개발업자들의 손이 닿지 않는 소규모 연구 지역으로 보전하고자 했다. 그래서 분양을 하고 편의점을 세우겠다는 개발업자의 계획은 실현되지 못했다.

사실 모하비사막의 이 작은 공간에 현재 살고 있는 주민들은 그다지 방해를 받은 적이 없다. 주민 중에는 붉은수확개미 *Pogonomyrmex barbatus*도 있다. 이곳에는 수백 개의 군체가 살고 있다. 고든은 20년 넘게 이 군체들의 생활사를 연구해왔다. 날이 가고 계절이 바뀌는 와중에도 개미들은 효율과 진정한 혼돈을 신기하게 뒤섞어서 자기 일을 잘해나간다.

그 땅의 동쪽 가장자리에 있는 약 1만 마리의 개미로 이루어진 좀 오래된 550번 개미 군체의 일과는 일찍 시작된다. 새벽부터 오전 중반까지 개미집에서 개미들이 저마다 맡은 일을 하기 위해 한 집단씩 나온다.

첫 번째로 나오는 집단은 정찰자들이다. 그들은 해가 뜨기 직전에 입구 밖으로 머리를 내민다. 전혀 서두르는 기색 없이 그들은 둥근 개미집 둔덕을 돌아다니면서, 잔디 상태가 좋은지 살펴보는 골프장 관리인처럼 매끄러운 자갈투성이 표면을 점검한다. 밤 사이에 어떤 일이 벌어졌다면, 정찰 개미들이 맨 처음 알게 된다. 비가 내리는 바람에 먹이를 찾아가는 길이 잔해 더미로 덮였을까? 먹이로 모아놓았던 씨앗들이 바람에 흩어졌을까? 이웃들은 오늘 아침까지 별 일 없었을까? 정찰자들은 개미집 입구로부터 점점 멀리까지 정찰 지역을 넓힌다. 그러다가 이웃 군체에서 나온 같은 일을 하는 척후병들과 마주치기도 한다. 그러면 나중에 양쪽 군체의 먹이탐색 개미끼리 싸울 수도 있다. 그곳에서 연구하는 콜로라도 덴버대학교의 생물학자 마이크 그린은 이렇게 말한다. "지난주에 우리는 많은 먹이탐색 개미들이 어떤 이유에서인지 다른 개미들의 머리를 몸에 붙인 채 행군하는 광경을 보았어요. 소규모 개미 전쟁을 치른 것이 분명했지요."

정찰자 집단에 이어서 개미집 유지 관리를 맡은 일개미 집단이 나온다. 일개미들은 각자 땅 속에서 가지고 나온 오물, 씨 껍데기 같은 것들을 들고 있다. 정찰 개미들과 대조적으로 그들은 자기 일에만 몰두하는 듯하다. 그들은 그저 쓰레기를 버릴 장소를 찾고 있다. 알맞은 장소를 찾자 그들은 짐을 내려놓은 뒤 몸을 돌려 다시 개미집으로 향한다.

그 다음 소수의 쓰레기장 일개미들이 나온다. 그들은 유지 관리 일개미들이 내버린 것을 말끔히 정리한다. 그렇다고 그들이 사리에 맞게 일을 하는 것은 아니다. 그린은 한 마리가 하는 일을 잠시 지켜보면 어리둥절해질 것이라고 말했다. "쓰레기장 일꾼들을 보고 있으면 15개월 된 내 딸이 생각나요. 그들은 A 지점에서 물건을 들어서 B 지점에 갖다놓습니다. 그런 뒤 다른 것을 집어서 C 지점으로 갑니다. 너무 아무렇게나 일을 하는 것 같지요." 하지만 아침 활동을 저속 촬영한 영상을 보면 개미 둔덕의 한쪽 가장자리에 쓰레기 더미가 계속 커지는 광경이 나타난다. "따라서 결국에는 정리가 되지요."

마지막으로 먹이탐색 개미들이 모습을 드러낸다. 다른 일꾼들보다 수가 월등히 많다. 그들은 입구에서 줄지어 쏟아져 나오면서 개미 둔덕을 에워싼 키 큰 풀들을 향해 나아가서 마황, 아카시아, 뱀풀(snakeweed, 남아메리카의 국화과 식물-옮긴이)이 우거진 덤불 숲으로 사라진다. 먹이탐색 개미들은 덤불 밑으로 난 개미 고속도로를 따라 집에서 18미터 떨어진 곳까지 멀리 씨앗을 찾아나선다. 씨들은 대개 그곳에 자라는 식물에서 나온 것보다는 사막 곳곳에서 바람에 실려온 것들이므로, 예측 불가능하게 흩어지는 경향이 있다. 그래서 한 개미가 씨 한 알을 찾는 데 20분이 걸릴 수도 있다. 개미는 씨를 찾자마자 들고서 곧장 집으로 가져온다.

오전 9시 무렵에 개미집 입구는 개미들이 바쁘게 오가는 혼잡한 지하철 입구 같다. 만들어진 지 거의 20년이 된 550번 군체의 개미집은 깊이가 1.8미터에 달하는 곳도 있다. 고든은 《일하는 개미 Ants at Work》라는 저서에서 통로와 방이 복잡한 망을 이루고 있는 개미집 내부를 상세히 묘사했다. 안에서는 다른 부류의 개미 집단들이 저장실에 크기와 모양에 따라 씨들을 차곡차곡 쌓거나, 죽은 개미나 메뚜기 다리 같은 불필요한 것들을 개미집 밖으로 내다버리거나, 알을 돌보거나, 여왕을 시중들면서 바쁘게 일하거나, 그냥 예비역으로 대기하고 있다.

꼭대기에서 바닥까지 550번 개미집은 각 집단이 질서 있게 자신이 맡은 일을 하는 효율성의 모범 사례처럼 보인다. 개미들이 마주칠 때마다 마치 의견이 같은지 확인하는 양 더듬이를 끊임없이 갖다대는 습성도 이런 인상을 강화한다. 정찰자와 유지 관리자에서 쓰레기장 청소부와 먹이 담당자에 이르기까지, 군체의 모든 구성원은 큰 기계를 이루는 작은 톱니바퀴의 톱니들이나 잘 돌아가는 공장의 직원들처럼 어떤 기본 계획을 충실히 따르는 듯하다.

하지만 실제로 그렇지는 않다.

겉으로는 잘 관리되는 듯하지만, 550번 개미집은 우리가 접했을 법한 그 어떤 조직과도 다르게 운영된다. 거기에는 어떤 유형의 사장도 경영자도 관리자도 없다. 여왕은 명칭은 고상하지만 아무런 권위도 행사하지 않는다. 그녀가 하는 일은 명령을 내리는 것이 아니라 오로지 알을 낳는 것뿐이다. 정찰자들은 위험을 무릅쓰고 풀밭으로 나갈 때, 분대장의 명령을 받는 것이 아니다. 개미집 유지 관리자들은 통로를 수리할 때 어떤 설계도를 보고하는 것이 아니다. 새로 노동력을 제공할 젊은 개미들은 직무 교육장에 앉아 있거나 조직의 목표를 암기할 필요가 없다. 그들은 큰 그림을 볼 필요가 전혀 없으니까. 그 어떤 개미도 자기가 하는 일의 목적이 무엇인지, 왜 일을 끝내야 하는지, 그것이 전체 중 어디에 속하는지 이해하지 못한다.

그래도 군체는 잘 돌아간다. 군체가 환경 변화에 어떻게 신속하고 효율적으로 반응하는지 살펴보기로 하자. 오늘 아침 정찰자들이 맛좋은 씨를 한 무더기 발견한다. 그러면 몇 분 지나지 않아 더 많은 개미들이 나와서 그쪽으로 향한다. 이 보충 부대는 먹이 담당자들일 것이다. 어젯밤 폭풍에 개미집이 파손되었다고? 그러면 더 많은 유지 관리자가 나와서 수리를 할 것이다. 더 젊은 보모 개미들까지 동원될 수도 있다. 도전 과제나 기회가 어떤 것이냐에 따라 군체 전체는 그 일에 얼마나 많은 일꾼이 필요한지를 빠르고 정확히 계산하여, 그에 맞추어 자원을 조정한다.

개미가 처음 출현한 이래로 1억 4천만 년에 걸쳐 진화한 이 유연한 체계는 지금까지 알려진 약 1만 4천 종의 개미들이 열대우림에서 도시의 인도에 이르기까지 온갖 생태계에서 번성하는 주된 이유 중 하나다. 그들이 일하는 방식이 산만해 보일지 몰라도, 그런 방법으로 그들은 도로망을 구축하고, 정교한 집을 짓고, 대규모 공격을 수행하는 등 놀라운 일들을 할 수 있다. 어떤 지도자도, 작전 계획도, 최소한의 임무 의식도 없이 말이다.

어떻게 그럴 수 있을까?

개미는 영리하지 않다

뜨거운 8월, 매일 아침 데보라 고든은 애리조나 포털 인근의 사우스웨스턴 연구소를 나와 자동차를 타고 주 경계를 넘어 뉴멕시코로 붉은 수확개미를 관찰하러 간다. 오후에 타는 듯한 열기를 피해 개미들이 땅속으로 물러나면, 그녀는 새삼스럽게 다시 놀랍고 신기한 느낌에 휩싸인 채 연구소로 돌아온다. 개미들이 아주 솜씨 좋게 자기 일을 하기 때문이 아니라, 작고 멍청하기 그지없는 미물로 보이기 때문이다.

"개미가 뭔가 하려고 애쓰는 꼴을 지켜본다면 하는 짓이 너무나 서툴다는 인상을 받을 겁니다. 개미는 우리가 최선이라고 생각하는 식으로 일하지 않고, 뭔가를 그리 오래 기억하지도 못하고, 성공할지 여부에 개의치 않는 듯할 때가 종종 있어요." 그녀는 시작한 일을 실제로 완수하는 개미는 다섯 중 한 마리에 불과하다고 말한다. "개미를 오래 지켜보면 볼수록 돕고 싶은 마음이 굴뚝 같아진다니까요."

하지만 고든은 개미를 개체로서 연구하는 것이 아니다. 그녀의 연구는 개미 군체의 행동에 초점이 맞추어져 있다. 그녀는 군체로서의 개미는 먹이를 찾는 법, 자원을 할당하는 법, 이웃과의 경쟁에 대처하는 법 등 개체의 능력을 훨씬 초월하는 문제들을 해결할 수 있다고 말한다.

"개미는 영리하지 않아요. 영리한 것은 개미 군체이지요."

고든은 개미의 과업 할당 체계에 연구의 주안점을 두고 있다. 바로 군체는 언제 어떤 일이 필요한지를 어떻게 결정하는가 하는 문제를 연구하는 것이다. 먹이 획득의 불확실성에서 이웃과의 경쟁에 이르기까지 붉은수확개미가 직면하는 온갖 불확실한 요인들을 고려하면서, 집단으로서의 군체는 먹이를 구하는 데 일꾼을 몇이나 보낼지, 정찰은 몇 마리가 적당할지, 알을 돌보는 일에는 몇 마리를 할당해야 할지 등등을 계산해야 한다.

"영화 〈개미〉에서 내가 좋아하는 장면 중 하나는 내가 업무할당국이라고 이름 붙인 곳에서 벌어지는 상황이에요." 〈개미〉는 1998년 드림웍스가 내놓은 애니메이션 영화다. "개미들이 관료들 앞으로 불려가지요.

관료들은 탁자 뒤에서 서류철을 갖고 있어요. 거기에 도장이 쾅 찍히고 업무가 주어져요. 물론 그것은 우리의 업무 조직 방식이지요. 특정한 사람들이 다른 사람들에게 일을 할당하는 일을 맡고 있지요. 그래서 우리는 저 개미에게 어떤 일을 맡겨라라고 적힌 서류철을 지닌 개미가 있다고 상상하기가 쉬워요."

하지만 개미는 그런 식으로 일하지 않는다.

개미의 실제 업무 할당 과정을 이해하기 위해, 고든과 동료 생물학자 마이크 그린은 몇 년 전 먹이탐색 개미들을 대상으로 일련의 실험을 했다. 그들은 군체가 매일 먹이를 찾으러 나가는 것이 아니라 상황에 따라 다르다는 것을 알았다. 너무 춥거나 바람이 세서 밖에 나갈 수 없거나, 개미 둔덕 언저리에 굶주린 도마뱀이 기다리고 있을 수도 있다. 정찰자들은 이런 결정을 내리는 데 핵심적인 역할을 하는 듯하다. 이른 아침 주위를 정찰하고 돌아오면, 다수의 먹이탐색 개미들이 입구 근처에서 그들을 맞이한다. 먹이 담당자들은 정찰자들과 더듬이를 맞대며, 마주치는 정찰자들의 수가 적절한 수준일 때 먹이를 구하러 나가는 경향이 강하다. 다시 말해 정찰자들의 행동을 보면 먹이 담당자들이 어떤 결정을 내릴지 알 수 있다.

하지만 그것은 우리가 예상하는 방식으로 이루어는 것이 아니다. 고든은 말한다. "정찰자들은 복잡한 것을 전달하지 않아요. 그들은 돌아와서 먹이 담당자에게 이쪽으로 가서 이렇게 하라고 지시를 내리지 않습니다. 그들이 전달하는 메시지는 그저 접촉 자체에 있어요. 그리고 그것이 바로 우리가 가장 이해하기 어려운 부분입니다. 우리는 그들이 우리가 하는 식으로 무언가 내용을 전달한다고 생각하는 유혹에 계속 빠지기 때문이지요."

이 집단 지향적 행동의 토대를 이해하기 위해, 그녀와 그린은 가짜 정찰자를 이용하여 실험을 했다. 그들은 먼저 아침에 몇몇 군체에서 진짜 정찰자들을 잡았다. 30분 뒤 그들은 정찰자의 냄새를 입힌 작은 유리 구슬을 각 개미집 입구에 떨어뜨렸다. 대부분의 개미가 그렇듯이 붉은 수확개미도 몸이 마르지 않도록 얇은 지방층이 몸을 감싸고 있다. 탄화수소로 이루어진 이 지방은 군체 특유의 냄새뿐 아니라 각 작업 집단 특유의 냄새도 지닌다. "개미에게 화학물질은 우리의 시각과 같아요." 그린의 말이다. 개미집에서 나오던 먹이 담당자들은 정찰자의 탄화수소가 묻은 유리 구슬과 마주치자, 유리 구슬을 진짜 정찰자로 착각했다.

고든과 그린이 알고자 했던 것은 먹이 담당자가 정찰자들과 마주치는 속도가 차이를 낳을지 여부였다. 차이가 나타난다면, 그것이 군체의 의사결정 과정에 중요한 역할을 하는 기구일 수 있었다. 그래서 그들은 각 개미집에 정찰자 구슬을 떨어뜨리는 속도를 다르게 했다. 그들은 네 차례 실험을 했는데, 처음에는 3분마다 구슬을 하나씩 떨어뜨렸고, 두 번째에는 45초마다 떨어뜨렸다. 세 번째에는 10초마다, 네 번째에는 1초마다 구슬을 하나씩 떨어뜨렸다. 결과는 놀라웠다.

처음 두 차례 실험에서는 상대적으로 속도가 느려서 밖으로 나가는 먹이 담당자가 거의 없었다. 속도가 가장 빠른 네 번째 실험에서도 같은 결과가 나왔다. 반면에 먹이 담당자들이 알맞은 속도로 유리 구슬과 마주친, 즉 10초마다 구슬을 하나씩 떨어뜨린 세 번째 실험에서는 결과가 달랐다. 네 배나 많은 먹이 담당자들이 우르르 집 바깥으로 몰려나간 것이다. 고든은 이렇게 말했다.

“약 10초라는 속도가 필요한 것은 개미가 무슨 일이 일어났는지를 기억할 수 있는 시간이 그 정도이기 때문임이 분명해요. 개미가 45초가 지난 뒤에야 또 다른 개미와 마주친다면, 그때는 이미 앞서 개미와 마주쳤던 일을 잊은 상태입니다. 이전에 다른 개미와 아예 마주친 적이 없었던 것이나 다름없어요.” 붉은수확개미는 주의 지속 시간attention span이 아주 짧은 듯하다.

따라서 먹이 담당자의 결정은 정찰자로부터 지시를 받느냐 여부나 무엇을 해야 할지 스스로 이해하느냐 여부에 달려 있지 않다. 그것은 ‘알맞은 속도로 돌아오는 적당한 수의 정찰자들과 마주치면, 밖으로 나가서 씨앗을 찾아라. 그렇지 않다면 그냥 집에 있어라’라는 단순한 경험 법칙에 의존한다. “날씨가 좋다거나 먹이 구하러 나가지 말라거나 하는 결정을 내리는 자는 아무도 없어요. 결정은 집단이 내리지 어느 한 개미가 내리는 것이 아닙니다.”

일단 첫 먹이 담당자들이 집 밖으로 나가면, 별도의 기구가 작동하면서 그 날 밖으로 나갈 먹이 담당자의 총수를 조절한다. 이번에는 중요한 만남이 먹이 담당자 사이에서만 일어난다. 먹이를 구하는 데 성공한 먹이 담당자들은 씨를 들고 집으로 돌아오다가, 입구에서 대기하고 있던 다른 먹이 담당자들과 마주친다. 이 접촉은 활동하지 않고 있던 개미들에게 나가라고 자극한다. 먹이 담당자들은 대개 무언가를 찾을 때까지는 돌아오지 않는다. 따라서 먹이 담당자들이 빨리 돌아올수록 다른 개미들도 더 빨리 나가며, 군체는 먹이를 찾을 가능성에 맞추어 노동력을 조절할 수 있다.

입구 근처의 혼잡한 공간에서 먹이탐색 개미 한 마리 한 마리에게 적용되는 이 단순한 규칙은 군체에 단순한 계산기 같은 역할을 한다. 각 개미가 내리는 결정들의 합이 바로 '오늘 먹이를 구하려면 얼마나 많은 먹이탐색 개미가 필요할까?'라는 질문의 답을 군체에 제공한다.

개미는 영리하지 않다. 영리한 것은 군체다.

물론 개미만 이런 흥미로운 행동을 보이는 것이 아니다. 꿀벌에서 청어에 이르기까지 많은 동물 집단은 지도자의 지휘 없이 어려운 문제들을 해결한다. 그들은 과학자들이 자기 조직화self-organization라고 말하는 현상을 통해 그렇게 한다. 자기 조직화는 영리한 무리의 첫 번째 원리다. 비록 자기 조직화의 사례는 우리 주변의 자연에서 흔히 볼 수 있지만, 과학자들이 그것을 집중적으로 연구하기 시작한 것은 수십 년 전부터였다. 맨 처음 그 연구에 뛰어든 쪽은 화학자와 물리학자였다. 자기 조직화라는 말은 원래 모래언덕의 물결 무늬나 특정한 화학 반응물질들이 결합될 때 나타나는 현란한 나선 무늬처럼 자연계에서 자발적으로 패턴이 생기는 것을 뜻했다. 나중에 생물학자들은 그 용어를 받아들여서 말벌집의 복잡한 구조, 일부 반딧불이 종의 발광 동조 현상, 벌과 새와 물고기 무리가 본능적으로 서로 행동을 조정하는 방식 등을 설명하는 데 이용했다.

이런 모든 현상들의 공통점은 그것들이 결코 기본 계획에 따라 위에서 지시하는 것이 아니라는 것이다. 우리가 그런 계에서 보는 패턴, 모양, 행동은 기존의 청사진이나 설계도에서 나오는 것이 아니라, 그런 계의 여러 구성 요소 사이의 상호작용에서 비롯되는 아래로부터 출현하는 것이다. 우리는 개미 군체가 자기 조직화를 한다고 말한다. 그 누구도 책임자가 아니며, 무엇을 해야 하는지 아무도 모르고, 남에게 이러저러한 일을 하라고 말하는 자도 아무도 없기 때문이다. 각 개미는 무엇이든 자신에게 닥치는 것에 따라, 마주치는 다른 개미들에 따라, 환경 변화에 따라 반응하면서 하루하루를 보낸다. 과학자들이 '국소local' 지식이라고 부르는 것에 반응하면서 말이다. 한 개미가 무언가를 할 때, 그것은 다른 개미들에게 영향을 미치며, 그 개미들은 다시 또 다른 개미들에게 영향을 미치면서, 그 영향이 군체 전체로 물결처럼 퍼져나간다. 고든은 말한다. "어떤 개미도 자신의 결정을 이해하지 못합니다. 하지만 각 개미의 결정은 다른 개미의 결정 및 군체 전체의 변화와 연관되어 있습니다."

비록 자기 조직화의 궁극적인 근원은 여전히 수수께끼로 남아 있지만, 연구자들은 그것이 작동하는 세 가지 기본 메커니즘을 파악했다. 분산 제어decentralized control, 분산 문제 해결distributed problem solving, 다중 상호작용multiple interaction이 바로 그것이다. 이 메커니즘들을 종합하면 집단의 구성원들이 어떻게 누구의 지시도 받지 않으면서 단순한 경험 법칙을 집단 행동이라는 의미 있는 패턴으로 전환시킬 수 있는지가 설명된다.

이런 메커니즘이 어떻게 작동하는지 감을 잡을 수 있도록, 당신이 식구나 친구들과 함께 해변에 있다고 상상해보자. 해변에 도착했을 때, 당신은 누군가가 와서 이렇게 하라고 지시하기를 기다리면서 서성거리지 않는다. 사회가 부과한 몇 가지 제약(나체 불가, 애완동물 출입 금지, 음주 금지 등)이 있을 뿐, 당신은 알아서 행동한다. 아무도 당신에게 어디에 앉아라, 무엇을 해라, 물에 들어가라 마라 말하지 않는다. 모두 자신이 하고 싶은 대로 할 수 있다. 그것이 분산 제어를 기술하는 한 방식이다.

물론 날씨가 아주 좋고 사람이 아주 많다면, 자리를 깔 완벽한 장소를 찾는 데 좀 시간이 걸릴 수도 있다. 당신은 물에 너무 가까이 자리를 잡아서 큰 파도에 해변 의자와 깔개를 적시고 싶지는 않다. 하지만 신선한 바닷바람을 느낄 수 없을 만큼 멀리 떨어진 곳에 자리를 잡고 싶지도 않다. 헤엄을 칠 생각이라면, 구조원 근처에 자리를 잡는 편이 좋을 것이다. 어린아이들이 있는 가정이라면 이미 다 알고 있듯이 말이다. 그것이 바로 비치파라솔이 구조 망루 근처에 몰려 있는 이유다.

이윽고 당신은 사방으로 이웃의 깔개와 적절한 거리를 두고 자신의 깔개를 펼칠 만한 지점을 고른다. 그런 거리 두기는 해변에서의 암묵적인 경험 법칙이다. 헬리콥터에서 내려다본다면, 깔개들이 일정한 간격을 두고 모자이크처럼 펼쳐진 광경이 보일 것이다. 그것은 군중의 분산 문제 해결 기법이 성공한 사례다.

이어서 어떤 신기한 일이 일어난다. 스티븐 킹의 신간 소설을 들고 해변 의자에 막 앉았을 때, 당신은 몇몇 사람이 서서 바닷물 쪽을 바라보고 있음을 알아차린다. 곧이어 몇 사람이 더 똑같이 행동한다. 이어서 몇 사람이 더. 어느 순간 모두가 서서 바닷물을 바라보는 듯하다. 당신 역시 마찬가지다. 이유는 모르겠지만, 갑자기 당신의 머릿속에 온갖 질문이 맴돈다. 대체 무슨 일이야? 누가 물에 빠졌나? 상어가 나타났나? 모두 뭘 쳐다보는 거지? 그저 몇몇 사람의 단순한 호기심에서 시작된 바닷물을 바라보는 행동이 해변 전체의 인파로 전파되면서 눈덩이가 구르며 커지듯이 집단 경계 상태로 바뀐다. 그것이 바로 전염성 있는 다중 상호작용이 작용하는 방식이다. 그리고 인상적인 점은, 만일 거기에 상어가 있었다면 누군가 확성기에 대고 "상어다!"라고 소리쳤을 때와 거의 맞먹을 정도로 금세 모두가 그 사실을 알아차렸으리라는 것이다.

마이크 그린은 말한다. "우리 각자가 미미한 단편적인 정보에 반응하고 특정한 규칙들에 따른다면, 군중 전체는 어떤 특정한 방식으로 조직화할 겁니다. 개미 군체를 살펴볼 때 우리는 똑같은 행동 변화를 볼 수 있어요. 어떤 개미도 그것을 알아차리지 못하는데 말입니다."

즉 자기 조직화는 매일매일 550번 같은 개미 군체에게 예측 불가능한 환경을 관리할 수 있는 신뢰할 만한 방식을 제공한다. 우리도 그런 방법을 쓸 수 있다면 유용하지 않을까?

순회 외판원 문제

1990년 여름 어느 날 오후, 이탈리아인 대학원생인 마르코 도리고는 본Bonn 인근의 독일 국립컴퓨터과학 연구센터에서 열린 워크숍에 참석했다. 당시 도리고는 밀라노에서 난해한 연산 문제를 푸는 방법을 주제로 박사 논문을 쓰는 중이었다. 그는 벨기에 브뤼셀자유대학교 교수인 장-뤼 데뉴부르의 발표를 듣게 되었다. 개미에 관한 연구였다. "그 전부터 자연계가 정보과학에 어떤 식으로 영감을 줄 수 있는지 관심이 많았어요. 그런데 개미의 행동과 컴퓨터과학을 연관지은 사람이 마침내 최초로 나타났다는 것을 깨달았지요."

데뉴부르는 아르헨티나개미 *Iridomyrmex humilis*라고 알려진 흔한 검은색 개미를 대상으로 실시했던 여러 가지 실험을 설명했다. 많은 개미들이 그렇듯이 이 종도 먹이를 찾아다닐 때 화학물질을 분비하여 자취를 남긴다. 페로몬이라는 이 화학물질은 개미 배의 꽁무니 가까이에 있는 분

비샘에서 나오며, 다른 개미들에게 자취를 따르라고 말하는 강력한 신호로 작용한다. 먹이탐색 개미들은 대개 좋은 먹이 공급원을 찾으면 그런 자취를 남긴다. 집으로 돌아올 때 그들은 다른 개미들이 먹이가 있는 곳까지 갈 수 있도록 페로몬으로 경로를 표시한다. 하지만 아르헨티나 개미는 달랐다. 그들은 먹이를 탐색하는 단계에서도 페로몬 자취를 남긴다. 데뉴부르는 그 점에 흥미를 느꼈다. 먹이탐색 개미들이 어디를 탐사할지 어떻게 판단하는지 궁금증이 일었다.

데뉴부르 연구진은 큰 통을 두 개 마련하여 하나에는 아르헨티나개미 군체를 넣고, 다른 하나에는 먹이를 두었다. 두 통 사이는 다리로 연결했다. 다리는 특수하게 설계했다. 다리를 따라 4분의 1쯤 가면 갈림길이 나왔다. 양쪽 길 다 먹이로 향해 있지만 한쪽 길이 다른 쪽 길보다 거리가 두 배 더 길었다. 작은 탐험가들은 이 문제를 어떻게 처리할까?

예상했을 수도 있겠지만, 개미는 어느 길이 나은지를 금방 판단했다. 이 개미는 부엌 바닥에 흘린 단풍 시럽의 위치를 찾아내는 놀라운 재주를 보이는 바로 그 종이다. 대부분의 실험에서 개미들은 모두 처음에 어느 정도 우왕좌왕한 뒤에 더 짧은 길을 택했다.

페로몬 자취가 바로 열쇠였다. 짧은 길을 택하는 개미가 점점 늘수록 그 길에는 페로몬이 점점 더 많이 쌓인다. 그러면 다른 개미들이 그 길을 택할 가능성도 더 커진다. 바로 이것이 작동 방식이다. 두 개미가 동시에 다리를 건너기 시작한다고 하자. 1번 개미는 짧은 길을 택하고, 2번 개미는 긴 길로 간다. 1번 개미가 먹이에 도달할 무렵, 2번 개미는 다리를 절반쯤 건너는 중이다. 1번 개미가 돌아와서 군체에 도달할 무렵, 2번 개미는 막 먹이에 도착한다. 이때 다리가 갈라지는 지점에 온

3번 개미에게는 1번 개미가 남긴 페로몬 자취가 2번 개미가 남긴 것보다 두 배 더 강하게 느껴질 것이다(1번 개미는 가면서 오면서 자취를 남겼으니까). 따라서 3번 개미는 짧은 길을 택할 가능성이 더 높다. 이 과정이 되풀이될수록 짧은 길의 페로몬 자취는 더 강해지고 더 많은 개미가 그쪽 길을 택한다.

다시 말해 개미 군체는 두 지점 사이의 가장 짧은 경로를 파악하는 독창적인 방식을 진화시켰다. 개미 한 마리 한 마리가 스스로 판단하여 그렇게 하는 것이 아니다. 어느 개미도 두 다리의 길이를 독자적으로 비교하려고 시도하지 않는다. 대신에 군체가 집단으로서 최상의 해법을 내놓는다. 한 마리 한 마리가 페로몬을 이용하여 초기의 성공 사례들을 '증폭시킴으로써' 인상적인 자기 조직화를 보여주는 것이다.

데뉴부르 연구진은 이 개념을 한 단계 더 밀고 나가서 이 행동을 기술할 비교적 단순한 수학 모형까지 제시했다. 그는 특정한 시간에 짧은 길을 택한 개미의 수가 얼마나 되는지 알면, 다음 개미가 그 길을 택할 확률을 계산할 수 있다고 했다. 그렇다는 것을 보여주기 위해 그는 방정식을 컴퓨터에 넣고 개미 1천 마리를 상정하여 이중다리 실험의 시뮬레이션을 실시했다. 그러자 진짜 개미가 보여준 것과 똑같은 결과가 나왔다. 두 길의 길이가 같을 때에는 어느 개미가 어느 한쪽을 택할 확률이 50 대 50이었다. 하지만 한쪽 길이 두 배 더 길 때는 짧은 길을 택할 확률이 크게 증가했다.

이 군체 방식의 핵심은 각 개미가 국소 정보에 적용하는 단순한 규칙들이다. 이 규칙을 바꾸면, 군체 전체의 행동 패턴이 바뀔 것이다.

도리고는 이 발견에 어떤 의미가 숨어 있는지 놓치지 않았다. 진짜 개미 군체가 두 지점 사이의 가장 짧은 경로를 발견할 수 있다면, 연구자가 '가상의 개미'로 똑같은 일을 하지 말란 법이 없지 않은가? 도리고는 진짜 개미가 하듯이 단순한 규칙을 따를 수 있는 소프트웨어 '행위자'를 설계하는 방법을 알고 있었다. 소프트웨어 행위자들이라고 해서 가장 짧은 경로를 찾지 못할 이유가 어디 있단 말인가? 경로가 개미집과 먹이 더미 사이의 거리가 아니라면 어떨까? 두 컴퓨터 사이에 인터넷을 통해 메시지를 전달하는 가장 짧은 경로라고 하면? 캘리포니아의 한 공장 창고에서 플로리다의 소비자에게까지 물품을 보내는 가장 짧은 거리라고 하면? 한 산업 공정에서 여러 단계를 거칠 때의 가장 짧은 경로라면? '가장 짧은 경로'라는 개념 자체는 어떨까? '가장 짧은'을 '가장 효율적인'이나 '최소 비용이 드는'이라고 바꾸면 어떨까? 그래도 작동한다면 편리한 도구이지 않겠는가?

"밀라노로 돌아와서 지도교수인 알베르토 콜로르니와 이런 생각들을 갖고 논의를 했어요. 그는 그것이 황당한 생각이 아님을 보여줄 수 있는 원리 증명 방법으로서 단순한 프로그램을 짜보라고 했지요." 당시 도리고는 조합 최적화 문제라는 일종의 수학 퍼즐을 연구하고 있었다. 이 문제는 기술하기는 비교적 쉽지만 풀기는 대단히 어렵다. 순회 외판원 문제는 그 중에 가장 잘 알려진 사례에 속한다. 간단히 풀어쓰면 이렇다. 한 외판원이 여러 도시에 흩어져 있는 고객들을 방문해야 한다. 그가 각 도시를 한 번씩만 들른 뒤 집으로 돌아올 수 있는 가장 짧은 경로는?

도시가 몇 개 안 된다면 답은 편지봉투에 적을 수 있을 정도로 간단하다. 그 도시를 모스크바, 홍콩, 파리 세 곳이라고 하자. 외판원이 클리블랜드의 집 근처 공항에서 출발한다면 처음 들를 곳을 고를 때 그에게는 세 도시 모스크바, 홍콩, 파리라는 세 가지 대안이 있다. 홍콩을 골랐다고 하자. 그 다음에는 두 곳 중 하나를 고를 수 있다. 그가 파리로 날아간다고 하자. 그러면 모스크바만 남는다. 거기에 들렀다가 집으로 돌아오면 된다. 다른 모든 가능한 순서(파리에서 모스크바를 거쳐 홍콩으로, 홍콩에서 파리를 거쳐 모스크바로 등등)를 죽 나열한다면, 고려할 경로가 총 6가지일 것이다. 각 경로의 소요 거리를 비교하면, 답이 나온다.

하지만 여기서 더 나아가면 까다로워진다. 외판원의 여행에 도시를 하나 더 추가한다면, 문제는 훨씬 더 어려워진다. 이제 고려할 가능한 경로가 4배로 더 많아진다. 즉 6가지가 아니라 24가지가 된다. 5번째 도시를 추가하면 가능한 경로는 120가지가 된다. 도시가 10곳이라면 가능한 경로는 약 360만 가지를 넘어선다. 다시 말해 해답의 수는 도시가 하나 추가될 때마다 기하급수적으로 증가한다. 도시가 30곳이라면, 우주가 멸망할 때 까지도 가능한 경로의 목록을 다 나열하지 못할 것이다.

도리고는 가상 개미로 시도하는 것이 흥미로울 수 있다고 생각했다. 그 개미 시스템의 목표는 외판원 의사결정의 가능한 모든 결과를 파악하려는 것이 아니라, 시행착오라는 손쉬운 방법을 통해 소수의 좋은 결과를 찾아내는 것이었다. 그것은 일방적이고 직선적인 방식이 아니라, 탈중심적이고 분산된 방식이었다. 복잡한 계산 대신에 단순한 경험 법칙에 의존했다. 수학의 기하급수적인 특성에 빠져 허우적대는 대신에 작은 차이가 금세 큰 강점으로 바뀌는 눈덩이 효과를 이용했다. 다시 말해 그것은 자기 조직화를 영리한 방식으로 활용한다는 점에서 달랐다.

도리고는 동료 대학원생인 비토리오 마니에초와 함께 순회 외판원의 최단 경로를 찾을 수 있는 가상 개미 집합을 만들었다. 그들의 비밀 무기는 개미들이 지나가면서 남기는 '가상 페로몬'이었다. 외판원이 들러야 할 도시 15곳이 나와 있는 지도를 상상해보자. 첫 번째 순회를 시작할 때, 개미들은 무작위로 도시들에 흩어져 있다. 각 개미는 확률을 토대로 한 공식을 이용하여 다음에 어느 도시에 들를지 결정했다. 이 공식은 두 요인을 고려했다. 어느 도시가 가장 가까운가, 어느 도시로 가장 강력한 페로몬 자취가 뻗어 있는가였다. 물론 처음에는 페로몬 자취가 아예 없었으므로, 가장 가까운 도시가 선택되는 경향이 있었다. 각 개미는 15개 도시를 다 돌자마자, 가상 페로몬을 뿌리면서 온 경로를 되돌아갔다. 호르몬은 개미들이 발견한 최단 경로에 가장 많이 뿌려지는 경향이 있었다. 가장 긴 경로에 뿌려진 페로몬은 더 빨리 '증발해' 사라졌다. 이 방법을 통해 집단으로서의 개미는 최상의 경로를 기억할 수 있었다. 그래서 두 번째 순회가 시작되어 개미들이 도시에서 도시로 다시 길을 떠날 때, 각 개미는 페로몬 자취가 가장 강한 길을 선호함으로써 첫 번째 순회의 성공 경로들을 밟아나갔다. 이 과정을 되풀이할수록 개미들이 여행하는 데 걸리는 시간은 점점 줄어들다가 이윽고 가장 짧은 경로의 페로몬 자취가 너무 강해서 어느 누구도 그것을 선택하지 않을 수 없는 상황에 이르렀다.

결과는 아주 고무적이었다.

"우리는 도시가 30개, 50개, 심지어 100개가 되어도 개미들이 거의 최적 해를 발견할 수 있다는 것을 알았습니다." 도리고는 말했다.

개미들도 때로 실수를 저지르곤 했다. 도시에서 도시로 넘어갈 때 특정한 개미가 강물의 소용돌이에 휘말린 잔가지처럼 순환고리에 사로잡힌다면, 이따금 다른 개미들도 그 뒤를 따름으로써 문제의 해답이 도출되지 않는 상황이 빚어지기도 했다. 이것을 막기 위해 도리고와 마니에초는 개미들에게 페로몬이 완전한 원형 자취를 이룰 때면 그런 고리를 잊으라고 명령했다. 그밖에도 비슷한 교정을 요하는 문제들이 있었다. 하지만 개미들의 안 좋은 습성 중에서 이런저런 식으로 바꿀 수 없을 만큼, 즉 더 특수한 알고리즘과 결합시켜서 더 유효하게 만들 수 없을 만큼 심각한 것은 없었다.

"중요한 점은 많은 행위자들의 암묵적인 협동 덕분에 개미 군체 최적화가 이루어진다는 것이었습니다. 각 인공 개미는 대개 그다지 좋다고는 할 수 없었지만 그래도 나름대로 해를 구했어요. 그리고 정보를 교환하여 힘을 모음으로써 결국 아주 좋은 해를 발견했습니다. 물론 개미들은 서로 대화를 나누는 것이 아니라 단순히 가상 페로몬을 통해 정보를 교환하지요." 도리고의 말이다.

이런 식으로 협동은 단순히 개미 각자의 노력의 총합이 아니라, 누적되는 것이었다. 협동이 진행될수록 자기 조직화 메커니즘에 힘입어 탐색은 더 영리해졌다. 즉 분산 제어, 분산 문제 해결, 행위자 사이의 다중 상호작용에 힘입어서 말이다.

얼마 지나지 않아 다른 컴퓨터 과학자들도 다양한 난제들을 풀기 위해 개미 군체 접근법을 채택했다. 심지어 현실 세계의 실제 상황을 실험한 연구자들도 몇몇 나타났다. 예를 들어 영국 브리스톨의 휴렛패커드 연구소에 있는 과학자들은 전화 통화 속도를 높이는 소프트웨어를 개발했다. 그들은 브리티시텔레콤 전화망의 시뮬레이션을 이용하여, 개미와 유사한 행위자들을 전화망으로 퍼뜨렸다. 그 행위자들은 교환국에서 페로몬과 비슷한 신호를 남겼다. 교환국은 지나는 메시지들을 교환하는 일을 한다. 교환국에 디지털 페로몬이 너무 많이 축적된다면, 그것은 거기에 정체가 너무 심하며 메시지들이 그 경로로 오간다는 의미였다. 페로몬은 시간이 흐르면서 증발하므로, 시스템은 통화량 패턴의 변화에 적응하여 교환국이 정체되자마자 다시 뚫리도록 할 수 있었다.

개미 기반의 알고리즘은 다른 기법들에 없는 것을 제공했다. 무엇이었을까? 답은 550번 군체의 먹이탐색 개미에게로 돌아간다. 개미들이 씨앗을 찾아나간 사이에 사막의 환경 조건이 변한다면, 즉 굶주린 도마뱀이 나오는 개미들을 잡아먹는 식으로 정상적인 사건들의 흐름을 예측할 수 없게 교란하는 무언가가 있다면, 전체로서의 군체는 금방 반응했다. 즉 먹이탐색 개미들은 빈손으로 집으로 달려왔고, 다른 개미들은 나가지 않았다. 그들은 문제가 생겼다는 소식이 지휘 계통을 따라 관리자에게 도달하고 관리자가 상황을 판단하여 내린 명령이 다시 지휘 계통을 따라 일개미에게 도달할 때까지 기다리지 않았다. 인간의 조직 체계에서는 그런 식으로 진행되겠지만 말이다. 개미 군체의 의사결정은 탈중심화되어 있다. 그것은 국소 정보에 즉각 반응하는 수많은 먹이탐색 개미들 사이에 분산되어 있다. 마찬가지로 전화망을 돌아다니는 가상 개미들은 통화 정체에 즉각 반응했다. 양쪽 사례에서 개미 기반 알고리즘은 예측할 수 없는 환경에서 유연한 반응을 제공했고, 자기 조직화 원리를 이용하여 그렇게 했다.

이 접근법은 기업이 개미 군체처럼 빠르고 효과적으로 환경 변화에 대응할 수 있게 해줄 알고리즘 또는 알고리즘 집합을 개발하는 분야에 응용될 것이 확실하다. 텍사스의 한 기업이 바로 그 일에 착수했다.

찰스 하퍼는 사무실 창 밖으로 휴스턴 남쪽의 평탄한 경관을 내다보았다. 파리에 본사를 둔 자산 120억 달러에 달하는 그룹의 자회사인 아메리칸에어리퀴드의 전국 가스 공급망 운영 책임자인 그는 의료용 및 산업용 가스를 생산하는 100여 곳의 공장 상황을 점검하는 팀을 가동했다. 매일 같이 전력을 쏟아야 하는 엄청난 업무였다. 회사의 시설 운영 실태가 너무나 복잡했기에 똑같은 상황이 반복된 적이 한 번도 없어 보였다.

에어리퀴드는 아주 다양한 고객에게 다양한 종류의 가스를 판매했다. 병원은 산소 가스를 구입했고, 제지공장과 플라스틱 제조업체도 그랬다. 아이스크림 제조업체는 제품을 얼리는 데 액화 질소를 썼다. 딸기류 포장업체와 가재살 운송업체도 그랬다. 청량음료 회사는 거품이 있는 음료를 만들기 위해 이산화탄소를 구입했다. 정유회사와 철강회사도 몇 종류의 가스를 구입했다. 에어리퀴드는 700대의 트럭, 300량의 화차, 3,500킬로미터에 달하는 파이프라인망을 이용하여 미국 전역의 1만 5천 군데가 넘는 고객에게 기체 생산물을 운송했다.

하지만 이 모든 수송 업무는 해결해야 할 문제의 시작에 불과했다. 진짜 복잡한 부분은 회사가 대처해야 할 변수들에서 비롯되었다. 예를 들어 에너지 가격은 끊임없이 요동쳤다. 텍사스에서는 2002년 전력산업 규제가 철폐된 뒤로 전기 가격이 15분마다 변했다. "산업체 고객이 보기에는 1메가와트의 가격이 오전 3시에 18달러였다가 다음날 오후에 103달러로 치솟을 수도 있어요." 하퍼는 말했다. 에너지는 에어리퀴드의 생산비 중 70퍼센트나 차지하는 가장 큰 지출 경비였으므로, 이 요동치는 가격은 결산에 엄청난 영향을 미쳤다.

생산비에 영향을 미치는 요인들은 더 있었다. 기체나 액화 가스를 생산하는 각각의 공장은 효율성, 비용 요소, 생산 용량이 저마다 달랐다. 예를 들어 많은 공장은 조합을 달리하여 액화 산소나 액화 질소를 생산할 수 있었다. 트럭으로 운송해야 하는 고객이라면 액화 가스를 극저온 트레일러로 옮겨 실을 수 있었다. 파이프라인으로 수송해야 하는 고객이라면 기체를 기화시켜서 보낼 수 있었다.

고객의 요구도 또 다른 변수였다. 일부 고객들, 대개 최다 구매 고객들은 매주 같은 양의 기체를 구입하지만, 예측 불가능한 고객들도 많았다. 작은 회사는 큰 계약을 따냈을 때에만 기체를 주문했다가 그 뒤 몇 달 동안 주문이 아예 없을 수도 있었다. 에어리퀴드 고객들 중 약 20~30퍼센트는 으레 전화로 특별한 요구사항을 알리곤 했다. "대형 의료센터는 우리에게 전화를 걸어서 이렇게 말하곤 하지요. 여보세요, 지금 당장 산소를 보내줘요. 다 떨어지기 전에요." 하지만 그런 요구는 생산 일정에 차질을 일으킨다.

요동치는 에너지 가격, 변하는 생산비, 다양한 수송 방식, 불확실한 고객 요구라는 이 모든 요인들이 결합되면, 관리하기가 힘든 상황에 처한다. 조만간 한 공장의 기계 고장 같은 예측 불가능한 일이 당신을 옭아맬 것이고, 그 지역의 고객들에게 제공할 가스가 부족해질 것이다. "그런 사고는 늘 있었지요. 결국 우리는 더 나은 쪽으로 재편하는 일을 도와줄 도구가 필요한 상황에 이르렀어요." 에어리퀴드의 실시간 운영 관리자인 클라크 헤이스의 말이다.

회사는 업무의 어느 특정 측면을 최적화하는 전용 프로그램들을 이미 갖고 있었지만, 그것들을 통합할 방법을 알지 못했다. 1999년 말, 복잡성 연구자들이 설립한 뉴멕시코 샌터페이에 있는 컨설팅 회사 바이어스 그룹의 연구진이 에어리퀴드로 와서 특이한 제안을 했다. "개미 군체의 자기 조직화 원리들을 토대로 한 컴퓨터 모형을 구축하면 어떻겠습니까?" 그들은 관리자들이 일상적인 문제들을 해결하도록 도와줄 방법을 찾자는 계획을 그토록 어렵게 만드는 모든 변수들을 이 모형이 고려할 수 있다고 주장했다. 그들은 회사의 트럭 운송 경로 문제, 즉 트럭이 어느 공장에서 가스를 담아 어느 고객에게 보내야 회사에 가장 이익이 되는가 하는 문제부터 다루어보자고 했다. 그들은 말했다. "개미가 한 곳에서 다른 곳으로 사물을 옮기는 영리한 방법을 진화시켰다면, 그 지식을 에어리퀴드 트럭에 적용해도 좋지 않을까요?"

하퍼는 말했다. "과학자들이 하는 얘기는 놀라웠어요. 하지만 문제는 그들이 과연 산업용 가스 산업을 이해할 수 있느냐였지요. 그래서 우리는 일부 운송 지역의 자료를 주면서 한번 디지털화해보라고 했어요. 우리에게 무언가 결과를 내놓으려면 트럭, 운전기사, 주차료, 연비, 온갖 예외 사례 등 복잡한 사항들을 이해해야 했지요. 고객의 가스탱크가 언덕 꼭대기에 있으면 어쩌지? 반대 방향으로 올라가거나, 트럭에 가스가 덜 채워지면 압력이 낮아지는데 그것 때문에 가스탱크에 액화 가스를 넣을 수 없다면? 그런 상황에서는 운송할 때 먼저 그 고객에게 들러야 합니다. 그런 일들이 수두룩하기에 미칠 지경이 되지요. 문제는 그런 사항들을 다 모형에서 다루어야 한다는 겁니다."

알베르토 도나티는 에어리퀴드 시험 과제를 맡은 바이어스 그룹 소속

과학자 중 한 명이었다. 전에 개미 기반의 알고리즘을 다룬 적이 있었기에, 그에게는 의사결정 지원 시스템의 유통 측면이 맡겨졌다. 그가 택한 접근 방식은 마르코 도리고와 컴퓨터 과학자인 에릭 보나보가 순회 외판원 문제와 비슷한 난제들을 해결하기 위해 개발한 방법에 영감을 받은 것이었다.

"이 사례에서는 개미 알고리즘이 아주 좋은 해결 방법이었지요. 최상의 경로를 찾아내는 단계적인 절차를 제공하니까요." 도나티의 말이다. 어떤 단계에서든 가장 복잡한 상황까지도 고려할 수 있었다. 그는 각 개미가 일종의 '할 일' 목록을 지니며 목록의 맨 끝에 적힌 것까지 다 마칠 때까지 일을 계속한다고 설명했다.

목록이 오늘 제품을 보내야 할 에어리퀴드 고객 목록이라고 하자. "개미가 차고에서 출발한다고 상상해봅시다. 먼저 트럭을 골라야 합니다. 개미는 운행 가능한 트럭 목록을 살펴본 뒤, 운전기사를 고르지요. 그 다음에는 뭘 해야 할까요? 아마 공장으로 가서 트럭에 가스를 가득 채우겠지요. 이제 그 가스를 필요로 하는 고객의 목록을 살펴봐야지요. 개미는 각 고객에게 가는 데 걸리는 시간을 계산합니다. 아마 정해진 시간 안에 배달을 해야 하는 고객도 있을 것이고 우선 순위가 높은 고객도 있겠지요. 이제 개미는 우리가 탐욕 함수greedy function라고 이름 붙인 것을 이용하여 각 고객을 살펴봅니다." 도나티의 설명이다.

여기서 '탐욕'은 짧은 기간에 최상의 결과를 내놓는 의사결정 규칙을 가리킨다. 예를 들어 '가장 가까운 고객을 택하라'는 전형적인 탐욕 함수다. "또 개미는 페로몬 자취도 고려합니다. 다른 개미들이 같은 경로를 택해서 페로몬을 남겼을 수도 있어요. 따라서 개미는 탐욕 계수들에 페로몬 계수를 곱해서 다음에 어떤 고객을 택할지 결정하지요." 약간의 무작위성은 이 결정에 변화를 가해서 예측하기 어려운 상황에서도 이따금 선택을 하게 해준다. "고객에게 가면 개미는 필요한 양의 액화 가스를 트럭에서 부리면서 시간이 얼마나 걸리는지 트럭에 가스가 얼마나 남는지를 살펴봅니다. 그런 뒤 아직 방문하지 않은 고객이 누구인지 명단을 훑어보지요." 그런 식으로 모든 고객을 차례차례 방문하여 경로를 정한다.

배달 작업이 다 끝나면 개미는 얻은 해의 좋고 나쁜 정도를 계산하고 평가에 따라 페로몬을 뿌린다. 이 과정은 수천 마리의 개미들을 통해 되풀이된다. "탁월한 점은 끝날 무렵이 되면 개미들이 남긴 페로몬 분포 양상이 뚜렷이 보인다는 겁니다." 매번 새로 얻은 해는 앞서 얻은 가장 좋은 해와 비교한다. 새 해가 더 나으면 그것이 최상의 해가 된다. 그는 이것이 탐사exploration와 이용exploitation 사이에 균형을 취하는 문제와 다름없다고 말한다.

그 시험 과제는 개미 기반 모형이 운송 경로 문제의 복잡한 사항들을 충분히 다룰 만큼 융통성이 있음을 관리자들에게 보여줌으로써 에어리퀴드에서 대호평을 받았다. 하지만 에어리퀴드가 진정으로 원한 것은 생산의 최적화였다. 기체 생산비가 운송비의 10배에 달했으니까. 그래서 그들은 바이어스 그룹에 생산을 최적화할 도구를 개발해달라고 요청했다. 이 무렵 바이어스 그룹은 뉴테크솔루션스라는 회사에 합병된 상태였다. 그 도구는 2004년에 완성되었고, 지금 에어리퀴드의 경영에 쓰이고 있다.

통제실의 기술자들은 매일 밤 이 최적화 프로그램을 돌린다. 오후 8시에 공장 가동 일정표, 가용 트럭 자료, 고객의 요구사항 등 모형에 필요한 새 자료를 입력하기 시작한다. 원격 제어 및 자료 취합 시스템인 SCADA Supervisory Control and Data Acquisition가 각 시설의 가동률, 저장탱크의 가스량, 전기료 등의 자료를 실시간으로 보낸다. 신경망 예측 엔진은 원격 검침과 고객의 과거 사용 패턴을 토대로 어느 고객에게 시급하게 가스를 보내야 하는가에 관한 추정값들을 내놓는다. 1시간 단위로 일기예보도 입력되고, 다음주의 전기료 추정값도 입력된다. 마지막으로 가까운 시기에 어느 시설이 유지 보수가 필요한지 같은 일정표에 영향을 끼칠 수 있는 잡다한 자료도 추가된다.

그런 뒤 최적화 프로그램에 가능한 모든 순열, 즉 헤아리기 힘들 정도로 많은 가능한 결정과 결과를 고려하여 앞으로 일주일 동안의 계획을 산출하라고 요구한다. 최적화 프로그램은 개미 기반 알고리즘을 어느 시설이 어떤 가스를 얼마나 많이 생산해야 하는지를 고찰하는 다른 문제 해결 기법들과 결합시켜서 문제를 푼다. 프로그램 가동 속도를 높이기 위해, 기술자들은 전국을 로키산맥 서부, 멕시코만 연안, 동부 세 구역으로 나눈다. 그런 뒤 구역별로 모형을 세 번씩 돌린다. 오전 6시 주간 근무조가 출근할 무렵이면, 최적화 프로그램은 구역별로 해답을 내놓은 상태다.

여전히 모든 결정은 사람이 내린다. 하지만 적어도 지금은 어느 방향으로 나아가야 하는지 안다. 하퍼의 말을 들어보자. "이 일을 맡았던 한 과학자는 이 방식을 노란 벽돌길이라고 부르더군요. 기본적으로 우리는 절대적인 해답을 구하려고 애쓰는 대신 최적화 프로그램에 정답이 어느 쪽에 있는지 가리키도록 했어요. 거기에서 몇 걸음 더 나아갈 무렵이면,

해답을 재검토하여 방향을 다시 정하지요. 따라서 우리는 최종 지점이 어디인지를 놓고 머리를 싸매지 않아요. 거기는 오즈의 나라입니다. 우리는 그저 한 번에 한 걸음씩 노란 벽돌길을 따라갈 뿐이에요."

에어리퀴드는 이 개미 기반 시스템의 도움으로 비용을 크게 줄였다. 주로 적절한 시설에서 적절한 기체를 생산함으로써 비용이 절약되었다. 회사 관리자들은 정확히 얼마나 절약되었는지 말하기를 꺼리지만, 공개된 어느 자료에 따르면 연간 2천만 달러로 추정된다.

하퍼는 말했다.

"엄청나지요. 정말 엄청나요."

체커 게임에서 얻은 교훈

1950년대에 IBM의 컴퓨터 프로그래머 아서 새뮤얼은 기계에게 체커 두는 법을 가르치는 일에 나섰다. 기계는 그 회사가 만든 최초의 전자 디지털 컴퓨터인 디펜스캘큘레이터의 시제품이었다. 크기는 방 하나를 가득 채울 정도로 거대했다. 오늘날의 기준으로 보면 원시적인 장치였지만, 그래도 초당 10만 개의 명령문을 실행할 수 있었다. 그 정도면 새뮤얼이 원하는 것을 다 갖춘 셈이었다.

그가 체커를 택한 이유는 그 게임이 어린아이도 배울 수 있을 만큼 단순하면서도 노련한 선수도 어려워할 만큼 복잡한 면을 지니고 있기 때문이었다. 아무튼 체커는 정확히 똑같은 양상으로 게임이 전개될 가능성이 없다는 점에서 흥미롭다. 체커는 두 사람이 12개의 말을 갖고 놀이판의 반쪽씩 32칸을 차지하고서 시작하는데(체커는 놀이판에서 검은 칸만 이용한다), 시작할 때부터 끝날 때까지 가능한 말 배열의 수는 사실상 무한하다. 한 판 두 판 아무리 두어도 둘 때마다 행마 순서는 달라질 것이다. 그래서 체커는 전문가들이 '끊임없는 새로움perpetual novelty'이라고 말하는 복잡성을 띠게 된다.

그 점은 새뮤얼의 컴퓨터에 문젯거리였다. 수를 둘 때마다 이론적으로 놀이판에서 가능한 다음 수가 수십억 가지라고 한다면, 최선의 수를 어떻게 고를 수 있단 말인가? 각 수를 두었을 때 나올 가능한 결과들을 목록으로 집대성한다면 시간이 너무 오래 걸릴 것이다. 마르코 도리고도 순회 외판원 문제에서 그 점을 고심했다. 그래서 새뮤얼은 기계가 몇 가지 기초적인 경험 법칙을 따르도록 했다. 하나는 '남은 말 세기pieces ahead'였다. 컴퓨터가 자신의 말이 몇 개 남았는지 세어 상대의 말 개수와 비교하도록 한다는 의미였다. 두 개 남았나? 세 개 남았나? 말의 개수를 더 많이 남기는 수는 좋은 수라고 평가했다. 또 놀이판에서 유리한 지역을 정의하는 규칙들이 있었다. 이를테면 상대편 말 사이로 뚫고 들어가는 수는 유리한 수로 판단했다. 중앙을 지배하는 수도 그랬다. 규칙들은 그런 식이었다.

또 새뮤얼은 컴퓨터에게 실수를 통해 배우도록 가르쳤다. 어떤 경험 법칙을 토대로 둔 수가 유리한 결과를 낳지 않으면, 컴퓨터는 다음 판에서는 그 규칙에 덜 비중을 두었다. 게다가 그는 컴퓨터가 '포석을 까는' 수들을 간파할 수 있다는 것도 보여주었다. 그것은 말을 하나 희생시키는 수처럼 지금 당장은 그다지 도움이 안 되는 수 같지만, 세 번 뛰어넘기를 하는 식으로 나중에 더 큰 보상을 안겨주는 수를 말한다. 큰 보상을 얻었을 때 복기를 하여 앞서의 몇 수에 가중치를 부여하게 함으로써 가능했다. 마지막으로 그는 상대도 컴퓨터가 아는 것은 다 알고 있으며 가능할 때마다 가장 큰 피해를 입힌다고 컴퓨터에게 가정하도록 했다. 그럼으로써 컴퓨터에게 수의 긍정적인 결과뿐 아니라 부정적인 결과도 고려하게끔 만들었다. 상대의 수에 어떤 식으로든 놀란다면, 컴퓨터는 다음 번에 그 실수를 피하도록 경험 법칙을 조정했다.

새뮤얼의 계획은 큰 성공을 거두었다. 컴퓨터는 곧 정기적으로 그를 이기기 시작했다. 1960년대 말에는 체커 경기 우승자들까지 물리쳤다.

인공지능의 선구자 중 한 명인 존 홀런드는 저서《창발 : 혼돈에서 질서로》에서 "종합해보면 새뮤얼은 놀라운 업적을 이루었다. 우리는 거의 반세기 전에 그가 제시한 이런 교훈들을 활용조차 하지 않고 있다"고 썼다.

IBM에서 새뮤얼과 한 연구실에 있었던 홀런드가 보기에, 그 체커 프로그램이 지닌 진정한 재능은 몇 가지 흔한 전략을 수정하면서 게임의 엄청난 복잡성에 대처하는 방식이었다. 틱택토 같은 더 단순한 게임에서 하듯이, 모든 수의 순서를 완벽하게 계산하여 수학적으로 체커 게임을 '푼다'는 것이 당시에는 비현실적이었기에, 새뮤얼은 그저 컴퓨터가 매번 새 판을 둘 때마다 좀 더 잘 두기를 원했다. 홀런드는 "잘 두기라는 창발이 새뮤얼 연구의 목표다"라고 썼다.

홀런드는 창발emergence이라는 말을 아주 특수한 의미로 썼다. 그는 컴퓨터가 개별 수들을 둔 끝에 기본 전략을 세우는 과정, 더 일반적으로 말해서 세세한 것들로부터 나오는 훨씬 더 큰 현상을 가리키기 위해 그 말을 썼다. 비록 프로그램이 한 모든 것이 "그것을 규정하는 규칙들(명령문들)로 전부 환원될 수 있다"고 할지라도, 게임을 통해 나온 행동들은 "그 규칙들을 살펴보아서는 쉽사리 예상하지 못하는 것들"이었다.

물론 우리는 550번 군체에서도 같은 것을 보았다. 각 개미가 단순한 먹이탐색 규칙을 따르고 있음에도, 집단으로서의 개미 행동 패턴은 군체 전체에 놀랍도록 유연한 전략을 추가로 제공했다. 근처에 씨 무더기가 있을 때, 먹이 담당자 무리는 집 밖으로 나간다. 씨 더미가 없을 때에는 집 안에 머무른다. 군체는 먹이 담당자들에게 이 전략을 강요하지 않았다. 그것은 서로의 상호작용을 통해 일어났다.

벌 떼와 새 떼에서 주식시장과 인터넷에 이르기까지 많은 복잡계에도 같은 말을 할 수 있다. 서로 상호작용하는 개체들이 많을 때, 무질서에서 질서가 나오고 무언가 새로운 것이 출현하는 순간이 이따금 나타난다. 그것은 패턴, 결정, 구조, 방향 변화 같은 것을 말한다. 사실 이 장 전체는 자기 조직화 행동으로부터 출현하는 이런 종류의 전략들에 관한 내용이었다. 그리고 이 모든 전략들의 공통점은 그것들이 예측 불가능성에 대처하는 방식이라는 것이다.

개미 군체 속의 삶을 생각해보자. 그곳에서 생존은 다른 군체들뿐 아니라 끊임없이 변하는 환경에 맞서는 것을 의미한다. 오늘 먹이는 충분할까? 어디에서 찾게 될까? 날씨는 집에 어떤 영향을 미칠까? 군체는 자기 조직화 행동을 통해 그런 도전 과제들에 대처하며, 그럴 때 매 순간 요구되는 것에 맞추어 군체의 자원을 할당하는 활동 패턴이 출현한다.

에어리퀴드는 미지의 사항들을 열거한 자체 목록을 갖고 있다. 오늘 배달해야 할 고객은 누구일까? 그들은 어떤 종류의 가스를 원할까? 그런 기체들을 최소 비용으로 생산하려면 어느 시설을 써야 할까? 그런 시설의 전기료는 얼마나 될까? 어떻게 해야 그런 기체를 가장 경제적으로 운송할 수 있을까? 그 회사의 최적화 도구는 개미 군체의 분산 문제 해결 접근법을 모방함으로써 무수한 변수들에 대처할 일일 계획을 제공했다.

오늘날의 많은 기업들, 그리고 많은 정책 결정자들과 개인들처럼, 에어리퀴드는 환경에서 맞닥뜨리는 끊임없는 새로움에 대처할 방법을 찾고 있었다. 회사가 기대한 것은 뛰어든 모든 경쟁에서 이길 것이라는 보장이 아니라, 그저 최신 변화에 적응할 수 있을 때까지 게임을 계속할 기회를 유지하는 것이었다. 다시 말해 회사가 원한 것은 통제 불가능한 것을 어느 정도 통제할 수 있게 해줄 전략이었다. 그것은 새뮤얼의 체커 컴퓨터에서 엿보이던 것이기도 했다.

그것은 데보라 고든의 개미 군체가 하려고 애쓰던 것과 한 가지 중요한 점에서 크게 달랐다. 그 개미들은 사막 환경을 이기려고 시도하는 대신에, 어떤 의미에서 환경의 복잡성을 자신의 복잡성과 조화시키고 있었다. 550번 군체가 체커 게임을 한다면, 체커판의 각 말은 명령을 기다리지 않고 국소 정보에 따라 스스로 움직일 것이다. 그 게임은 언뜻 보았을 때 알아보기 어려울 상호작용 패턴들 속에서 말들이 앞으로 나아가고, 서로 뛰어넘고, 왕이 되고, 죄수로 갇히는 등의 혼란스러운 움직임으로 가득해질 것이다. 하지만 체커 게임이 먹이 찾기만큼 개미에게 중요한 것이라면, 군체는 융통성 있고 유연한 상대가 될 것이 분명하다.

우리는 한편으로는 불확실성을 최소화하고 다른 한편으로는 변화에 발맞추기 위해 모험에 나서야 하는 상황에서 비롯되는 이 긴장을 이 책 전체에서 계속 접할 것이다. 그리고 벌, 새, 물고기 등 많은 종에서 진화한 이런 행동의 놀라운 점은 그런 동물 집단들이 교묘하게 그것을 양쪽 방향에서 다룬다는 것이다. 복잡성을 관리하고 동시에 복잡성을 띠는 쪽으로 말이다.

고든은 말했다. "내가 에어리퀴드 같은 회사를 위해 소프트웨어를 설계하는 일을 맡았다면, 아마 아주 큰 업무를 하는 쪽에 중점을 두었겠지요. 하지만 개미는 그렇게 하지 않습니다." 그들의 체계는 너무 느슨하고 규율도 없다. 들어오는 정보는 너무나 산만하고, 개미들의 반응도 예측 불가능하다. "놀라운 점은 어떤 측면에서 보든 간에 개미의 체계가 너무나 엉성하고 산만하지만 그러면서도 어떻게든 잘 돌아간다는 것이지요."

고든은 아마 여기에 더 심오한 교훈이 있을 것이라고 말한다. "시스템을 계속 세밀하게 조율하여 점점 더 나아지게끔 애쓰는 대신에, 아마도 우리가 진정으로 찾아야 할 것은 엄격하게, '좋아, 그 정도면 충분해'라고 말하는 것인지도 모릅니다." 사업체를 운영하든 체커 게임을 하든 간에 아마 예측 불가능한 것에 대처하는 영리한 방법은 전략 목표와 무작위 실험 사이에서 균형을 잡는 것일지 모른다. 고든의 말마따나, 아무튼 개미 군체는 효율과 혼돈 사이의 경계에서 용케 번성하고 있다. "문제는 그들이 어떻게 그 경계를 찾아내느냐입니다. 만약 우리도 그 경계를 찾아낼 수 있다면, 많은 골칫거리에서 해방될 수 있을 겁니다."

CHAPTER 2

Honeybees

영리한 결정을 내리다

—

꿀벌

5개 상자 실험 | 대중의 지혜 | 동굴인의 뇌 | 맥주 게임
소방수와 부족장 | 주민 회의 | 야생마 길들이기
꿀벌과 동성same sex 혼례식

벌 수백 마리가 함께 믿을 만한
의사결정을 내릴 수 있다면,
사람 집단이 그렇게 할 수 있다고 해도
놀랄 이유가 없지 않나?

SMART SWARM

애플도어섬은 꿀벌에게 험한 곳이다. 미국 메인 주 남부 해안에서 좀 떨어진 대서양에 자리한 길이 약 0.8킬로미터의 이 섬은 바위투성이에 바람이 심하며 나무를 찾아보기가 어렵다. 꿀벌은 집을 지으려면 나무가 필요하다. 따라서 이 섬은 벌에게 일종의 앨커트래즈섬(알 카포네 등이 수감되었던 연방 교도소가 있던 섬—옮긴이)이라고 할 수 있다. 덕분에 섬은 통제된 조건에서 벌의 행동을 관찰하기에 이상적인 장소가 된다.

몇 해 전 여름 생물학자 코넬대학교의 토머스 실리와 리버사이드에 있는 캘리포니아대학교의 커크 비셔는 꿀벌 군체 6개를 애플도어섬으로 옮겼다. 섬에는 코넬대학교가 운영하는 숄스 해양연구소가 있다. 거의 10년 동안 실리와 비셔는 자신들이 '동물 민주주의'라고 이름 붙인 것의 흥미로운 사례를 연구해왔다. 그들은 수천 마리로 이루어진 꿀벌들이 어떻게 서로의 견해 차이를 제쳐놓고 집단으로서 하나의 결정을 내리는지 알고 싶어한다.

그들은 꿀벌의 '집 구하기house hunting'에 연구의 초점을 맞추고 있다. 늦봄이나 초여름이면 벌의 수는 집이 미어터질 정도로 늘어나서, 대개 분가를 한다. 여왕과 약 절반의 벌이 새 군체를 만들기 위해 날아서 무리를 떠난다. 옛 집에는 딸 여왕벌이 남는다. 떠나는 무리에는 약 1만 5천 마리의 벌이 있다. 그들은 대개 처음에는 나뭇가지에 웅성웅성 모여 있고, 수백 마리의 정찰벌이 새로운 집을 찾아 주위를 탐사하러 나선다. 여왕은 무리의 벌들에게 아주 중요하지만, 새 집을 지을 자리를 고르는 일에는 아무런 역할도 하지 않는다. 그 일은 정찰벌들에게 맡겨져 있다. 정찰벌들은 지도자의 지휘를 받지 않은 채 스스로 그 일을 한다.

정찰벌들은 윙윙 날아다니면서 살기 알맞은 곳을 찾는다(정찰벌, 먹이탐색 벌 등 일벌은 모두 암컷이므로 그녀라고 지칭한다). 땅에서 적당히 떨어져 있고, 남향으로 작은 출입구가 나 있고, 군체가 불어나도 수용할 수 있을 만큼 공간이 넉넉해야 한다. 나무 속의 빈 공간이 벌들에게는 안성맞춤인 곳이다. 그런 곳을 발견하면, 그녀는 무리로 돌아와서 꼬리춤waggle dance을 추어서 자신이 발견한 것을 알린다. 이 춤은 먹이탐색 벌이 새 꽃 무더기를 찾았을 때 추는 춤과 비슷하며, 남들에게 그곳을 찾아가는 방법을 알리는 암호가 들어 있다. 그 춤을 본 정찰벌 중 일부는 직접 그곳을 살펴보러 갈 것이고, 그녀의 평가에 동의한다면 무리로 돌아와서 지지하는 춤을 출 것이다.

집 구하기는 벌에게 결코 사소한 문제가 아니다. 하염없이 나뭇가지에 달라붙어 있는 무리는 험한 날씨, 포식자, 그밖의 위험에 그대로 노출되어 있다. 하지만 일단 새 집을 고르면 다음 봄까지는 이사하지 않을 것이다. 그러니 처음에 알맞은 곳을 골라야 한다. 잘못 고르면 군체 전체가 죽을 수도 있다.

주위를 탐사하러 나간 정찰벌은 한 마리씩 돌아와서 서로 다른 장소에 관한 소식을 무리에게 전한다. 곧 무리와 집 후보지 10여 곳 사이를 벌들이 줄지어 오가면서, 점점 더 많은 정찰벌들이 선택 과정에 참여하게 된다. 이윽고 충분한 수의 정찰벌들이 충분한 수의 후보지를 살펴보는 와중에, 한 후보지로 오가는 벌들의 통행량이 다른 곳들보다 월등히 많다는 것이 뚜렷해지고, 결정이 내려진다. 무리에 남아 있던 벌들은 날갯짓을 시작하여 선택된 지점으로 향하는 비행에 합류한다. 그곳은 거의 언제나 최상의 장소임이 드러난다.

다시 말해 생사의 갈림길에서 꿀벌 무리는 지도자가 없는 수백 마리 벌 사이의 다중적이고 동시적인 상호작용을 수반하는 복잡한 의사결정 과정에 참여한다. 그것은 스트레스를 받고 있는 사람들이 시도했다가는 재앙으로 치달을 것이 거의 확실한, 혼돈과 예측 불가능성이 가득한 모험이다. 하지만 꿀벌은 거의 언제나 옳은 선택을 한다. 어떻게 그럴 수 있을까?

5개 상자 실험

1949년 봄 어느 날 마르틴 린다우어라는 젊은 동물학자는 독일 뮌헨의 동물학연구소 근처에서 벌 무리를 관찰하고 있었다. 그러던 중 뭔가 이상한 것이 눈에 띄었다. 몇몇 벌이 꼬리춤을 추는 모습이었다. 대개 그것은 그들이 근처에서 좋은 꽃밭을 발견한 먹이탐색 벌이고 다른 벌들에게 어디로 가면 꽃밭을 찾을 수 있는지 알리고 있다는 의미였다. 하지만 이 춤꾼들은 꽃가루도 꿀도 지니고 있지 않았다. 그래서 린다우어는 그들이 먹이탐색자가 아니라고 생각했다. 그들은 뭘 하고 있던 것일까?

린다우어의 스승인 뮌헨대학교의 저명한 동물학자 카를 폰 프리슈는 얼마 전 꼬리춤(그가 붙인 이름은 'tail wagging dance')이 사실은 정교한 의사소통의 한 형태임을 밝혀낸 바 있었다(이 연구로 그는 1973년 노벨상을 받았다).

폰 프리슈가 밝혀낸 바에 따르면, 먹이탐색 벌은 춤을 출 때 먹이 공급원이 있음을 광고할 뿐 아니라, 그곳의 정확한 방향까지 알렸다. 그런 춤을 출 때, 벌은 벌집에서 배마디를 떨어대면서 짧게 앞으로 홱 나온다. 그런 다음 8자를 그리면서 원래 자리로 돌아가며, 그 행동을 계속 되풀이한다. 마치 꽃밭까지의 비행을 재현하려는 듯이 말이다. 꼬리춤에서 앞으로 쭉 나오는 거리는 먹이가 얼마나 멀리 있는지를 나타내며, 춤의 각도(수직에 대한)는 먹이의 방향(태양을 기준으로 한)을 가리킨다.

예를 들어 벌이 수직에서 오른쪽으로 30도 방향으로 춤을 춘다면, 즉 시계의 숫자 1의 방향으로 춤을 춘다면 꽃밭은 태양의 오른쪽으로 30도 방향으로 날아가면 찾을 수 있다는 뜻이었다. 그것은 독창적인 체계였지만, 그때까지 그것을 집 구하기와 관련지어 생각한 사람은 없었다.

린다우어는 때로 바이에른 지방의 시골에서 날아가는 벌들을 뒤쫓아 열심히 달리기도 하면서 서너 무리를 꼼꼼히 연구한 끝에 무리에서 춤

추는 벌들이 새 집 후보지를 찾으러 나갔던 정찰벌들이라고 결론지었다. 그 중에는 건물에 난 구멍을 탐사하다가 묻은 붉은 벽돌 가루나 굴뚝을 살펴보다가 묻은 검댕을 그대로 묻히고 있는 벌들도 있었다. 꼬리춤을 이용하여 먹이 공급원에 관한 소식을 전달하는 먹이탐색 벌처럼, 정찰벌도 꼬리춤을 이용하여 집 후보지를 알리고 있었다. 처음에 많은 정찰벌들은 서로 다른 방향을 가리키는 춤을 추었다. 그것은 후보지가 여럿임을 뜻했다. 하지만 몇 시간이 흐르자 가리키는 후보지가 점점 줄어들면서 마침내 모든 춤꾼들이 같은 방향을 가리켰다. 그 직후 무리는 야영지에서 날아올라 새 집을 향해 날아갔다. 린다우어는 춤의 암호를 해독하여 그곳의 위치를 알아낼 수 있었다.

그는 가장 활기찬 정찰벌들이 자신들의 선택을 따르라고 다른 벌들을 설득했기 때문에 합의가 이루어졌다고 추론했다. 그 벌들은 경쟁관계에 있는 다른 정찰벌들에게 자신들이 택한 곳을 가보도록 했고, 그 후보지가 더 낫다는 것을 본 경쟁자들이 마음을 바꾸었다는 것이다. 그는 그렇게 벌들이 서서히 이편으로 넘어오면서 의견 차이는 사라진다고 추측했다.

린다우어는 적어도 이 점에서는 틀렸다. 그것은 그렇게 단순하지 않았다. 후속 연구자들은 두 후보지 이상을 들르는 정찰벌은 극소수에 불과하다는 것을 알았다. 집단의 결정은 각 정찰벌이 마음을 바꾸는 것에 달려 있기보다는 정찰벌 수백 마리가 내리는 판단들을 결합시키는 과정에 달려 있다. 이 과정은 50년 동안 수수께끼로 남아 있었다.

여기서 톰 실리와 커크 비셔가 등장한다. 1990년대 말부터 그들은 린다우어가 미처 끝내지 못한 연구를 이어받았다. 그들은 비디오 카메라로 무리의 행동을 낱낱이 기록했다. 또 몇 가지 새로운 착상도 활용했다. 그들은 집 구하기에 참여하는 꿀벌의 수가 많다는 점을 고려할 때, 의사결정이 합의를 토대로 한다는 개념이 맞지 않다고 보았다. 그러기에는 너무 복잡해 보였다. 그것은 수많은 친구들이 모여서 어느 영화를 관람할지 합의를 보려고 애쓰는 것과 같았다. 그들은 그 과정이 어떤 형태로든 경쟁에 의존할 가능성이 더 높다고 생각했다. 무리 앞에서 춤추는 정찰벌들은 서로 견해 차이를 해소하고 협력하려 애쓰기보다는 서로 다른 후보지가 좋다고 적극적으로 로비를 하는 듯했다. 그것은 합의를 구하는 회의가 아니라, 지지자를 끌어모으는 경기였다. 말하자면 승자가 모든 것을 가져가는 경기였다.

그런 의미에서 꿀벌의 체계는 주식시장과 더 흡사했다. 주식시장에서는 집단의 전체적인 판단에 따라 주가가 오르내린다. 다른 정찰벌의 춤을 지켜보는 정찰벌들은 주식 거래자들처럼 설득당해서 광고되는 후보지를 직접 조사하러 나설 수도 있다. 보고나서 마음에 든다면 그들은 춤을 춤으로써 그곳에 찬성표를 던질 수 있다. 그곳이 마음에 안 든다면, 굳이 춤을 출 필요가 없다. 합류하는 꿀벌이 많아질수록, 그곳이 선택될 가능성은 더 높아진다.

하지만 그 과정이 정확히 어떻게 진행되는 것일까? 꿀벌이 그토록 정확히 선택할 수 있도록 한 메커니즘은 무엇이었을까?

답을 찾기 위해 실리와 비셔는 일련의 실험을 했다. 그들은 애플도어 섬에서 벌 무리를 집 구하기에 나서도록 한 뒤, 합판으로 만든 상자 5개를 무리에서 같은 거리만큼 떨어진 곳들에 놓았다. 4개는 새 집을 마련할 곳치고는 평범했고, 나머지 하나는 아주 좋았다. 5번째 상자가 다른 상자들보다 더 나은 점은 벌에게 이상적인 생활 공간을 제공하기 때문이었다. 다른 상자들은 부피가 약 15리터인 반면, 다섯 번째 상자는 약 40리터였다. 15리터는 꿀을 저장하고 애벌레를 기르고 군체가 늘어나는 데 필요한 여러 가지 것들을 갖출 만한 공간으로는 부족했다. 의사결정 과정 때 벌들의 행동을 추적하기 위해, 실리와 비셔는 각 무리에서 총 4천 마리의 벌을 골라 가슴에는 숫자가 적힌 미세한 원반을 붙이고 배에는 페인트로 점을 찍어서 표시를 했다. 그들은 한 번에 20마리씩 벌의 체온을 떨어뜨려서 유순하게 만든 다음 표시를 했다. 아주 지루한 작업이었다. 하지만 그럴 만한 가치는 충분했다. 나중에 무리를 찍은 비디오테이프를 보았을 때 그들은 어느 벌이 어느 상자에 들렀고 어느 벌이 무리로 돌아와서 어느 상자를 지지하는 춤을 추는지 구별할 수 있었기 때문이다. 의사결정 과정의 면모가 드러난 것이다.

벌들이 영리한 무리의 두 번째 주요 원리인 지식의 다양성을 탁월하게 활용한다는 점이 바로 핵심이었다. 데보라 고든의 개미 군체가 자기 조직화를 이용하여 환경 변화에 대처하듯이, 꿀벌은 지식의 다양성을 이용하여 탁월한 결정을 내린다. 여기서 다양성은 무리의 대안들을 폭넓게 표본 조사하는 것을 말한다. 고를 대안이 많을수록 더 좋다. 수백 마리의 정찰벌을 동시에 보냄으로써, 무리는 주변과 집 상자들에 관한 많은 정보를 수집했으며, 그때 분산되고 탈중심화한 방식을 썼다. 어느 상자가 가장 나은지 평가하기 위해 5개 상자를 다 들른 꿀벌은 한 마리도 없었다. 최종 결정을 내리는 어떤 집행위원회에 자신이 발견한 것을 보고하는 꿀벌도 없었다. 기업의 직원들은 그렇게 할지 모르겠지만. 그 대신 이 수백 마리의 정찰벌들은 각자 서로 다른 후보지에 관한 나름의 정보를 집단 전체에 제공했다. 실리와 비셔는 그것을 '생각들의 우호적인 경쟁'이라고 했다.

각 정찰벌이 스스로 후보지를 평가한다는 점도 마찬가지로 중요하다. 어느 정찰벌은 다른 정찰벌의 춤에 특별한 인상을 받아서, 광고하는 그 상자로 날아가 직접 살펴볼지도 모른다. 그럴 때 길면 한 시간쯤 걸릴 수 있다. 하지만 벌은 자신이 가보지 않은 후보지를 지지하는 춤을 춤으로써 다른 정찰벌의 견해를 무작정 따르는 행동은 결코 하지 않을 것이다. 그것은 검증되지 않은 정보를 풍문처럼 퍼뜨리는 결과를 빚을 것이다. 혹은 주식 거래자에 비유하자면, 벌은 단지 주가가 오르고 있다는 이유만으로 어떤 기업에 투자하는 짓은 하지 않을 것이다. 그대신 기업의 기초 자료를 먼저 살펴볼 것이다.

한편 정찰벌들이 탐색을 계속함에 따라 무리는 각 대안을 평가하느라 바쁘게 돌아갔다. 평가는 각 후보지를 들르는 벌의 수를 근거로 이루어졌다. 들르는 벌의 수가 많을수록 그 후보지를 지지하는 '표'도 많아졌다. 정찰벌들이 처음에 가장 나은 상자를 발견하지 못했을지라도, 그 상자는 곧 많은 벌의 관심을 끌었다. 좋은 상자로부터 돌아온 정찰벌들은 가서 살펴보라고 다른 벌들을 설득하는 데 아무런 어려움이 없었다. 그것은 주로 그들이 아주 격렬하게 춤을 추었기 때문이다. 그보다 못한 후보지를 지지하는 벌들은 겨우 10여 회 춤을 춘 반면, 그 벌들은 100회나 빙빙 돌며 춤을 추었다. 더 짧은 춤은 30초밖에 안 걸린 반면, 그 긴 춤은 다 추는 데 5분까지 걸리기도 했다. 그러니 무리의 표면에서 어슬렁거리는 정찰벌들의 주의를 끌기가 훨씬 더 쉬웠다. 그리고 가장 좋은 상자를 광고하는 벌의 수가 일단 증가하면, 그곳에 대한 지지율이 급상승한 반면, 평범한 후보지에 대한 관심은 수그러들었다.

"정찰벌들의 이 세심하게 조율된 춤의 강도는 강력한 양positive의 되먹임을 일으켰고, 그 결과 눈덩이가 구르듯이 최상의 후보지를 지지하는 비율이 기하급수적으로 늘어났어요." 실리의 말이다. 이것은 대단히 중요한 메커니즘이었다. 집 후보지들이 질적으로 약간의 차이를 보일 뿐이라고 해도 '신호'의 증폭을 통해 그 차이가 과장됨으로써 최상의 후보지로 지지가 쇄도할 가능성이 훨씬 높아진다는 의미였기 때문이다.

점점 더 많은 벌이 가장 나은 상자 쪽에 모일수록, 다른 상자에 미련을 가진 벌의 수는 점점 줄어들었다. 좋은 상자든 평범한 상자든 어떤 상자에 두 번 또는 세 번 다녀온 정찰벌은 다녀올 때마다 춤의 횟수가 더 줄어들었기 때문이다. 평범한 후보지를 갖다온 정찰벌들이 가장 먼저 춤추기를 그쳤다. 실리와 비셔는 이 메커니즘을 춤 '붕괴율decay rate'이라고 했다. 그것은 2~5시간에 걸친 실험 기간에 의사결정 과정에서 덜 끌리는 상자를 지지하는 비율이 자동적으로 줄어든다는 의미였다. 반면 좋은 상자 쪽에 모이는 벌의 수는 계속 늘어났다. 학술 용어로 말하면, 이것은 무리가 너무 성급하게 선택을 하여 실수를 저지르는 것을 막는, 즉 균형을 잡아주는 음negative의 되먹임을 뜻했다. 이것들이 바로 벌의 문제해결 기계를 제어하는 요소들이었다. 기하급수적 충원은 가속기, 춤 붕괴율은 제동기였다.

그러는 사이에 상자에서는 결정적인 일이 벌어지고 있었다. 가장 좋은 상자의 입구 주위에서 얼쩡거리는 벌의 수가 약 15마리에 이르자마자, 실리와 비셔는 정찰벌들 사이에서 새로운 행동이 출현하는 것을 포착했다. 상자에서 돌아온 벌들이 '일벌 피리 소리worker piping'라는 특수한 신호를 내면서 무리의 벌들 사이에 고랑을 만들기 시작했다.

"부우우웅, 부우우웅! 이렇게 들려요. 경주차가 엔진 속도를 올릴 때처럼요. 그건 결정이 내려졌고 나머지 무리가 날개 근육을 덥혀서 날 준비를 할 때가 되었다는 신호지요." 실리가 말했다. 다시 말해 좋은 상자에서 온 정찰벌들은 정족수에 도달했다고 선포하고 있었다. 가장 좋은 상자에 충분한 수의 벌이 동시에 모임으로써 그 상자를 지지하는 '투표' 수가 충분한 수준이 되었다는 것이다. 새 집이 선택된 것이다.

15라는 수는 의사결정 정족수의 문턱값임이 밝혀졌다. 언뜻 볼 때는 이 수가 임의적이라고 여길 수 있지만, 결코 그렇지 않다는 것이 드러난다. 춤 붕괴율처럼 이 문턱값도 세밀하게 조율된 창발 메커니즘을 나타낸다. 입구에 그만큼의 벌이 동시에 모이려면, 그 상자와 무리 사이에 150마리 정도의 정찰벌이 오가고 있어야 하며, 그것은 선택 과정에 참가하고 있는 벌들의 대다수가 그곳을 지지한다는 의미다.

일단 정족수에 도달한 뒤, 마지막 단계는 정찰벌들이 나머지 무리를 선택한 후보지로 이끄는 것이었다. 무리의 대다수, 약 95~97퍼센트는 앞으로 할 일에 대비하여 에너지를 보존하면서 의사결정 과정이 이루어지는 내내 쉬고 있었다. 이제 정찰벌들은 무리를 헤집고 돌아다니면서 이따금 멈춰 서서 다른 벌들에게 가슴을 대고 눌러서 날개 근육을 떨어대라고 했다. 마치 "준비 운동, 준비 운동을 해, 날 준비를 해"라고 말하듯이. 마지막 신호는 윙 날기buzz run라고 하는데, 정찰벌들이 나른한 상태의 일벌들을 밀며 헤치고 나아가 날개를 윙윙 마구 떨면서 이륙을 재촉하는 것이다. 이 시점에서 무리 전체는 새 집을 향해 날아올랐다. 당연하게도 그들은 가장 좋은 상자로 향했다.

줄여 말하면, 무리는 지식의 다양성을 가장 잘 활용했기 때문에 제대로 선택을 했다. 정찰벌 수백 마리가 모은 독특한 정보를 활용하여, 무리는 최상의 해답을 찾을 가능성을 최대화했다. 좋은 결정을 내리기에 충분할 만큼 문턱값을 높이 설정함으로써, 무리는 큰 실수를 저지를 가능성을 최소화했다. 그리고 정확히 하라는 큰 압력을 받으면서 시의적절하게 양쪽 다 제대로 해냈다.

무리가 너무나 효율적으로 해냈기에, 사실상 무리를 각자 자기 기능을 잘 수행하는 수백 개의 작은 부품으로 이루어진 복잡한 스위스 시계처럼 상상하고픈 유혹을 느낄 수도 있다. 그러나 현실은 그보다 훨씬 더 흥미롭다. 숙고하고 있는 무리를 지켜보는 것은 수십 명의 중개인이 동시에 소리를 내지르며 주문을 하는 상품 시장 거래소와 별반 다르지 않은 혼돈의 현장을 보는 것 같다. 벌들은 오고 간다. 정찰벌은 이렇게 또는 저렇게 춤을 춘다. 그렇지 않은 벌들은 하릴없이 서성거린다. 그들이 결정을 내리는 방식은 아주 난삽해 보인다. 그것 역시 지극히 벌답다. 자연선택은 벌들의 비범한 협동 및 의사소통의 재능에 안성맞춤일 뿐 아니라 그들의 예측 불가능해지는 성향에도 관대한 체계를 빚어냈다. 벌 무리의 지혜는 바로 이 통제된 난삽함에서 출현한다.

지식의 다양성을 추구하라. 생각들의 우호적인 경쟁을 장려하라. 당신의 선택 범위를 좁히는 효과적인 메커니즘을 이용하라. 이런 것들이 무리의 성공에서 얻는 교훈이다. 공교롭게도 그것들은 대테러부대에서 항공기 공장의 공학자들에 이르기까지 특정한 인간 집단들이 '대중의 지혜wisdom of crowds'라고 알려진 놀라운 현상을 이용하여 함께 영리한 결정을 내리도록 하는 것과 똑같은 규칙들이다.

대중의 지혜

2005년 초 미국의 전자제품 유통업체인 베스트바이의 부회장 제프 세버츠는 다른 것을 시도해보기로 결심했다. 세버츠는 최근에 베스트셀러 《대중의 지혜》의 저자인 제임스 서로위키의 강연을 들었다. 서로위키는 적절한 상황에서는 비전문가 집단이 놀라운 통찰력을 보일 수 있다고 주장한다. 때로는 해당 분야의 최고 지식인들보다 더 뛰어날 수도 있다는 것이다. 세버츠는 베스트바이에서 그런 총명함을 활용할 수 있을지 궁금했다.

그는 2005년 1월 말 시험삼아 수백 명의 직원들에게 2월의 선물 카드 판매량이 얼마일지 예측해보라는 내용의 전자우편을 보냈다. 192명이 답장을 보내왔다. 3월 초 그는 그들의 평균 추정값을 실제 판매량과 비교했다. 집단 추정값의 정확도는 99.5퍼센트로 드러났다. 판매량 예측을 담당한 부서가 내놓은 수치보다 거의 5퍼센트 더 높았다.

세버츠는 말했다. "대중의 추정값이 섬뜩할 정도로 정확하다는 데 경악했지요."

영리한 대중을 다룬 저서에서 서로위키는 평범한 사람들이 비범한 결정을 내린 비슷한 사례들을 인용한다. 퀴즈쇼 〈백만장자 되기〉를 예로 들어보자. 문제가 어려울 때 참가자는 전문가인 친구에게 전화를 거는 쪽과 방청객의 투표 결과를 보는 쪽 중 하나를 선택할 수 있다. 투표 결과는 컴퓨터로 집계된다. 서로위키는 말한다. "지능에 관해 우리가 아는 모든 것은 영리한 개체가 가장 큰 도움을 주리라는 것을 시사한다. 그리고 사실 '전문가들'은 잘했다. 거의 65퍼센트가 정답을 내놓았으니까. 정답을 대라고 압박했을 때 말이다. 하지만 방청객들의 성공률에 비하면 무색했다. 주말 오후에 텔레비전 스튜디오에 앉아 있는 것 외에 달리 할 일이 없었던, 임의로 고른 그 대중은 91퍼센트의 정확도로 정답을 골라냈다."

서로위키는 그런 이야기들 자체가 과학적 증거라고 볼 수 없다고 인정하지만, 그것들은 한 가지 타당한 질문을 제기한다. 벌 수백 마리가 함께 믿을 만한 의사결정을 내릴 수 있다면, 사람 집단이 그렇게 할 수 있다고 해도 놀랄 이유가 없지 않나? 서로위키는 이렇게 쓰고 있다. "우리 대다수는 투표자든 투자자든 소비자든 관리자든 간에 가치가 높은 지식은 극소수의 손에 아니, 그보다는 극소수의 두뇌에 집중되어 있다고 믿는다. 우리는 문제를 풀거나 좋은 결정을 내리는 데 중요한 열쇠가 되는 것이 답을 알 만한 사람을 찾아내는 것이라고 가정한다." 하지만 그것은 큰 실수일 때가 종종 있다. "우리는 그런 전문가를 찾는 짓을 그만두고 대중(물론 여러 사람들과 함께 천재도 섞여 있는)에게 물어야 한다. 아마도 그렇겠지만, 대중은 안다."

세버츠는 베스트바이에서 집단 지혜를 활용하려는 처음 몇 차례 시도를 통해 얻은 성공에 깊은 인상을 받은 나머지 예측 시장prediction market이라는 것을 대상으로 실험을 시작했다. 예측 시장은 기업의 성과에 관한 직원들의 예측값을 취합하는 것과 비슷하면서도 더 정교한 방식을 뜻한다. 예측 시장에서는 직원이 "우리의 첫 중국 지점이 제때에 문을 열까?" 같은 질문의 결과에 돈을 건다. 맞추면 100달러를 벌고, 틀리면 한 푼도 못 번다. 예를 들어 시장에서 현재 주가가 80달러라면, 제때에 지점을 열 가능성이 80퍼센트라고 전체 집단이 믿는다는 의미다. 어떤 직원이 더 낙관적이어서 가능성이 95퍼센트라고 믿는다면, 그는 주당 15달러를 벌 수 있으리라 기대하고 돈을 걸 것이다. 원래 일정표상 2006년 12월 상하이에 새 지점을 열 계획이었던 그 사례에서는 문을 열기 8주 전에 예측 시장에서 주가가 80달러에서 50달러로 급락했다. 당시 회사의 공식 예측 자료는 여전히 낙관적이었음에도 말이다. 결국 지점은 한 달 더 뒤에야 문을 열었다.

세버츠는 말했다. "첫 번째 급락은 초기 경고 신호였습니다. 어떤 새로운 정보가 시장에 흘러 들어서 거래자들이 기댓값을 급격히 바꾸었던 거지요." 세버츠는 그 새 정보가 무엇이었는지 결코 알아내지 못했다. 하지만 그가 보기에 그것은 사실 중요하지 않았다. 예측 시장은 그것이 많은 장벽을 극복하고 큰 회사에서 효과적인 의사소통을 할 능력이 있음을 증명했으니까. 누구든 귀를 기울이면, 크고 선명하게 경고 소리가 울리고 있음을 알게 된다.

이 이야기가 시사하듯이, 기업이 예측 시장에 관심을 가질 이유가 몇 가지 있을 수 있으며, 예측 시장은 기업 전체에 널리 흩어져 있을지 모를 정보를 취합하는 데 탁월하다. 하나는 예측 시장이 편견 없는 시각을 제시할 가능성이 높다는 것이다. 돈 걸기가 익명으로 이루어지므로, 시장은 기업 경영자가 직원들에게 듣고 싶어하는 것보다는 직원들의 진짜 의견을 반영할 것이다. 또 하나는 예측 시장이 비교적 정확한 경향이 있다는 것이다. 거래자들에게 티셔츠든 상금이든 제대로 맞히고자 하는 유인책을 제공하면 각자 지닌 나름의 자원이 어떤 것이든 그것을 동원하여 제대로 맞히고자 할 것이기 때문이다.

이런 요인들 외에 예측 시장은 지식의 다양성이라는 단순한 수학을 활용하는 강력한 방법이다. 지식의 다양성은 조금만 주의를 기울여서 적용한다면, 그다지 눈에 띄지 않는 개인들로 이루어진 대중을 상당한 천재로 변모시킬 수 있다. 서로위키는 이렇게 설명한다. "독립된 다양한 사람들로 이루어진 충분히 큰 집단에 어떤 예측이나 확률 추정을 해달라고 한 뒤 그 추정값들의 평균을 낸다면, 답에 수반되는 각자의 오차는 상쇄될 것이다. 각자의 추측은 정보와 오차라는 두 가지 요소를 지닌다고 말할 수도 있다. 오차를 빼면 정보가 남는다."

집을 구하는 벌은 이 수학을 아주 명쾌하게 보여준다. 예를 들어 똑같은 완벽한 나무 구멍을 살펴보고 무리로 돌아온 정찰벌들이라도 서로 다른 평가 점수를 내놓을 때가 흔하다. 올림픽 빙상 스케이트 경기에서 고집스럽게 나름의 점수를 매기는 심판들처럼 말이다. 어느 벌은 꼬리춤을 50번 춤으로써 아주 좋은 곳에 열광하고 있음을 드러낼 것이다. 한편 30회를 추는 벌도 있을 것이며, 그 후보지를 받아들이긴 하면서도 10회밖에 안 추는 벌도 있을 것이다.

한편 돌담에 난 구멍 같은 덜 끌리는 후보지에서 돌아온 정찰벌들도 동시에 무리에게 자신의 평가 점수를 알릴 수 있으며, 그들의 점수도 그만큼의 편차를 보일 수 있다. 이 중간쯤 되는 후보지를 살펴보고 온 세 정찰벌이 그곳을 지지하는 꼬리춤을 각자 45회, 25회, 5회 춘다고 하자. 톰 실리는 말한다. "당신은 이렇게 생각할지도 모릅니다. 이런, 엉망진창이군. 왜 이 따위로 일을 하는 거지? 하지만 당신이 후보지별로 정찰벌 한 마리에게서만 보고를 듣는다면, 그거야말로 진짜 문제가 될 겁니다. 우수한 후보지를 들른 벌 중 하나는 10회만 춤을 추었고, 중간 후보지를 들른 벌 중 하나는 45회를 추었으니까요." 그럴 때 당신은 잘못된 결정을 내리기 쉽다.

꿀벌에게는 다행히도 그들의 의사결정 과정은 올림픽 경기와 마찬가지로 어느 한 개체의 견해에 의존하지 않는다. 각 스케이트 선수가 경기를 한 뒤에 국제판정위원회가 평균 점수를 내놓듯이, 벌도 경쟁적으로 다른 벌들을 끌어모으는 방식을 통해 각자의 평가를 결합시킨다. "개체 수준에서는 아주 산만해 보이지만, 우수한 후보지에서 온 모든 벌들의 총합을 생각할 때 그 문제는 사라집니다." 실리의 말이다. 그 나무 구멍의 세 점수 50, 30, 10을 더하면 꼬리춤은 총 90회가 된다. 돌담 구멍의 점수 45, 25, 5는 더하면 75회가 된다. 두 후보지의 차이는 15회, 즉 20퍼센트이며, 그 정도면 무리가 슬기롭게 선택하고도 남을 정도다.

서로위키는 말한다. "이 유추는 정말로 대단히 강력합니다. 벌은 어느 후보지가 가장 좋을지 예측하고 있으며, 인간도 유달리 복잡한 결정에 직면했을 때 같은 일을 할 수 있어요."

앞에서 살펴보았지만 이런 셈법에서 핵심이 되는 것은 정찰벌이든 우주비행사든 기업 이사회의 구성원들이든 간에 개체들이 무엇이든 제시하는 지식의 다양성이다. 다양할수록 더 낫다. 그것은 문제에 접근하는 전략이 많을수록 더 낫다는 의미다. 또 무언가 일어날 가능성을 알리는 정보원이 많을수록 더 낫다는 뜻이다. 사실 미시건대학교의 경제학자 스콧 페이지는 집단이 문제를 풀거나 예측을 할 때, 다양함이 모든 면에서 영리함 못지않게 중요하다는 것을 보여주었다.

그는 저서 《차이: 다양성의 힘은 어떻게 집단, 기업, 학교, 사회를 개선하는가》에서 "능력과 다양성은 그 방정식에 똑같이 들어간다. 이렇게 나온 결과는 정치적인 진술이 아니라 피타고라스 정리처럼 수학적인 진술이다"라고 썼다.

페이지는 다양성이라는 말을 우리 각자가 세상을 대하는 방식의 차이라는 의미로 쓴다. 이 차이 중에는 우리의 교육과 경험에서 나오는 것들도 있다. 또 성, 나이, 문화적 유산, 인종 같은 개인의 정체성에서 나오는 것들도 있다. 하지만 그는 주로 우리의 인지 다양성에 초점을 맞춘다. 즉 우리 머릿속에 든 문제 해결 도구의 차이 말이다. 어떤 집단이 어려운 문제를 붙들고 씨름할 때, 각 구성원이 서로 다른 도구를 들고 그 일에 달려들면 도움이 된다. 과학자들이 학제간 연구진을 이루어 공동 연구하는 사례가 점점 늘어나는 이유도, 기업들이 한 학교 출신자만 뽑지 않으려는 이유도 바로 그 때문이다.

페이지는 "모든 사람이 같은 식으로 문제를 본다면, 모두 같은 해답에만 집착할 가능성이 높다"고 쓰고 있다. 하지만 서로 다른 문제 해결 기술을 지닌 사람들이 머리를 하나로 모으면, 가장 영리한 개인들로 이루어진 집단을 종종 능가하곤 한다. 즉 다양성은 능력을 낳는다.

이 말은 어떤 문제의 하나뿐인 정답을 찾는 과제에 특히 잘 들어맞는다. 그것이 어떻게 이루어지는지 보여주기 위해 페이지는 〈백만장자 되기〉라는 퀴즈쇼로 다시 우리를 데려간다. 한 참가자가 텔레비전을 염두에 두고 탄생되어 1967년에 비틀스와 엘비스를 합친 것보다 음반 판매량이 더 많을 정도로 인기를 끌었던 팝 그룹 몽키스에 관한 문제에서 꽉 막혔다고 상상해보자. 문제는 이렇다.

다음 중 몽키스의 일원이 아닌 사람은?

(a) 피터 토크 (b) 데이비 존스 (c) 로저 놀 (d) 마이클 네스미스

페이지는 말한다. 이날 오후 스튜디오의 방청객이 100명이고, 그 중 7명이 예전에 몽키스의 팬이어서 로저 놀이 그 그룹의 일원이 아니라는 것을 안다고 가정하자(사실 그는 스탠퍼드대학교 경제학자다). 투표 요청을 받자 그들은 (c)를 택한다. 또 다른 10명은 몽키스 단원 중 다른 2명의 이름을 알기에, 놀과 다른 한 사람 중에서 고른다. 그들이 둘 중에서 무작위로 고른다고 가정하면, 이 집단에서는 5명이 (c)에 투표할 가능성이 높다. 나머지 방청객 중에서 15명은 그룹 단원 중 한 명의 이름만 알며, 따라서 같은 논리에 따라 이 집단에서 (c)에 투표할 사람은 5명이라는 뜻이 된다. 남은 68명은 아무런 단서도 갖고 있지 않기에, 그들의 투표는 4명에게 고르게 분산된다. 그러면 (c)에 투표하는 사람은 17명이라는 뜻이 된다. 다 더하면 로저 놀은 총 34표를 얻는다. 통계 법칙에 따라 다른 이름들이 약 22표를 얻는다면, 놀이 이긴다. 방청객의 93퍼센트가 기본적으로 추측을 토대로 투표를 했음에도 말이다. 그 참가자가 방청객의 조언을 따른다면, 그는 100만 달러 상금을 향해 한 계단 더 오르게 된다.

페이지가 설명하듯이, 이 사례에서 작동하는 원리는 기원전 4세기에 아리스토텔레스가 서술했던 것이다. 그는 각 구성원이 해답의 최소 부분만 알 때, 집단이 어려운 문제의 답을 종종 찾을 수 있다고 했다. 그는 《정치학》에 이렇게 썼다. "탁월함과 실용적인 지혜를 분담하는 대중 속의 개인들이 모인다면, 그들은 많은 발과 손과 감각기관을 지닌 한 사람처럼 되며, 성격과 사고 측면도 마찬가지다." 페이지는 그 효과가 마법처럼 보일지 모르겠지만, "여기에는 그 어떤 신비도 없다"고 말한다. "실수는 서로 상쇄되고, 정답이 크림처럼 표면으로 떠오른다"는 것이다.

그는 그렇다고 다양성이 어떤 문제에든 대고 휘저어서 날려버릴 수 있는 마법 지팡이라는 의미는 아니라고 주의를 준다. 맞닥뜨린 문제가 어떤 종류인지 살펴보는 것이 중요하다. “소중한 사람이 심장 절개 수술을 받아야 할 때, 우리는 푸주한, 제빵사, 양초 제조자로 이루어진 집단이 가슴팍을 열기를 원하지 않는다. 우리는 노련한 심장 수술 전문의를 훨씬 더 선호할 것이며, 거기에는 타당한 이유가 있다.” 또 우리는 서로 몹시 증오하는 사람들로 이루어진 위원회가 생산적인 해답을 내놓을 것이라고 기대하지도 않을 것이다. 수학의 마법에는 한계가 있다.

다양성의 효과를 헤아릴 때에는 상식을 이용해야 한다. 단순한 과제에는 사실 다양성이 필요 없다(2 더하기 2의 답을 구하는 데 집단이 필요하지는 않다). 진정으로 어려운 과제에서는 집단이 꽤 영리해야 할 것이다(원숭이들이 타자기를 두드려서 셰익스피어 작품을 내놓을 것이라고 기대할 사람은 없다). 또 그 집단은 다양해야 한다(그렇지 않으면 가장 영리한 전문가가 하는 것과 별 다를 바 없다). 그리고 집단은 충분히 커야 하고 충분히 큰 개인들의 집합에서 골라야 한다(집단이 다양한 기술을 지니도록). 페이지는 이 네 기준을 충족시킨다면 잘해낼 수 있다고 말한다.

서로위키는 여기에 한 가지 조건을 덧붙일 것이다. 그것은 집단이 좋은 결정을 내리기를 원한다면, 구성원들이 서로 너무 많이 영향을 끼치지 않도록 해야 한다는 것이다. 그렇지 않으면 서로의 상호작용이 모방이나 위협 같은 역효과를 낳는 행동을 빚어낼 수 있다. 그는 이렇게 설명한다. “팀이나 회사 같은 여느 조직에서 사람들은 사장이나 고위직의 동향을 주시하는 경향이 있습니다. 내 관점에서 볼 때 그것은 큰 피해를 불러올 수 있습니다. 대중의 지혜가 탁월한 점 가운데 하나는 최고가 아닌 사람들도 그 조직에 기여할 수 있음을 인정한다는 데 있으니까요. 그것은 모든 사람이 자동적으로 알아보지 못하는 것일 수도 있습니다. 그러나 그 기여는 사람들이 고위층을 너무 세세하게 모방할 때 중단됩니다."

다양성, 독립성, 관점들의 조합. 이 원리들은 친숙하게 들릴 것이다. 그것들은 우리가 꿀벌에게서 배운 교훈들의 다른 형태다. 그것은 '지식의 다양성을 추구하라, 생각들의 우호적인 경쟁을 장려하라, 선택을 좁히는 효과적인 메커니즘을 이용하라'라는 것이었다. 그것이 꿀벌에게 통용된다면 인간 집단에게도 통용된다. 꿀벌처럼 능률적으로 결정을 내리기는 결코 쉽지 않다. 그들은 오랜 세월 진화를 거치면서 자신들의 요구사항과 능력에 완벽하게 들어맞는 멋진 체계를 빚어냈다. 우리가 그들처럼 할 수 있다면, 즉 다양성을 활용하여 우리의 나쁜 습성들을 극복할 수 있다면 아마 사람들은 우리가 여전히 동굴인의 뇌로 생각한다는 말을 더 이상 하지 않을 것이다.

동굴인의 뇌

이런 시나리오를 상상해보자. 적어도 세 명이 보스턴에 테러 공격을 감행할 계획을 세웠다는 증거를 정보 기관이 확보했다. 정확히 어떤 공격인지는 모르지만, 그 도시에서 열릴 종교 대회와 관련이 있는 듯하다. 세인트폴의 감독파 교회, 하버드의 세계종교센터, 원파이낸셜플라자, 연방준비은행이 표적이 될 수 있다. 각 건물의 보안 카메라에 흐릿하게 찍힌 영상을 살펴보니 지난주에 수상쩍은 행동을 한 사람이 10명이었다. 비록 그 중에 테러 행위자로 확인된 사람은 없지만 용의자들 사이에 오간 전자우편을 가로채어 살펴보니 폭발물을 뜻하는 '게'와 양동작전을 뜻하는 '벌레먼지' 같은 단순한 암호들이 들어 있다. 계획을 알아낼 시간이 점점 줄어들고 있다.

이것은 얼마 전 하버드대학교에서 CIA의 지원을 받아 대학생 51개 팀을 대상으로 실험한 가상 상황이었다. 각 팀은 네 명으로 이루어져 있고 대테러 기동부대를 모사한 것이었다. 그들의 임무는 이러했다. 증거들을 분석하여 테러리스트를 파악하고, 그들의 계획이 무엇인지 알아내며, 어떤 건물이 표적인지 판단하는 것. 한 시간 안에 이 과제를 완수해야 했다.

실험을 주관한 사람은 사회심리학자 리처드 해크먼과 애니타 울리였고, 마거릿 지어보시와 스티븐 코슬린이 함께 참여했다. 몇 주 앞서 그들은 학생들을 대상으로 뇌의 각 기능을 분리하는 기법을 써서 누가 암호를 잘 기억하는지(언어 작업 기억), 누가 많은 사진들 속에서 얼굴을 찾아내는 데 뛰어난지(얼굴 인식 능력)를 알아보는 검사를 했다. 이 결과를 활용하여 학생들을 각 팀에 할당했다. 어떤 팀은 전문가 두 명(언어나 시각 능력 검사에서 유달리 높은 점수를 받은 학생)과 일반인 두 명(양쪽 능력에서 평균 점수를 받은 학생)으로 구성하고, 어떤 팀은 일반인으로만 구성했다. 그들은 팀의 인지 다양성이 능력 수준만큼 성과에 진정으로 영향을 미치는지 알고 싶었기 때문에 이런 팀 구성은 중요했다.

연구자들은 또 하나의 목표를 갖고 있었다. 그들은 집단의 구성원들이 시간을 들여서 누가 어떤 일에 뛰어난지를 확실히 파악해서 각자 전자우편을 해독하거나 사진을 살펴보는 일 같은 적절한 과제를 맡은 뒤 밝혀낸 정보를 서로 이야기한다면 집단의 업무수행 능력이 나아질지 알고 싶었다. 다시 말해 그렇게 하면 정보의 다양성뿐 아니라 능력의 다양성도 활용할 수 있지 않을까? 그들은 모든 팀에 각 팀원이 능력 검사에서 몇 점을 받았는지 말했지만, 과제를 어떻게 할당할지는 절반의 팀에게만 조언했다. 나머지 절반의 팀은 알아서 하도록 놔두었다.

연구자들은 추리 소설가에게 테러 시나리오를 써달라고 의뢰했다. 한 유대인 반대 집단이 이스라엘을 파산시킬 목적으로 이스라엘이 금을 맡겨둔 연방준비은행의 금고실에 치명적인 바이러스를 살포하여 오랫동안 금을 꺼낼 수 없게 만들 계획을 세운다는 시나리오가 나왔다.

"아무에게도 겁을 주고 싶지 않아서 좀 황당하게 짰지요." 울리가 설명했다. 이 문제를 해결하는 데 가장 뛰어난 능력을 보인 사람이 누구였을까? 당연해 보이지만, 표적, 테러리스트, 세부 계획을 파악하는 데 가장 성공한 팀은 자신들의 능력을 적절히 적용하고 적극적으로 서로 협력한 전문가들로 이루어진 집단이었다. 하지만 아무도 예측하지 못한 일은 협력하려는 노력을 거의 시도하지 않은 전문가들의 팀은 결과가 형편없었다는 점이었다. 사실 그들은 전문가가 없는 팀보다도 못했다.

"우리는 팀들의 활동을 모두 비디오로 찍어서 몇 번에 걸쳐 세심하게 분석했습니다. 전문가 두 사람과 비전문가 두 사람으로 이루어진 팀에서는 지위 문제가 일어나는 듯합니다. 비전문가 두 사람은 전문가 두 사람에게 결정을 미룹니다. 문제를 제대로 풀려면 네 사람의 정보가 사실상 다 필요한 상황에서 말이지요."

왜 그럴까? 울리는 그것이 바로 현실에서 많은 분석 팀이 일을 처리하는 방식이기 때문이라고 말한다. 자료를 해석하는 정보원 팀이든 진단을 내리는 의료진이든, 투자를 고려하는 금융 전문가 팀이든 간에 말이다. 전문 기술을 갖춘 영리한 사람들은 종종 힘을 모아 중요한 결정을 내리곤 하지만, 집단으로서 그 기술을 어떻게 적용할지를 독자적으로 판단할 때가 흔하다. 유능한 사람들 중에는 자신의 일을 잘해내기 때문에 협력할 필요를 느끼지 못하는 사람들이 많다. 그들은 자신을 집단으로 보지 않는다. 그 결과 그들은 집단의 재능을 최대로 활용하지 못하고 결국 나쁜 결정을 내릴 때가 종종 있다.

해크먼은 MIT의 한 집단 지능 워크숍에서 이렇게 말했다. "우리는 지식인 사회에서 많은 현장 연구를 했어요. 나는 어떤 정부 기관도, 즉 국방부도 CIA도 FBI도 주 경찰도 해안 경비대도 마약 단속국도 무슨 일이 벌어지는지 이해하는 데 필요한 모든 것을 갖추고 있지는 않다고 감히 말할 수 있습니다. 그것이 바로 각자 나름의 강한 문화와 행동양식을 갖춘 여러 기관들에서 인원을 뽑아 만든 합동 팀에게 대테러 업무를 맡기는 이유이지요. 그리고 판에 박은 행동들은 심각한 결과를 빚어낼 수 있어요. 정보 기관 출신은 경찰 쪽에서 온 사람들을 보면서 이렇게 말합니다. '당신들은 머리가 팍팍 안 돌아가지. 그저 경찰 배지하고 총에만 관심이 있잖아? 이 일을 해결하는 쪽은 우리라고, 알겠어?' 한편 경찰 출신은 이렇게 말합니다. '당신들은 자칫 헛다리짚으면 증거들의 연관성을 알아차리지 못할 거야. 당신들이 할 수 있는 일이라고는 고작 프린스턴대학교에서 정치학으로 최우등 논문이나 쓰는 거겠지.' 그런 수준으로 판에 박은 행동이 벌어지지요. 그것을 극복하지 못하면, 지리멸렬한 상황에서 벗어나지 못합니다."

물론 개인적 편견은 결정을 내릴 때 좋은 판단 기준이 못 된다. 하지만 그것은 으레 우리의 판단을 흐리는 편견과 여러 가지 나쁜 습관 가운데 한 가지에 불과하다. 지난 50년 동안 심리학자들은 기업 경영자든, 정치 지도자든, 쇼핑몰에 간 소비자든 간에 사람들이 좋은 결정을 내리는 것을 방해하는 수많은 '숨겨진 함정'을 파악해왔다. 그 중에는 연원을 따지면 우리가 매일 살아가며 접하는 도전 과제들에 대처하는 데 쓰는 일종의 정신적 단축키에서 비롯된 것들이 많다. 즉 개미나 꿀벌의 뇌와 달리 우리 뇌가 문제에 집단적으로 대처하도록 설계되어 있지 않기 때문에 우리가 무의식적으로 적용하는 경험 법칙 말이다.

'정박anchoring'이라는 함정을 생각해보자. 정박은 우리가 맨 처음 듣는 것을 아주 중시하는 경향에서 나온다. 누군가가 당신에게 이런 질문을 한다고 하자.

"시카고 인구가 300만 명을 넘을까?"

"시카고 인구는 얼마나 될까?"

아마 두 번째 질문을 답할 때 당신은 첫 번째 질문을 토대로 삼을 것이다. 그것은 어쩔 수 없는 일이다. 당신의 뇌가 그렇게 배선되어 있으니까. 첫 질문에서 1천만이라는 숫자가 제시되었다면, 두 번째 질문에 대한 당신의 답은 그 숫자가 훨씬 더 커질 것이다. 저녁의 텔레비전 광고도 이런 종류의 정박을 활용한다. "얼마를 내고 이 분쇄기를 사시겠습니까?" 광고하는 사람이 묻는다. "100달러? 아니면 200달러? 지금 전화하시면 단돈 19.95달러에 드립니다."

그리고 '현상 유지status quo'라는 함정이 있다. 이것은 평지풍파를 일으키지 않으려는 우리의 성향에서 비롯된다. 모든 조건이 같을 때, 우리는 지금 그대로 있자는 안을 선호한다. 설령 거기에 아무런 논리적 근거가 없다고 할지라도 말이다. 존 해먼드, 랠프 키니, 하워드 라이파가 《하버드 비즈니스 리뷰》에 쓴 '의사결정 때의 숨은 함정들'이라는 글에 따르면, 이것이 바로 합병이 종종 수렁에 빠지는 한 가지 이유다. 합병한 뒤 부서를 통합하고 중복되는 부서를 정리하여 발빠르게 회사를 재편하는 대신에, 많은 경영자는 나중에 언제든 조정할 수 있다고 보고 혼란이 가라앉기를 기다린다. 하지만 기다리면 기다릴수록 현상 유지 상태를 타개하기는 더 어려워진다. 기회의 창문은 닫혀 있다.

어쨌거나 실수를 인정하고 싶어할 사람은 아무도 없다. 그것은 '매몰비용sunk-cost' 함정으로 이어진다. 우리가 앞서 내린 결정을 정당화하는 행동 경로를 택한다는 의미다. 설령 그 결정이 이제 더 이상 좋게 여겨지지 않는다 해도 말이다. 폭락한 뒤에도 주식을 계속 갖고 있는 것은 최선의 판단으로 보이지 않을 수도 있다. 하지만 많은 사람들은 바로 그런 행동을 한다. 이를 테면 우리는 직장에서 무능한 사람을 고용하는 것 같은 큰 실수를 저지르고도 그것을 인정하지 않으려 한다. 상사의 눈밖에 나는 것이 두렵기 때문이다. 하지만 문제를 질질 끌수록 모두에게 더욱 안 좋은 결과를 가져올 수 있다.

이런 단점들만으로 충분치 않다는 양, 우리는 자신의 믿음을 뒷받침하지 않는 사실들을 무시한다. 우리는 자신이 정확히 예측하는 능력을 지녔다고 과대 평가한다. 우리는 틀렸다는 것이 입증된 뒤에도 부정확한 정보에 집착한다. 그리고 가장 최근의 사소한 정보를 절대 진리인 양 받아들인다. 요컨대 우리는 개인으로서 단순한 결정을 내릴 때에도 많은 실수를 저지르는 경향이 있다. 다양한 변수들의 상호작용을 수반하는 문제를 내놓으면 당신은 재난을 자초한다.

하지만 분석가들의 말에 따르면, 그것은 점점 더 경영자들이 대처해야 할 문제가 되어가고 있다. 현재 보스턴의 컨설팅 회사인 아이코시스템의 수석 과학자로 있는 에릭 보나보는 이렇게 쓰고 있다. "오랫동안 관리자들은 복잡한 상황에서 전략적 결정을 내릴 때 직관에 의존해왔지만, 경쟁이 난무하는 오늘날의 상황에서 직감은 더 이상 좋은 안내자가 아니다." 그의 말에 따르면, 관리자들은 불확실성에 맞서 힘든 결정을 내릴 수 있었다는 이유로 조직에서 최고 자리에 오르곤 한다. 하지만 복잡성을 다룰 때, 직관은 "도움이 안 될뿐더러 종종 잘못 인도하기도 한다. 수렵인과 채집인의 환경에 대처하기 위해 생물학적 진화를 통해 다듬어졌다고 하는 인간의 직관은 매시각 점점 더 복잡해져가는 역동적인 세계에서 한계를 보여주고 있다."

다시 말해 우리는 복잡한 상황에서 결정을 내리는 일을 잘 못한다. 우리 뇌가 거기까지 진화할 시간이 없었기 때문이다. 보나보는 말한다. "우리는 동굴인의 뇌를 갖고 있습니다. 그것은 동굴인의 뇌보다 더한 것을 요구하지 않는 문제에는 알맞지요. 하지만 많은 문제들은 그 이상의 사고를 요구합니다."

앞서 살펴보았듯이 그런 문제를 다루는 한 가지 방법은 집단의 인지 다양성을 활용하는 것이다. 제프 세버츠가 예측 시장에 베스트바이 새 지점이 제시간에 문을 열 확률을 추정해보라고 요청했을 때, 그는 의견들을 아주 폭넓게 받아들였고 그럼으로써 상황을 편견 없이 평가한 결과가 도출되었다. 어떤 의미에서 그것은 우리 대다수가 일어났으면 하고 바라는 것이기도 하다. 사회는 개인보다 집단이 더 믿을 만하다고 보기 때문이다. 그것이 바로 배심원단, 위원회, 이사회, 명예 위원단이 있는 이유다. 하지만 집단이라고 완벽한 것은 아니다. 세심하게 편제하고 적절한 과제를 주지 않을 때에도, 집단이 자동적으로 최상의 해답을 내놓는 것은 아니다. 수십 년에 걸친 연구가 보여주듯이, 집단도 나름대로 많은 나쁜 습성을 지닌다.

한 예로 집단은 유용한 정보를 무시하는 경향이 있다. 어떤 문제를 논의할 때, 집단은 모두가 이미 알고 있는 사항을 놓고 떠드느라 아주 많은 시간을 잡아먹고 극소수만 알고 있는 사실이나 관점을 살펴보는 데에는 거의 시간을 할애하지 않을 수 있다. 심리학자들은 이것을 '편향 추출biased sampling'이라고 한다. 당신 딸이 다니는 학교의 학부모협회가 기금을 모을 계획이라고 하자. 회장은 회의에 참석한 모든 학부모에게 무엇을 팔면 좋을지 묻는다. 학부모들은 회의가 끝날 때까지 쿠키 이야기만 한다. 쿠키 만드는 법은 모두가 다 알기 때문이다. 컵케이크, 사탕 등 인기를 끌 만한 식품의 집안 전통 요리법을 간수한 사람들이 많이 있을 텐데도 그런 제안들은 결코 나오지 않는다. 따라서 집단은 자신의 다양성을 내버리는 꼴이 될 수 있다.

집단이 내리는 실수 중에는 성급한 결정에서 비롯되는 것이 많다. 시간을 들여서 모든 대안들을 살펴보고 종합하는 대신에, 집단은 조급하게 선택을 한 뒤에 그것을 뒷받침할 만한 증거를 찾느라 시간을 보내곤 한다. 아마 성급한 결정의 가장 유명한 사례는 심리학자 어빙 재니스가 집단사고groupthink라고 부른 현상일 것이다. 집단사고는 잘 짜인 팀이 거만한 지도자, 구성원의 다양성 부족, 외부 정보 경시, 심한 스트레스 등 불행한 특징들이 조합되어 큰 실책을 저지르는 것을 말한다. 그런 팀은 자신의 의사결정을 비현실적일 정도로 굳게 믿고 모두의 의견이 일치한다고 착각하게 된다. 그밖의 견해는 무시되고 다른 의견은 불충한 것으로 인식된다. 재니스는 특히 1961년 피그만을 통해 쿠바를 침략하겠다는 존 F. 케네디의 무모한 결정을 염두에 두고 있었다. 역사가들은 케네디 대통령과 소수의 자문가들이 진지한 분석이나 토론 없이 자기들끼리만 결정을 했다고 말한다. 그 결과 쿠바인 망명자 약 1,200명이 그 섬의 남부 해안에 상륙했다가 즉시 쿠바 군대에 패해 감옥에 갇히는 신세가 되었다.

요컨대 집단이 내리는 결정은 개인이 내리는 결정만큼 잘못될 수 있다. 하지만 영리한 꿀벌들이 이미 보여주었듯이 반드시 그럴 필요는 없다. 적절한 구성원들이 뒤섞여서 집단을 이루고 그 집단이 세심하게 조직되어 있다면, 구성원 각자가 혼자서 얻을 수 있는 것보다 더 큰 지식과 기술의 다양성을 하나로 모음으로써 실수를 보상할 수 있다. 그것이 바로 해크먼과 울리가 보스턴에서 한 실험들로부터 얻은 교훈이었다. 학생들은 팀 구성원 각자의 능력을 파악하고 모두에게 정보와 견해에 기여할 기회를 줄 때 테러리스트를 파악하는 일을 더 잘했다. 스콧 페이지의 정리가 증명했듯이, 집단은 단순히 다양한 경험으로부터 이끌어냄으로써 문제 해결을 위한 더 큰 꾀 주머니를 만들 수 있다. 그리고 이 달에 선물 카드가 얼마나 많이 팔릴지 같은 문제를 예측할 때, 집단은 정보와 태도를 결합하여 개인적인 편견들과 나쁜 습관들을 상쇄시켜서 신뢰할 만한 집단 판단을 할 수 있다.

이런 면에서 꿀벌의 다른 점은 우리와 달리 본능에 맞서지 않는 듯하다는 것이다. 개체로서의 꿀벌은 일을 할 때 저마다 다른 모습을 보여주지만, 무리의 목표를 보면 단일한 목적을 공유한다. 그들은 어떻게 쉽게 그렇게 할까?

답은 무리의 꿀벌들이 그 어떤 인간 집단보다도, 예를 들면 명절에 모인 대가족보다도 유전적으로 서로 더 가깝다는 사실과 어느 정도 관련이 있다. 사실 그들은 모두 자매들이다. 아니 더 정확히 말하자면 공통의 어미인 여왕벌이 여러 수컷(며칠밖에 못 산다)에게 수정되었으므로, 아버지가 다른 자매들이다. 그것은 벌들이 집단의 복지와 깊은 이해 관계를 맺고 있으며, 그것은 때로 자신의 이익보다 집단의 이익을 앞세울 정도로 강력하다는 의미다.

하지만 그것은 답의 일부일 뿐이다. 설령 벌들이 유전적으로 프로그램된 대로 협력하고 싶어한다고 해도, 그것은 그들이 어떻게 그렇게 협력을 잘하는지를 설명하지는 못한다. 자연선택은 데보라 고든의 사막 개미들의 사례에서 그랬듯이 꿀벌의 적응도를 군체 수준에서 볼지 모르지만, 의사결정을 할 때 꿀벌들을 하나로 만드는 것은 과연 무엇일까?

톰 실리 및 커크 비셔와 함께 꿀벌의 집 구하기 실험에 참여했던 오하이오주립대학교의 공학자 케빈 파시노는 "그건 사실상 탁월한 접근법이지요"라고 말했다. 파시노는 애플도어섬의 자료를 토대로 무리의 컴퓨터 시뮬레이션을 만들어서 그들의 집단 의사결정 체계와 한 개체의 정신 과정 사이에 놀라운 유사성이 있음을 보여주었다. "그 체계가 작동하는 방식을 생각해보면, 무리는 마치 하나의 뇌처럼 주변 환경에 주의를 기울입니다."

뇌가 무수한 뉴런을 통해 바깥 세계에 관한 정보를 처리하듯이, 무리는 정찰벌을 통해 정보를 모으고 해석한다. 무리의 표면에서 꼬리춤을 출 때, 정찰벌들은 저 바깥에 있는 것에 관한 정보를 서로 공유할 뿐 아니라, 집단 전체에 폭넓은 '시야'를 제공한다. 무리의 표면을 자세히 보면 당신도 알아차릴 수 있다고 파시노는 말한다. 저쪽보다 이쪽 방향으로 춤을 추는 벌이 더 많을 때, 그것은 그곳이 경쟁에서 앞서 있다는 물리적 표현이다. 무리를 자세히 살펴보면, 실제로 당신은 무리가 어떤 생각을 하는지 볼 수 있다.

"사람이 한 장면에 있는 수많은 대상들을 보면서 관심이 있는 것을 찾아내는 일을 아주 잘하듯이 무리도 그렇습니다. 우리 뇌는 병렬 처리를 이용하고 무리도 마찬가지예요. 무리는 한 장면에 담긴 온갖 것들을 보면서 원하는 것을 찾아내고 그밖의 것들은 무시합니다. 찾은 것에 주의를 기울이고 있기 때문이죠."

어떤 의미에서 무리에서 정찰벌들의 행동과 그들이 여러 후보지로 분산되는 것은 '집단 기억group memory'에 상응한다. 파시노는 이렇게 설명한다. "그것은 당신이 지난 여름 휴가 때의 일을 기억하는 식의 장기 기억이 아니라, 단기 기억입니다. 무리가 구축하고 이용하는 정보, 즉 선호에 더 가깝지요. 그것은 바깥 세계로부터 무리에게 들어오는 정보의 공간 지도입니다. 뇌에서도 똑같은 일이 일어나지요."

집단으로서의 벌은 대안들을 명확히 볼 수 있게 해주는 분산 과정을 통해 지식의 다양성을 활용한다. 그들은 첫 번째 후보지가 기준을 충족시킨다고 해서 성급하게 선택하는 것이 아니라, 충분히 시간을 들여서 모든 대안을 살피고 가려내어 가장 좋은 후보지가 드러나도록 한다. 어느 꿀벌도 집단 전체를 위해 결정을 떠맡지 않는다. 게다가 꿀벌들은 다른 벌들이 뭘 하는지 알고 있지도 않다. 파시노는 말한다. "무리가 아는 것은 사실상 각 벌이 아는 것의 합보다 훨씬 더 큽니다. 벌들의 뇌에 저장된 정보와 벌들의 위치와 행동에 담긴 정보까지 포함하기 때문이지요."

즉 절박한 문제를 다루기 위해 벌은 공통의 전략적 목표를 추구하는 무리 자체의 복잡한 구조를 활용한다. 그것이 바로 안락한 의자에 앉아서 단호한 결정을 내려야 하는 경영자가 잊지 말아야 할 교훈이다.

맥주 게임

데니스 오도너휴는 얼마 전 시애틀의 보잉사 건물 2-22동 강당에 모인 시험 비행사, 공학자, 관리직 등 직원 50명 앞에 의기양양하게 섰다. 보잉의 부회장으로서 그는 맥주 게임이라고 이름 붙인 이 별난 팀 짜기 훈련에 참여한 직원들에게 감사의 말을 했다.

이름에서 연상되는 것과 달리 이 게임에 마시기는 포함되어 있지 않았다. 사실 그것은 맥주 유통 시스템의 롤플레잉 시뮬레이션이었다. 복잡계에 속해 있을 때 타당한 결정을 내리는 것이 얼마나 어려운지를 참가자들이 실감하게 하는 것이 목적이었다. 오도너휴는 강당에 모인 모두가 그 점을 이해하기를 바란다고 말했다. 자기 부서의 문제 해결에 필요한 지혜를 모으려면 그들의 도움이 필요하기 때문이었다. 그가 보기에 그 지혜는 지금 허투루 낭비되고 있었다.

오도너휴는 비행작동검사확인FOT&V. Flight, Operations, Test & Validation이라는 부서를 맡고 있었다. 부서는 보잉 역사상 가장 야심적인 계획인 787 드림라이너Dreamliner 프로젝트에 역량을 집중할 예정이었다. 보잉은 50여

항공사에서 선주문을 받아 이미 787기를 800대 이상 판 상태였다. 액수로는 약 1,700만 달러에 달했다. 하지만 비행기를 고객에게 인도할 수 있으려면, 먼저 정비사, 공학자, 시험 비행사로 이루어진 오도너휴 부서의 철저한 검사와 인증을 받아야 했다. 맥주 게임을 할 당시에 787 프로그램은 이미 예정보다 14개월 지연된 상태였고, FOT&V는 아직도 검사할 첫 비행기를 기다리는 중이었다.

드림라이너 프로젝트는 회사로서는 엄청난 도박이었다. 언론은 그것이 '판도를 바꿀' 대단한 혁신이라고 연일 찬사를 보낸 바 있었다. 그 비행기의 약 절반은 탄소 섬유 강화 플라스틱 같은 경량 복합 소재로 이루어졌다. 그런 소재는 군용 항공기에는 흔히 쓰였지만 상업용 항공기에는 쓰인 적이 없었다. 또 787기의 생산 속도를 높이고 엄청난 금융 위험을 분산시키기 위해 보잉은 전 세계 수십 곳의 부품 제조사들에게 의존하는 전혀 새로운 제작 과정을 택했다. 그 도박은 지금까지는 성공했다. 보잉의 고객들은 연료를 20퍼센트 덜 쓰면서 최대 1만 마일을 날 수 있는 빠른 중형 항공기인 787기의 설계에 혹했고, 역사상 유례 없는 기록적인 판매고를 올렸다.

FOT&V는 생산 과정의 마지막 단계이므로, 오도너휴와 직원들은 그 어떤 복잡한 문제에 직면해도 마감 시한을 지켜야 한다는 강한 압박감을 느끼리라는 것을 잘 알았다. 시한을 못 지키면 보잉은 고객들에게 총 수십억 달러에 달하는 위약금을 물어야 할지도 몰랐다. 하지만 마감 시한을 지키기란 쉽지 않을 터였다. 앞쪽 공정에서 이미 지체가 되었다는 것은 시험 비행 일정이 몹시 촉박해졌다는 의미였다. 777기를 검사할 때처럼 9~15개월이라는 시간을 들여 787기를 검사할 상황이 아니었다. 6

개월 반 안에 끝내야 했다. 게다가 모든 것이 정상임을 확인하려면, 예전처럼 4대가 아니라 6~9대를 동시에 검사해야 할 터였다. 그것은 관리직, 비행사, 기술자 등이 전보다 더 빠릿빠릿하게 움직여야 한다는 의미였다. 그뿐 아니라 그들은 747기를 비롯한 여타 모델들을 고객에게 전달하기 전에 검사하는 통상적인 생산 공정 업무도 수행해야 했다.

따라서 상당한 스트레스를 받으면서 새 책임자 아래 수천 명의 직원들이 동시에 복잡한 상호작용을 통해 극히 중요한 과제를 해결해야 하는 조직이 바로 여기 있었다. 그런데 이런 상황에서 책임자는 뭘 하자는 것일까? 책임자 오도너휴는 부서의 집단 지능 즉, 지식의 다양성이 위기를 헤쳐나가는 데 어떻게 활용될 수 있는가를 직원들에게 이해시키기 위해 소중한 시간을 떼어 도박을 하기로 결심했다.

오도너휴 전략의 핵심은 FOT&V가 개미나 꿀벌 군체처럼 특정한 과제를 잘 수행하도록 진화한 복잡 적응계임을 보여주는 것이었다. 그 전략은 소수의 인물로 구성된 보잉 분석가 팀에서 나왔다. 여기서 복잡성은 FOT&V가 대처해야 할 수많은 변수들에서 유래했다. 그 변수들 중 상당수는 다시 다른 변수들에 영향을 받았다. 지상, 상공, 바람터널에서 항공기들을 대상으로 이루어지는 수천 가지 검사들, 계획되거나 계획되지 않은 지연, 10여 개 부서들이 자원을 공동으로 쓰고 있는 현실 등이 그랬다. 그들은 오도너휴에게 복잡 적응계가 어떻게 돌아가는지를 이해하지 못하면, 혁신을 일으키기는커녕 관리하기조차 어려울 수 있다고 말했다. 예를 들어 그런 계의 한 부문에서 이루어진 결정이 예측하기 어려운 방식으로 다른 부문들의 결정에 영향을 미칠 수 있다는 것을 인식해야 한다는 것이다. 그런 상황에서는 예측하지 못한 지체가 갑자기 일어날 때에도 자신이 목표를 향해 신속하게 나아가고 있다고 생각하기 쉽다. 이런 논의를 통해 오도너휴와 그의 팀은 너무 늦기 전에 FOT&V의 모든 것을 재고할 필요가 있다고 확신했다. "우리가 전에 했던 일들과는 비교가 안 될 정도로 엄청난 변화가 필요했어요." 보잉의 한 고문이 한 말이다.

맥주 게임은 이 재고 과정의 일부였다. 게임은 이런 식으로 진행되었다. 먼저 네 명씩 팀을 짰다. 팀 구성원 중 한 명은 소매상 역할이었다. 오도너휴는 말했다. "당신은 워싱턴 카네이션 모퉁이에 있는 세븐일레븐 상점의 주인입니다. 당신은 맥주, 석유, 감자칩, 달걀, 우유 등 다양한 물건을 팝니다. 당신이 파는 상품 중 하나가 드림라이너 맥주입니다. 태평양 북서부의 한 작은 양조장에서 만들지요. 가장 잘나가는 맥주는 아니지만, 일주일에 몇 병씩 꾸준히 팔립니다."

또 한 명은 도매상 역할이었다. "당신은 맥주 배달 트럭을 몹니다. 맥주만 배달하는 것이 아닙니다. 우유, 청량음료, 기타 음료도 배달하지요." 세 번째 참가자는 공급업자다. "당신은 창고를 소유하며, 드림라이너뿐 아니라 여러 종류의 맥주를 공급합니다." 네 번째 참가자는 드림라이너 맥주를 제조하는 양조업자였다.

게임은 원형으로 둘러앉아서 하며, 한 바퀴 돌면 일주일이 흘렀음을 뜻했다. 첫 주에 참가자들은 왼쪽에 앉은 사람에게 드림라이너 맥주 주문을 받고 오른쪽에 앉은 사람에게 새 주문을 했다. 주문을 처리하고 보내는 데 시간이 걸리므로, 한 사람이 주문을 하고 그것이 배달되는 데까지 4주가 걸린다고 가정했다(모두가 나중에 깨달았지만, 이 조건은 결정적인 요인임이 밝혀지게 된다). 게임의 목표는 가능한 한 효율적으로 맥주가 계속 계 안에서 유통되도록 하는 것이었다. 재고가 너무 많으면 좋지 않았다. 주문을 맞추지 못하는 것은 더 안 좋았다.

"고객이 당신에게 화가 날 지경이 되기까지 상황이 악화되는 일은 없어야겠지요. 당신의 세븐일레븐에 포드 트럭을 몰고 석유를 넣으러 오는 덩치에게 '이봐, 드림라이너 맥주가 다 떨어졌다니 뭔 소리야? 내가 트럭에 기름 넣으러 온다는 걸 잊었단 말이야!'라고 항의를 받고 싶지 않다면요."

나도 초청을 받아 게임에 참가했다. 우리 팀은 소매상 역할을 맡은 비행 표준국의 수석 비행사 번 제레미카, 도매상을 맡은 시험 제작과의 산업공학자 앤디 도이치, 공급업자인 레온 로버츠 3세로 이루어져 있었다. 레온은 화물기로 갈아타기 위해 싱가포르에서 767기를 몰고 막 도착한 조종사였다. 양조업자 역할은 내가 맡았다. 오도너휴는 모두 모인 자리에서 맥주 게임이 팀의 협동 작업에 관한 것이라고 말한 바 있었다. "우리는 모두 함께 이 게임을 하고 있습니다. 여러분이 하는 모든 행동은 다른 누군가에게 영향을 미칩니다." 하지만 우리는 게임에 깊이 빠져들고 나서야 그가 한 말이 무슨 뜻인지 진정으로 이해했다.

번은 고객 주문서를 뜻하는 카드 묶음에서 카드를 한 장 고름으로써 게임을 시작했다. 그는 카드를 살펴본 뒤 뒤집어서 폐기 카드 더미에 올려놓았다. 게임이 진행되는 내내 그만이 그 주에 자신의 세븐일레븐에서 고객이 맥주를 몇 병 샀는지 알고 있었다. 나머지 사람들은 추측만 할 뿐이었다. 그런 뒤 그는 자신의 주문서를 뜻하는 종이 조각에 숫자를 쓴 뒤 앤디 옆 탁자에 뒤집어서 놓았다.

번이 그렇게 하는 동안, 앤디는 번의 이전 주문이라고 여겨진 종이 조각을 집어들었다. 맥주 네 병이라고 적혀 있었다. 앤디는 트럭을 뜻하는 상자에 포커 칩 네 개를 넣음으로써 주문을 이행했다. 그런 다음 그는 네 병이라고 자신의 주문서를 쓰고는 뒤집어서 레온 옆 탁자에 놓았다.

그 사이에 레온은 공급업자 역할에 충실하게 거의 같은 일을 하고 있었다. 네 병이라고 적힌 앤디의 이전 주문을 보고서 그는 창고에서 칩 네 개를 꺼냈다. 그런 다음 네 병이라는 주문서를 써서 뒤집어 내 앞에 놓았다. 내 일은 약간 달랐다. 나는 맥주를 생산했으니까. 하지만 하는 행동은 거의 같았다. 레온이 준 주문서를 살펴본 뒤, 나는 제조를 뜻하는 상자에 칩 네 개를 넣고, 내 양조장에 네 병을 생산하라고 주문서를 썼다.

그렇게 한 주가 흘렀다.

다음 3주는 똑같았다. 우리는 주문을 받고 주문을 이행하고 새 주문서를 쓰는 리듬에 익숙해졌다. 주문은 계속 4병씩이었다. 시작할 때 우리는 각자 12병씩 재고를 갖고 있었는데, 여전히 그만큼을 갖고 있었다. 매주 4병이 들어오고 4병이 나갔다. 그러다가 5주째에 뭔가가 달라졌다. 번이 카드를 집어서 보니 고객이 8병을 원한다고 적혀 있었다. 그는 '누가 파티를 벌이는 모양이군'이라고 생각했다. 6주째에 그는 다시 8병을 팔았고, 7주째에는 12병을 팔았다. 그는 생각했다. '이것 봐라, 재고가 떨어져 가네.'

앤디는 8주째에 10병을 달라는 번의 주문서를 받았을 때, 자신도 10병을 주문했다. 그의 재고는 거의 비었다. 채워넣어야 했다.

레온은 앤디로부터 더 많은 양의 주문을 받자, 공황 상태에 빠질 뻔했다. 그는 고객의 주문량이 많아졌다가 줄어들었다가 할 것이라고 예상했다. 그래서 레온은 내게 6병만 주문했다. '홍수가 진 뒤에는 가뭄이 찾아오기 마련' 이라고 그는 생각했다. 하지만 13주째에 그의 재고는 다 소진되었고 16주가 되자 주문량이 25병이나 밀렸다.

나는 18주째에 레온으로부터 15병이라는 대량 주문을 받기 전까지 우리 시스템에 주문량이 크게 증가해 있는 상태라는 것을 느끼지 못했다. 나는 맥주를 너무 많이 생산하지 않으려 애썼지만, 내 신중한 태도는 레온에게 피해를 입히고 있었다. 그는 점점 더 주문이 밀렸다. "새 공급자가 필요해." 20주째에 그는 그렇게 투덜거렸다. 밀린 주문량이 54병에 이르러 있었던 것이다.

번의 고객들이 단지 몇 차례만 세븐일레븐에서 주문량을 늘렸을 뿐임을 기억하자. 그런데 지금 레온은 54병이나 밀려 있었다. 그런데 우리 시스템이 어떻게 이렇게 엉망이 된 것일까? 우리는 번의 고객들 때문이라고 추측했지만, 그렇지 않았다. 나중에 알게 된 사실이지만, 그들의 주문은 한때 12병까지 올라갔다가, 게임 내내 8병을 유지했다. 그 뒤로 한 번도 주문량은 변하지 않았다. 처음에 잔물결로 시작된 것이 어쩐 일인지 해일로 변해 있었다. 23주째에 앤디는 50병을 주문했고, 그 직후 레온과 나도 그랬다. 우리 공급망은 통제를 벗어났다.

우리는 어느 누구도 과잉 반응하지 않았다고 장담할 수 있었다. 각 단계에서 우리는 동료에게 심상치 않은 주문을 받을 때까지 맥주를 추가 주문하려는 충동을 억눌렀다. 하지만 급등 상황을 관리하려는 우리의 노력은 소용이 없었다. 우리는 수요를 적절히 조절하려 했지만 완전히 실패했다. 사실 우리가 이룬 것이라고는 주문이 엄청나게 밀린 상황을 빚어낸 것뿐이었다. 어느 시점에서 레온은 304병이나 주문이 밀려 있었다.

그것은 대강 소매상에서 양조업자까지 이어진 주문의 물결이 배급망의 끝에 있는 나라는 벽에 부딪혔다가 되돌아가서 번에게 들이닥친 시점과 같았다. 이제 레온과 앤디는 매주 50병씩 받고 있었다. 한 달이 넘게 단 한 병도 주문하지 않고 있었음에도 말이다. 게임이 끝날 무렵, 앤디는 드림라이너 맥주 163병에 익사하는 중이었다. 정말로 엉망진창이 되어 있었다.

"자, 어떤 느낌인가요?" 모든 팀이 게임을 끝냈을 때 오도너휴는 웃으면서 물었다. "좌절했나요? 무력함을 느꼈나요? 닥친 문제가 남의 탓이라고 비난하고 싶었나요?" 그는 너무 심각하게 받아들이지 말라고 했다. 고등학생부터 대기업의 CEO들에 이르기까지 맥주 게임을 하는 사람들은 모두 다 같은 일을 겪는다는 것이다. 1950년대에 MIT의 슬로언 경영대학원에서 그 게임이 창안된 이후로 죽 그래 왔다.

참가자들은 무엇 때문에 이런 실수를 저지르는 것일까? 그들은 왜 그렇게 금방 통제력을 잃는 것일까? 답은 원인과 결과를 인식하는 능력과 관련이 있다. 맥주를 주문하고 받기까지 4주라는 시간 지체는 대부분의 참가자가 파악하기에는 너무 긴 시간이다. 그들의 동굴인 두뇌는 거기에 맞출 수가 없다. 사회과학자들은 이것을 '환원적 편견reductive bias'이라는 숨은 함정으로 본다. 복잡한 현상을 마치 단순한 현상인 것처럼 대한다는 것이다. 하지만 이 사례에서 누가 그들을 비난할 수 있겠는가? 당신이 차를 몰고 가는데 운전대를 돌린 시점과 자동차의 방향이 바뀐 시점 사이에 4초라는 시간 지연이 있다면, 매번 사고가 날 것이다.

오도너휴가 물었다. "곤경에 빠지기가 아주 쉽지요? 당신의 회사가 한 명이 아니라 50명의 도매상을 대해야 한다고 상상해보세요." 그는 사업이란 늘 호황과 불황의 주기에 휘말려 있다고 말했다. 그런 뒤에 무슨 일이 벌어질까? 사람들은 해고된다. 일손을 놓는다. 공장은 문을 닫는다. 하지만 불안정함을 일으키는 것은 계의 역동성이다.

오도너휴는 굳이 언급할 필요가 없었다. 보잉 787 프로그램은 거기에 딱 맞는 사례가 되어 있었다. 핵심 부품 공급자들이 납품을 늦추면서 시작된 지체는 워싱턴 에버렛의 본사 공장에서 이루어지고 있던 첫 항공기 제작이 전면 중단되는 사태로 이어졌다. 그래서 보잉은 남는 자원을 그 일을 끝내는 데 동원해야 했고, 그런 조치는 더한 지체를 가져왔다.

그 게임을 했던 수많은 사람들이 그랬듯이, 우리 팀도 충격으로 말을 잊었다. 우리는 계속되는 재고 부족분을 보충하기 위한 필사적인 시도로 매주 계속 주문을 했다. 우리가 알아차리지 못한 것은 유통망이 이미 포화 상태였고, 상황을 '관리하려고' 시도하면 할수록 더 악화되기만 할 뿐이라는 점이었다. 공급망에서 자신이 맡은 부문에만 초점을 맞춤으로써 우리는 전체 시스템의 불안정성을 확대시켰고, 그것은 어느 순간에 우리에게 충격을 가했다.

데니스 오도너휴가 FOT&V가 피했으면 한 것이 바로 이런 종류의 불안정성이었다. 그와 직원들이 앞으로 닥칠 드림라이너의 난국을 타개하려면, 시스템 전체의 복잡성을 이해해야 했다. 하지만 그의 조직이 더 폭넓은 '시야'를 확보할 수 있으려면, 먼저 해결해야 할 일이 있었다. 바로 FOT&V 내의 사회적 하부구조였다. 이 조직에서는 자유분방한 영웅과 거친 전사 종족이 찬사를 받고 있었다.

소방수와 부족장

데니스 오도너휴가 확실히 아는 것 한 가지는 드림라이너 프로그램이 그의 조직을 압박하고 있기에 더 이상 시간을 낭비해서는 안 된다는 것이었다. 비행 시험 운전의 속도를 대폭 향상시키는 방법을 찾지 못하면, FOT&V에 떨어질 과제들의 양과 복잡성에 짓눌려버릴 터였다. 평소에 하던 식으로는 대처할 수 없었다.

시험 일정에 여유가 있었던 지금까지는 조종사, 공학자, 정비사, 기타 전문가들이 팀을 이루어 시험할 비행기 한 대를 처음부터 끝까지 맡는 식으로 일을 진행했다. 비행기에 문제가 있다면 그들은 알아서 해결했다. 부품이 필요하면 알아서 조달했다. 비행 시간을 더 늘리고 싶으면, 다른 조종사를 동원하여 해결했다. 각각의 결정은 임기응변으로 이루어졌다. 40년 동안 보잉의 비행 검사는 그런 식으로 이루어졌다. 하지만 효율적이라고는 말할 수 없었다. 오도너휴가 책임자가 되었을 무렵에, 부서가 마감 시한을 맞추는 사례는 약 절반에 불과했다.

자꾸 늦어지는 주된 이유 중 하나는 끊임없이 새로운 위기 상황에 대처해야 하기 때문이었다. 필요한 장비가 없을 때도 있었다. 시험 프로그램이 바뀌기도 했다. 그러나 아무도 정비사에게 문의하지 않았다. 비행기가 비행을 견딜 수 있는가와 무관한 문제들도 많았다. 그것이 그들이 맡은 업무의 핵심임에도 말이다. 그런 문제들은 직원들이 스스로 알아차리지 못한 채 야기하는 것들이었다. "FOT&V는 크고 복잡한 계로 진화했어요. 하지만 많은 사람들은 자신이 그 계에 속한 일부로 여기지 않았지요. 그들은 자신을 홀로 일하는 소방수라고 여겼어요. 여기서 불이 나면 끄고 저기서 문제가 생기면 달려가서 해결하는 식이었지요. 그런 방식은 단기적인 해결책이지 근본적인 문제를 해결하지는 못해요. 그뿐 아니라 그런 방식은 길 아래쪽에 다른 화재를 일으키게 마련이에요. 그리고 그 불은 다른 누군가가 꺼야 하지요."

예를 들어 시험 비행 때 공학자들은 시험을 하다가 어떤 관제 장치가 제대로 작동하지 않는 것을 알아차릴 수 있다. 하지만 날씨를 비롯한 여러 조건들이 아직 비행하기에 좋다면, 그들은 일단 시험을 다시 해보자고 스스로 판단을 내릴지 모른다. 그것이 비행기가 예정한 것보다 몇 시간 더 날아야 한다는 의미라고 해도 말이다. 그들은 큰 문제될 것 없다고 생각하고 그저 자기 일에 열중할 뿐이었다. 하지만 지상에서는 정비팀이 내일 할 다른 검사를 위해 항공기 부품을 교체하려 기다리고 있었다. 여러 장비를 통째로 교체하고, 밸러스트의 위치를 바꾸는 등등. 따라서 그들의 일정까지 지체되었다. 그것은 다음 날 아침에 새 비행 조종사가 왔을 때 비행기가 비행할 준비가 안 되어 있다는 의미였다. 그리고 조종사가 마침내 비행기를 활주로에 올려놓았을 때, 거기에 있어야 할 연료 트럭은 다른 항공기에 급유를 하러 이미 한참 전에 가버린 상태였다. 그 공학자의 결정이 시스템 전체에 파문을 일으킨 것이다.

물론 맥주 게임의 교훈도 바로 그것이었다. 복잡한 공급망의 한 지점에서 생긴 문제를 땜질하는 참가자들은 하류 쪽에 더 큰 문제를 일으키곤 한다. "하지만 사람들은 그것을 이해하기가 쉽지 않지요. 우리 회사에서는 오랫동안 모두가 '해결사'가 되고 싶어했어요. 시간을 절약해주는 사람이지요. 그리고 그런 사람들에게 보상을 해왔습니다. 사실상 소방수라는 영웅 숭배 문화를 조성한 거지요." 그는 지금 FOT&V에 필요한 것은 그런 것이 아니라고 말했다. 지금은 자신이 복잡계의 일부임을 깨달은 사람들, 중압감을 느끼면서 마감 시한을 지킬 수 있는 사람들이 필요했다. 50퍼센트가 아니라 90퍼센트 수준으로 말이다. 같은 맥락에서 그는 집단의 문제 해결 능력을 충분히 활용할 수 있을 만큼 유연한 구조를 지닌 시스템을 원했다.

아직까지는 양쪽 다 얻지 못했다.

오도너휴는 자기 부서의 낡은 습성을 바로잡기 위해 팬텀웍스라는 보잉 전략기획단에서 자신을 따라온 몇몇 사람에게 도움을 요청했다. 그들은 FOT&V의 일 처리 방식을 일목요연하게 도표화하고 개선할 지점들을 찾아내는 일을 맡았다. 그들은 조직의 작업 흐름도를 작성하는 일부터 시작했다.

"전에는 한 번도 그것을 모형화한 적이 없었어요. 해보니 정말로 흥미로웠지요. 도표를 그리기 시작하자 사람들이 그 앞에 서서 누가 무슨 일을 하고 누가 사실은 어떤 일에 관심이 있는지 떠들어댔으니까요. 사람들이 잘못 알고 있는 사항이 많았습니다. 시스템이 실제 어떻게 돌아가는지를 놓고 심하게 의견들이 갈렸지요."

그러면서 FOT&V에서 사실상 공식적인 직무보다는 동맹과 충성 관계로 이어진 비공식적인 망을 중심으로 일이 이루어진다는 것이 드러났다. 분석가 중 한 명인 밥 위버가 말했다. "너무 놀라웠지요. 우리는 이 강력한 비공식적인 인맥이 기본적으로 스코틀랜드 고지대 같은 곳에서 볼 수 있는 부족적인 것임을 알았어요. 맡은 일에 문제가 생기면, 당신이 믿고 의지하는 인맥에 속한 누군가를 불러서 어떻게 해결할 수 있는지 봐달라고 하지요. 그리고 족장이 고개를 끄덕인 뒤에야 일을 더 진척시키지요. 부족에 대한 충성이 일을 하는 방식이었던 셈이에요."

정비 쪽과 공학 쪽이 가장 큰 두 부족 집단임이 드러났다. 그들은 언제부터인지 모르겠지만 원래부터 죽 해트필드 집안과 매코이 집안(19세기 후반 미국에서 서로 아옹다옹 다툰 것으로 유명한 두 가문-옮긴이)처럼 서로 반목해왔다. "아무도 이유를 몰랐어요. 원래부터 죽 그랬을 뿐이죠." 또 다른 분석가인 캐런 헬머의 말이다. 컨설턴트들이 각 부족에 속한 사람들이 맡은 역할들을 지도로 표시하자 이런 마찰이 일어나는 이유가 하나 드러났다. 서로 겹치는 업무가 많았던 것이다. 다시 말해 서로 다른 부족들이 같은 일을 하고 있었다. 그것이 바로 경쟁의 숨은 근원이었다.

수십 년 전에 서너 부족을 통합하여 짜깁기하듯 FOT&V를 만들었지만 실질적으로는 별 효과가 없었던 것이다. "비행 검사 공학, 시험 제작, 비행 운전, 품질 관리 등 각 집단은 태생이 서로 달랐어요. 서로 다른 조직에 속해 있다가 이 조직으로 통합되었지만, 나름의 문화와 처리 절차와 도구를 그대로 갖고 왔어요. 실질적으로는 결코 통합된 적이 없었고, 그래서 서로 반목하게 된 겁니다." 오도너휴의 말이다.

그는 그들에게 필요한 것이 공통된 목표 의식이라고 결론지었다. "내가 즐겨 예로 드는 패러다임에 따르면 내가 맡기 전에 이 조직은 중추신경계가 없는 복잡 적응계였다는 거지요. 각 부문은 자신에게 위협이 된다고 인식한 것들을 토대로 각자 적응해왔으며, 흥미롭게도 조직의 다른 부문이 위협이 된다고 인식하고 반목한 사례도 있었어요. 내가 하고 싶었던 것은 모두에게 전략적 방향을 제시할 중추신경계를 만드는 것이었지요."

오도너휴는 해병대에서 시험 비행사로 일할 때 패튜센트강 공군 기지에 간 적이 있었는데, 거기에서 관리 운영 본부가 각 항공기를 준비하고 유지하고 배치하는 무수한 일을 조율하면서 하루에 많으면 40회나 시험 비행을 관리하는 것을 보았다. FOT&V를 맡았을 때 그는 자신이 원하는 것이 바로 그런 능력이라고 판단했다. 그는 관리팀에 말했다. "우리는 바로 그런 검사 운영 본부를 만들 겁니다. 어떻게 할지 알아봅시다."

그는 조직에 더 나은 전망을 제시하는 것을 시험 운전 본부TOC, Test Operations Center의 주된 역할로 삼을 예정이었다. 검사를 받는 모든 항공기의 상태, 조종사에서 활주로에 이르기까지 비행 검사를 하는 데 필요한 모든 자원의 움직임을 추적함으로써, TOC는 예전에 그랬던 것처럼 자충수를 두는 식의 실수를 피해야 하는 조직에 '전체적인 관점'을 제공할 것이다. 게다가 TOC는 집단 문제 해결에 필요한 수단 역할도 할 것이다. 어느 분야의 작업반이 적절한 기간 안에 해결할 수 없는 문제에 직면할 때, TOC는 조직의 여러 부문에서 전문가들을 모아서 가능한 해결책을 도출할 것이다. 무리에게 닥친 문제의 해결책을 찾아 주변을 탐색하는 정찰벌들처럼, 이 전문가들은 자기 분야에서 얻을 수 있는 최상의 정보와 조언을 모을 것이다. 정비, 검사 자료 취합, 설계, 비행 등 어느 분야에 속하든 간에, 모든 자료를 하나로 모아 살펴볼 것이다.

"이 모든 것은 결국 대중의 지혜로 귀결됩니다. 내가 인원이 3,600명에 달하는 이 조직에서 벌어지는 모든 일을 알고 통제하지는 못합니다. 위로부터의 통제는 적응하고 혁신하는 능력을 말살할 뿐이에요. 그래서 우리는 이미 지니고 있는 조직체의 지성을 보존하려고 애쓰고 있습니다." 오도너휴는 그것이 TOC가 FOT&V의 모든 곳에서 오는 정보를 취합하는 센터 역할을 한다는 개념이라고 했다. 그것은 선제적인 국소 문제 해결자라기보다는 위기 상황에서 전문 지식을 활용하는 곳이 될 터였다. "우리는 누군가가 답을 알 때까지 의사결정의 수준을 낮추어야 합니다."

비행대가 시험 비행을 위해 활주로 쪽으로 이동할 때 타는 냄새를 맡았다고 하자. TOC에 상황을 보고한 뒤 그들은 그것이 긴급 사항이 아니라고 결론을 내린다. 그렇긴 해도 예상했던 일은 아니었다. 그래서 그들은 조사를 하기 위해 그 날의 비행을 잠시 유보한다. 하지만 점검표에 따라 15분을 조사했지만, 냄새의 원인을 도무지 알 수가 없다. 그들은 검사 항목을 전부 다 검사하다가 마감 시한을 놓치고 싶지 않기에, TOC에 도움을 청한다.

TOC는 시애틀에 있는 FOT&V 건물의 5층, 칸막이가 빽빽하게 차 있는 3천 제곱미터의 공간에 자리잡고 있다. 중앙의 약 200제곱미터의 공간에 들어선 통제실에는 공학자, 정비사 등등 조직의 모든 부문에서 뽑은 10여 명의 전문가들이 교대로 24시간 근무한다. 그들은 시험 비행기의 상태를 추적하고, 도구부터 비행대에 이르기까지 모든 것이 필요할 때 제자리에 있는지 확인하고, 갈등이나 문제를 미리 알아내는 일을 한다. 즉 매일 각각의 비행기를 대상으로 무엇을 할지를 결정한다. 정찰벌들이 꼬리춤을 통해 주변에 관한 정보를 기록함으로써 무리에 단기 집단 기억을 제공하듯이, TOC는 더 큰 그림에 주의를 기울임으로써 조직의 상황을 지속적으로 파악하는 데 도움을 준다. 통제실의 한쪽 벽에 있는 1.8×4.8미터의 대형 화면에는 6개 지점의 작업 현황이 실시간으로 비춰지고 있다.

TOC를 관리하는 재닛 멀러의 말이다. "요청이 오면, 그 문제를 해당 분야의 전문가가 맡아서 끝까지 해결하도록 합니다. 정비 문제라면 선임 정비사에게 맡겨질 가능성이 높지요. 그는 약 30분 내에 조직 전체에서 관련이 있는 전문가들과 전화 통화를 통해 의견을 취합하여 권고안들을 도출합니다. 그 중에는 이 나라에 없는 사람도 있겠지요. 우리는 전 세계에 협력자들이 있어요. 그들은 가능한 모든 해결책을 내놓습니다. 얼마나 걸릴까? 어떤 기술이 필요할까? 부품은 있나? 서류는 있나? 도구는 다 갖추어져 있을까? 무엇을 할지 어떤 계획에 동의할지 결정하는 것은 그 팀에 달려 있지요."

시험 비행기의 냄새 원인이 통로의 전기 배선 오류 같은 크게 중요하지 않은 문제임이 드러난다면, 운전 본부 팀은 전기 시스템과 무관한 나머지 일괄 검사 항목들을 미루지 말자고 결정할 수도 있다. 그것은 비행대에게는 희소식이다. 그들은 일을 끝내고 싶어하니까. 하지만 연기가 비행기를 검사하는 데 필요한 전기 장치에서 나오고 오늘 교체할 부품이 없다면, 비행대의 계획이 바뀔 수 있다. 그 다음 통제실의 또 다른 전문가인 '비행단 최적화 담당'이 활동을 시작할 것이다. 그의 업무는 한 비행기의 검사 프로그램을 바꾸었을 때 비행대 전체에 어떤 연쇄 효과가 미칠 수 있는지를 검토하는 것이다. 그 항공기를 다른 비행대로 배치해야 할까? 일괄 검사 항목 전체를 다른 비행기에 배정해야 할까? 그 지체가 다음 일괄 검사 항목에 어떤 영향을 미칠까?

예전에는 그런 문제들을 비행단에 일으키는 파문 효과를 고려하지 않은 채 국소적으로 해결했다. 하지만 비행기 6대를 동시에 검사하다 보면, 의도하지 않은 결과가 나타날 가능성이 너무 커졌다. "무슨 일이 일어날지 우리는 내다보고 있습니다. 우리는 질문을 하고 전통적으로 얼굴을 맞대고 눈을 마주보고 일한 적이 없던 사람들과 상호작용을 합니다." 멀러의 말이다. 그 결과 TOC는 조직 전체가 작업량을 더 효율적으로 처리할 수 있도록 도왔다. 그가 덧붙인다. "우리는 이렇게 말할 수 있도록 돕지요. '좋아, 이 부분을 좀 더 잘 살펴보고, 아마 이 공정 흐름은 바뀌야 할 것이고, 이건 상식에 맞게 고칠 필요가 있어.'"

다시 말해 TOC는 많은 과제가 여러 사람들 때문에 방해받거나 지체될 수 있고 원인과 결과를 이해하기 어려울 수 있는 복잡계를 관리할 때, 작은 변화가 큰 문제로 이어질 수 있는 지점을 파악하는 것이 일정을 유지하는 최선의 방법이라는 교훈을 준다. 그런 의미에서 오도너휴와 동료들은 FOT&V가 데보라 고든의 개미 군체가 사막에서 해왔듯이 환경 변화에 신속하게 적응하면서도, 집단 전체에서 뽑은 소수의 문제 해결자로 이루어진 부서의 인도하에 그렇게 하도록 하는 시스템을 개발하는 중이었다. 그들은 그런 부서가 구성원의 다양한 배경 지식, 능력, 관점(아울러 말 그대로 제각기 다른 도구 상자)을 최대한 활용하여 창의적인 해결책을 내놓기를 바랐다.

하지만 그 시점에서 그들이 예상하지 못한 일이 있었다. 바로 787기의 제작 일정이 더 지체되리라는 것이었다. 보잉은 원래 첫 드림라이너를 2008년 5월까지 도쿄의 ANA 항공사에 인도하기로 약속했다. 하지만 첫 시험 항공기가 오도너휴에게 넘어온 것은 2009년 5월 말이 되어서였다. 동체에 날개를 연결하는 부위에서 구조적인 문제가 발견되는 바람에, 시험과 생산 일정이 다시 연기되었고, 인도 날짜도 2010년 말이나 2011년 초로 미뤄졌다. 일정을 수정하면서 보잉은 FOT&V를 확대했다. 오도너휴는 모든 민영 항공기뿐 아니라, 급유기, 화물 수송기, 전투기, 회전날개항공기, 더 나아가 대공 미사일 방어 부문까지 떠맡게 되었다. 새 조직의 명칭은 보잉시험평가단Boeing Test and Evaluation이었다. "그저 회사의 28개 지역에서 이루어지고 있는 이 모든 활동을 통합한다는 뜻일 뿐이죠. 하룻밤 사이에 내 조직의 규모가 두 배로 늘어난 셈이었어요."

그 와중에 TOC의 팀들은 737기의 새로운 탄소 제동 시스템을 시험하고, 737기를 개조한 해군의 해상 정찰기 P-8기인 포세이돈을 평가하고, 777기를 개조한 화물 수송기를 시험하고, 747기 새 모델의 날개가 오기를 기다리는 등 바쁘게 움직였다. "매일 24시간 일주일 내내 문제를 해결하느라 정신이 없어요. 오늘도 새벽 1시에 회의를 했어요."

보잉의 팀들은 어떻게 이런 일을 계속할 수 있었을까? 답은 몇 년 전 어바나-샘페인에 있는 일리노이대학교의 사회심리학자 패트릭 러플린이 한 실험과 어느 정도 관련이 있다. 그것은 TOC가 운영하는 팀과 같은 소규모 문제 해결 집단의 능력을 검사하는 실험이었다. 실험은 누군가의 견해에 의지하는 과제가 아니라 하나의 정답이 있는 과제에 초점을 맞추었다. 러플린은 전자를 '판단' 과제, 후자를 '지적' 과제라고 했다. 그는 소집단이 개별 전문가만큼 지적 과제를 잘 해결할지 알고 싶었다.

러플린 연구진은 대학생 760명을 모집하여 글자 10개를 이용한 두 가지 어려운 문제를 풀어보도록 했다. 글자들은 숫자 0~9로 암호화했다. 각 글자가 어느 숫자에 해당하는지를 알아내는 것이 과제였다. 학생 200명에게는 각자 홀로 문제를 풀라고 했고, 나머지 학생들은 2~5명의 집단으로 나누었다. 모두 10회까지 추측할 수 있었다. 집단은 매번 추측을 내놓기 전에 구성원끼리 검토하여 합의를 보도록 했다.

결과는 놀라웠다. 러플린조차 놀랐다. 3명 이상으로 이루어진 집단은 평균 개인뿐 아니라 가장 뛰어난 개인보다도 더 나은 결과를 내놓았다. 그것은 3명 이상으로 이루어진 집단이 그 집단의 가장 영리한 사람보다도 더 낫다는 의미였다. 러플린은 '놀랍고도 특이한 결과'라고 했다. 꿀벌 수백 마리가 영리한 결정을 내리는 과정을 통해 배운 것을 생각할 때, 한 가지 인상적인 점은 한 집단에 필요한 사람의 수가 아주 적었다는 것이다. 실험은 겨우 3명으로 이루어진 집단도 상위에 설 수 있을 정도로 충분한 지식 다양성과 문제 해결 기술을 지니고 있음을 보여주었다.

하지만 러플린은 이것이 지적 과제의 특수성 때문에 가능했던 것이라는 확대 해석을 경계했다. 집단이 수학 퍼즐이나 논리 퍼즐 같은 종류의 문제를 다룰 때, 구성원들은 서로의 통찰력, 능력, 전략을 토대로 점점 더 나은 답을 얻을 수 있고, 그런 수정된 답 중 하나가 문제의 정답이 된다는 것이다. 어떤 의미에서 그것은 희소식이었다. TOC에 있는 재닛 멀러의 문제 해결자 팀들에게뿐 아니라, 환자의 고통의 원인을 찾는 의료진에게도, 범죄를 해결하는 수사관들에게도, 연구진에 소속된 과학자들에게도 그렇다. 리처드 해크먼과 애니타 울리가 대테러 팀들을 통해 알아차린 것처럼, 그런 집단의 구성원들이 서로의 강점을 토대로 적극 협력하는 한 그들은 동굴인 두뇌의 숨은 함정들 중 많은 것을 상쇄시키고 좋은 결정을 내릴 수 있다.

판단 과제라는 다른 유형의 문제를 다루는 집단에도 이 말이 반드시 들어맞는 것은 아니었다. 판단 과제의 목표는 하나의 정답을 찾아내는 것이 아니라 추론은 물론이고 가치 판단을 토대로 한 문제에서 합의를 도출하는 것이었다. 예를 들면 식당에서 흡연을 허용해야 할까, 어느 후보자가 가장 시장 자리에 적격일까, 동성 혼인을 허용해야 할까 같은 문제들이다. 이런 문제를 다루려면 집단은 전혀 다른 접근법을 취해야 할지도 모른다. 지식의 다양성을 적극적으로 활용하지만, 꿀벌 무리처럼 혼란스럽게 보이는 방식을 말이다. 어떻게?

그것은 버몬트의 주민들에게 물어보면 된다.

주민 회의

버몬트 주 브래드포드에 있는 한 낡은 학교 건물의 강당으로 들어가는 사람들은 서로 아주 친해 보였다. 편한 차림을 한 남자, 여자, 아이들이 모여들었다. 그들은 이웃끼리 서로 인사를 나누었다. 어머니들은 서로 자식 자랑을 했다. 의용소방대원들은 벽에 기대어 서서 농담을 주고받았다. 하지만 이들은 그저 놀기 위해 여기 온 것이 아니다. 임무를 띠고 모인 군중이었다. 브래드포드 주민들은 자기 읍의 세출 예산을 결정하는 권한을 직접 행사하는데, 오늘이 바로 그 날이었다.

3월 첫 월요일에 이어 화요일에도 버몬트 전역에서 지방 공무원을 선출하고, 공동체의 현안을 논의하고, 집단으로서의 결정을 내리기 위해 주민 회의들이 열렸다. 경찰서를 혁신해야 할까? 광대역 인터넷을 마을에 설치해야 할까? 새 소방차를 구입해야 할까? 진흙탕 길을 포장해야 할까? 주민 청문회가 아니었다. 주민들은 주민 의회를 조직했다. 주민들은 조언이나 자문을 받으러 오는 것이 아니었다. 그들은 법률을 통과시키러 오는 것이었다. 버몬트 주를 포함하는 뉴잉글랜드 지방에서는 3세기 넘게 이런 식으로 일을 처리해왔다. 그곳 주민들은 이런 방식이 세계에서 가장 진정한 형태의 민주주의라고 주장한다.

고대 아테네 시민들처럼, 버몬트 주 각지의 사람들은 스스로 자치 법규를 만들 권리를 간직해왔다. 80곳이 넘는 지역 공동체가 지금도 이른바 마룻바닥 회의floor meeting라는 것을 통해 옛 방식대로 그렇게 한다. 서로 얼굴을 마주하고 심사숙고하여 구속력 있는 결정을 내리는 것이다. 이런 형태의 의사결정을 옹호하는 사람들은 그것이 그만큼 시간과 노력을 더 들일 가치가 충분한 것이라고 말한다. 더 효율적일 뿐 아니라 남의 견해를 포용하는 아량을 가르치기 때문이라는 것이다. 또 소속감을 함양함으로써 공동체 전체에 보이지 않는 힘을 제공한다고 말한다.

결정에 이르는 방식 때문에, 그들의 주민 회의는 생물학자 톰 실리가 꿀벌의 '동물 민주주의'라고 말하는 것과 흥미로운 유사성을 지닌다. 정찰벌들이 주변 상황을 보고하는 것처럼, 마을 사람들은 공동체에 관한 다양한 사실과 의견을 회의장으로 가져온다. 꿀벌들이 자신이 고른 후보지를 지지할 세력을 끌어모으는 것처럼, 마을 사람들도 예의 바르긴 하지만 때로 열띤 토론을 벌인다. 그리고 지지자들이 정족수에 도달함으로써 무리가 새 벌집 후보지를 선택하는 것처럼, 마을 사람들도 예 또는 아니오를 외치거나, 일어서거나, 손으로 써서 무기명 투표를 함으로써 견해 차이를 해결한다.

"주민 회의와 꿀벌 무리 양쪽에서 의사결정의 핵심은 각자 독자적으로 결정을 하는 개체들 사이에 벌어지는 생각의 경쟁입니다." 실리의 말이다. 그는 자신의 집이 있는 메인 주의 한 주민 회의에 참석한다. '지식의 다양성을 추구하라. 생각들의 우호적인 경쟁을 장려하라. 당신의 선택 범위를 좁히는 효과적인 메커니즘을 이용하라.' 꿀벌에게 적용되는 원리는 주민 회의에도 적용되는 듯하다. 그리고 그 이유는 그들이 다루는 문제가 지역적인 것이라는 점과 관련이 있다.

브래드포드에서 주민 회의가 처음 열린 것은 1773년이었고, 초기 정착민들이 다룬 현안들은 지금의 것들과 크게 다르지 않았다. 예산, 도로 보수, 공동 재산 관리 같은 것들이었다. 한 회의에서는 적절히 굴레를 씌우기만 한다면 돼지도 도로를 달릴 수 있지만, 길 잃은 소나 말은 우리에 가두어야 한다고 결정했다. 제시 우드워드가 자신의 말이 파손된 공공 다리에서 떨어져 죽었으니 보상해 달라고 하자, 마을은 거부했다. 비록 같은 다리에서 메이 매킬리프가 팔을 부러뜨렸을 때는 몇 가지 이유로 수술비를 보상하기로 결정했지만, 당시에도 예산 절감 분위기가 있었음을 보여준다. 그런 현안들은 거의 같은 시기에 필라델피아에서 한창 논의되고 있던 생명, 자유, 행복 추구 같은 혁신적인 개념들에 비하면 하찮게 보일지 모른다. 하지만 그들이 다루는 원칙들도 중요했다. 우리는 스스로를 어떻게 통제해야 할까? 서로 의견이 심하게 충돌할 때 우리에게 직접 영향을 미치는 문제들에 관한 결정을 어떻게 내려야 할까? 우리가 공동체로서 타당한 결정을 내리려면 어떤 과정을 거쳐야 할까?

브래드포드 강당에서 논의되는 것도 이런 현안들이었다. 아침 9시까지 약 70명이 모였다. 바깥에는 인도에 무릎 높이로 눈이 쌓여 있었고,

눈이 더 올 것이라는 일기예보가 나와 있었다. 오늘의 회의가 통상적인 흐름을 따른다면, 2,600명의 마을 인구 중 약 10퍼센트가 참석할 것이다. 나이 지긋한 주민들이 많을 것이다. 그들은 온종일 회의에 시간을 투자할 수 있다. 그리고 공동체 전체가 그렇듯이 참석할 백인은 거의 극소수일 것이다. 소득 수준이 전국 평균보다 낮은 경향을 보이는 브래드포드의 가정에서는 요즘 치솟는 물가가 최우선 관심사다. 그것이 바로 오늘 마을 예산이 주요 의제가 된 한 가지 이유다.

은퇴한 사회과 교사인 래리 코핀은 작은 의사봉으로 연단을 두 번 두드렸다. "브래드포드 주민 회의를 시작하겠습니다." 그가 선언했다. 올해가 코핀이 의장을 맡은 지 37년째였다. 그는 그 날의 진행 흐름을 좌우할 위치에 있었다. 그의 일은 코치 역할도 하고 심판 역할도 하면서 주 법률과 로버트의 의사 규칙Robert's Rules of Order에 따라 가능한 한 공정하고 효율적으로 회의를 운영하는 것이었다. 그것은 주민들을 방해하지 않으면서 동의와 수정 동의라는 혼란스러운 과정을 헤쳐나가도록 인도하는 것을 뜻했다. 코핀은 오늘 하루는 주민들이 어떻게 하느냐에 달려 있다고 믿었다.

그는 올해 고인이 된 친구와 이웃을 기억하고, 국가에 봉사하는 사람들에게 감사하고, "우리가 하려는 민주주의 행위를 존중한다는" 의미에서 잠시 묵념의 시간을 갖자면서 전통적인 방식으로 회의를 시작했다. 보이스카우트 대원 세 명이 앞으로 나와 충성의 맹세를 했고, 코핀은 옆 건물인 감리교회에서 정오 무렵에 점심을 무료로 제공할 예정이라고 알렸다. 오늘의 의사 일정을 짧게 말한 뒤, 그는 청중에게 토론이 개인적인 방향으로 흐르지 않도록, 할 말이 있으면 다른 사람들에게 하지 말고 자신에게 직접 하라고 상기시켰다. 절차에 관해서 그는 자신의 결정이 최종 결정이라고 말했다. "하지만 내가 실수를 했다고 느끼면, 언제든 일어나서 말해주세요. 눈물을 흘리며 연단을 떠나지 않도록요."

읍 공무원이 한 달 전에 공고한 대로, 오늘 회의에서는 15가지 의제에 투표를 할 예정이었다. 읍 공무원을 새로 선출하는 것 말고 이 날의 가장 중요한 의제는 네 번째 것이었다. "2008년의 세출액을 정하고 그만큼의 예산을 언제까지 어떻게 모을지 투표하는" 것이었다. 다시 말해 사람들은 내년 예산 총액을 결정해 달라는 요청을 받고 모인 것이었다.

청중 가운데 이 순간을 기다리고 있던 사람이 있었다. 그의 이름은 래리 드루였고, 해마다 회의가 이 시점에 다다르면 손을 들어 자신의 존재를 알렸다. 그리고 매년 그는 똑같은 제안을 했다. 예산을 줄이라는 것이었다. 올해도 다르지 않았다. 그는 말했다. "우리 마을은 가난합니다. 많은 사람들이 쪼들리고 있어요. 그래서 나는 납세자 편입니다."

파란 격자무늬 셔츠를 입은 할아버지 같은 인상의 드루는 일어나서 어려운 법률 용어로 가득한 긴 발의문을 읽었다. 거기에는 집행위원회가 내놓은 예산안보다 5만 6,494달러가 더 적은 62만 8,425달러라는 예산안이 적혀 있었다. "여러분이 기꺼이 듣길 원하신다면 저는 이 예산안을 옹호할 것입니다. 아니라면 그냥 의자에 앉겠습니다. 지금까지 죽 그래 왔듯이 한 방 맞고 쓰러지렵니다."

그러자 청중 사이에서 웃음이 터졌고, 거기에 힘을 얻어 드루는 말을 계속했다. 그는 귓등에 끼웠던 뾰족한 연필을 쥐면서 말했다. "우리는 예산을 좀 더 줄일 필요가 있습니다." 그는 10분에 걸쳐 예산안을 조목조목 따졌다. 사무실 집기는 1,500달러면 구입할 수 있는 데 왜 2천 달러나 쓰나? 지금 경찰이 쓰는 무전기도 아무 문제 없는데 굳이 새 고주파 대역 무전기를 구입할 필요가 있나? "홈랜드 보안업체가 요구하는 것이라면, 그들더러 구입하라고 하세요." 그리고 에너지 보존을 장려하기 위한 프로그램은? "전구를 켜지 말라고 나한테 말하는 건가요? 어처구니가 없군요." 마칠 무렵 드루는 사람들에게 웃음을 지으면서 여기저기 돌아보며 가볍게 인사했다. 아니 적어도 웃을 때까지는 좋았다.

"이제 원하는 대로 총질을 하세요." 그는 앉으면서 말했다.

"흠, 래리 씨, 사람들의 마음을 아프게 하네요. 자, 진행을 계속합시다." 코핀은 혼자 웃으면서 말했다.

그때 놀라운 일이 벌어졌다. 드루의 편인 적이 없었던 또 한 사람의 노인인 댄 페리가 일어나서 말했다. "35년 만에 처음으로 래리의 의견에 동의하는 것 같습니다만, 아무튼 나는 그가 옳다고 봅니다. 지금 우리는 모두 낭비를 줄이고 절약하려 애쓰고 있습니다. 읍 전체에도 그럴 필요가 있습니다."

그러자 뒤에서 누군가 소리쳤다. "잘 안 들려요. 다시 말해주세요."

"전부 다시 말해야 하는지 잘 모르겠네요." 페리는 투덜거렸다.

"좋아요, 그럼 다음에 하세요." 누군가 농담했다.

드루의 제안에 재청이 나왔으니, 무언가 조치를 취해야 했다. 수정할 수도 있고 투표에 붙일 수도 있었다. "그의 예산안을 65만 6천 달러로 수정하고 싶습니다." 토드 테릴이 드루의 제안과 집행위원회 안의 중간을 제시했다. 그러자 다시 제안이 들어왔다.

"저는 토드의 수정안을 수정하고 싶습니다. 59만 634달러로요." 페기 쿠터마시가 말했다. 그것은 작년 예산과 같은 액수였다.

상황은 금세 복잡해져 갔다. 코핀은 쿠터마시의 제안을 토의에 붙였고, 집행위원인 로버트 밀러는 뒤늦게 위원회의 예산안을 옹호하고 나섰다. "우리는 힘들게 그 예산안을 짰습니다. 저는 원안대로 하자고 주장합니다." 하지만 이미 마차는 떠난 뒤였다. 이제 문제는 예산을 줄일 것인가 여부가 아니라, 얼마나 줄일 것이냐였다.

"저는 좀 혼란스럽군요. 페기의 안에 찬성표를 던지면, 토드의 안은 폐기되는 건가요?" 염소 수염을 기른 남자가 말했다.

코핀이 답했다. "그렇지 않습니다. 이어서 토드의 안도 논의할 겁니다."

그러자 로버트의 부친이자 전직 집행위원인 더글러스 밀러가 말했다. "제 생각에는 래리보다 이 문제에 해박한 사람이 없을 것 같군요. 래리, 당신이 주도하는 편이 가장 낫겠어요."

그래서 코핀은 그렇게 했다. 그는 먼저 두 번째 수정안을 표결에 붙였다. "페기의 수정안에 찬성하십니까?" 몇 사람이 '예'라고 답했다. "반대하십니까?" 그러자 군중 속에서 '예'라는 큰소리가 울려퍼졌다. "반대가 다수인 듯하군요." 코핀이 말했다.

이어서 테릴의 수정안이 표결에 붙여졌다. 이번에는 찬반표가 좀 비슷하게 나왔다. "반대 의견이 우세한 듯하네요." 코핀이 말했다. 하지만 이번에는 이의가 제기되었다.

"표결합시다." 누군가가 소리쳤다. 그 말은 기립 투표가 필요하다는 뜻이었다. 일으켜 세워서 몇 명인지 세어보자는 것이다.

코핀은 그렇게 했다. "토드의 수정안을 찬성하는 분은 일어나주십시오. 이제 맨 앞줄부터 앉으면서 번호를 세주시기 바랍니다." 마지막 사람이 40이라고 외치면서 앉았다.

"이제 반대하는 분은 일어섰다가 같은 식으로 번호를 세면서 앉아주십시오."

"이봐요, 의장. 뻔하잖소." 누군가 소리쳤다.

하지만 청중은 요청받은 대로 했다. 반대는 89표였다. "수정안은 부결되었습니다." 코핀이 선언했다.

자신들이 세운 예산안을 구할 기회가 왔음을 감지한 집행위원회 의장 데이비드 치프먼은 자신들의 입장을 재고할 수 있도록 점심을 먹고 회의를 계속하는 것이 어떻겠냐고 제안했다. "휴회에 재청하실 분 있습니까?" 코핀이 물었다. 한 명이 답했다.

"모두 동의하십니까?" "예." 집행위원회 위원들이 대답했다.

"반대하시는 분 있습니까?" "예." 나머지 청중 전체가 우렁차게 답했다.

정오가 다 되었고 군중의 열기는 식어가는 듯했다. 데이비드 앨런이 래리 드루가 제시했던 안 대신에 68만 4,919달러라는 새 수정안을 발의했다. 집행위원회의 원래 예산안에 가까웠다.

그러자 누군가 소리쳤다. "그러면 예산을 작년보다 거의 10만 달러나 올리는 겁니다. 그 돈을 대체 다 어디다 쓸 겁니까?"

"예산안의 하나일 뿐이잖아요?" 집행위원 한 명이 퉁명스럽게 말했다. 그러자 제리 마틴이 일어나서 토론이 딴 길로 흐르는 것을 막으려 시도했다. "여기 모인 주민 대부분은 예산을 줄이고 싶어하는 것처럼 보입니다. 내가 세금을 낼 수 있을 정도로 줄이면 내게도 도움이 되겠지요."

데이비드 앨런의 수정안은 부결되었다.

다음은 65만 달러를 수정한 드루의 안이 상정되었다.

"슬슬 배가 고프시겠군요. 표결에 붙이겠습니다." 코핀이 말했다. 찬성 66표, 반대 69표였다. "수정안은 부결되었습니다."

마지막으로 63만 5천 달러라는 수정안이 발의되고 재청이 들어왔다. 다시 기립 투표가 이루어졌고, 찬성이 81표, 반대가 49표였다.

"이제 수정 동의안이 나왔습니다." 코핀은 사람들의 주의를 집중시켰다. "찬성하면 이것이 우리 예산이 됩니다. 반대하면 오늘 이 의제 토의는 여기서 끝나게 됩니다." 그러면 특별 주민 회의가 다시 소집될 때까지 마을은 예산이 없는 상태에서 버텨야 할 것이다. 새 회의가 열리려면 한 달까지 걸릴 수 있었다. 아무도 그렇게 되기를 원치 않았다.

"모두 찬성하십니까?" 군중은 나직하게 "예"라고 답했다.

"모두 반대하십니까?" 몇 사람이 "예"라고 답했다.

"수정안은 통과되었습니다." 코핀이 선언했고, 이어서 점심식사를 위해 휴회가 선언되었다. 모두 문으로 몰려들었다. 감리교회로 가서 수프와 샌드위치를 먹을 예정이었다. 그들은 오후에 나머지 의제들에 투표를 할 터였다.

"방금 무슨 일이 일어난 겁니까?" 나는 좀 어리둥절해져서 코핀에게 물었다. "예산안 최종 결정을 할 때 소리가 너무 작지 않았나요?"

"그건 조정안을 도출했다는 것을 집단이 느꼈기 때문이지요. 집행위원회에 그들이 원하는 대로 해주지 않겠다는 감정을 담은 겁니다. 그리고 위원회 쪽은 자기 예산안을 지지하는 목소리를 충분히 내지 않았어요. 그들은 그냥 잠자코 앉아 있으면 너무 많이 깎지 않겠지 하고 느꼈겠지요."

주민 회의는 종종 그런 식으로 진행된다. 주민들은 수정안을 이용하여 집단 전체가 어느 쪽으로 기울고 있는지 의향을 떠보며, 그런 다음에 모두가 떠안고 살아갈 수 있는 결정을 향해 나아간다. 5건의 안에 따로 따로 투표를 함으로써, 브래드포드 주민들은 최종 예산액을 향해 점점 다가간다. 그리고 비록 그것이 가장 사려 깊은 토론 형태는 아니었을지라도, 투표자들은 원하는 것을 얻었다.

야생마 길들이기

브래드포드 주민 회의가 열리기 일주일 전, 래리 코핀은 약한 눈발이 흩날리는 날씨에 차를 몰고 브래드포드의 자택에서 몽트펠리에의 엘크스로지까지 50킬로미터를 달렸다. 거기에서 버몬트 도시 마을 연맹Vermont League of Cities and Towns 주최로 하루 워크숍이 열렸다. 주 전체의 주민 회의 의장들이 모여서 주민 회의 때 생길 수 있는 문제들에 대처하는 방법을 논의하는 자리였다. 코핀은 거의 40년 동안 브래드포드의 의장직을 맡아왔기에, 버몬트 주의 거의 어느 누구보다도 그 일에 해박했다. 하지만 그는 자신도 예행 연습을 해두면 쓸모가 있을 것이라고 여겼다.

용감하게 눈발을 헤치고 참석한 남녀 약 70명은 대부분 의장이나 지방 공무원을 지낸 경력이 있었다. 물론 이번 겨울에 선출되어 앞으로 회의를 진행할 생각에 흥분과 불안이 뒤섞인 심정인 초심자들도 몇 명 있긴 했다. 어쨌든 의장의 업무는 마을에 살면서 하는 다른 어떤 일과도 다르다. 연례 회의를 주재할 권한을 혼자만 갖고 있기에, 의장은 주민들에게 참석하라고 독려해야 할 뿐 아니라 엄격한 규칙도 강요해야 한다.

브래드포드에서 보았듯이, 의장은 의제에 동의를 요청하고, 발언하고 싶어하는 사람을 알아보고, 수정안들을 통해 집단을 인도하고, 투표 결과를 선포하고, 전반적으로 마을의 집단 지혜가 도출되도록 하는 일을 한다. 하지만 의장은 사람들의 의향이 우선이라는 점을 늘 염두에 두고 있어야 한다. 그러려면 스스로 겸손한 태도를 유지해야 한다.

한 초심자가 말했다. "의장으로 선출되었다고 자랑하고 다녔더니 한 여성이 구석으로 끌고 가서 이렇게 말하더군요. 가장 말을 많이 하지만 쓸 만한 말을 가장 적게 하는 사람이 의장으로 뽑힌다고요."

여태껏 일이 쉬울 것이라고 장담한 사람은 아무도 없었다. 버몬트 주민들은 천성적으로 자신에게 영향을 주는 문제에 꼭 할 말을 하는 독립심이 강한 사람들이다. 때로 감정이 분출되기도 한다. 몇 년 전 에드 체이스라는 의장이 웨스트포드 마을에서 주민 회의를 진행하고 있었는데, 논쟁이 불붙었다. "한 성질 하는 노신사가 다른 주민을 손가락으로 쿡쿡 찌르면서 '우리 서로 의견이 다르니까 당장 밖으로 나가서 결판을 내자'고 내뱉더군요. 의장으로서 우리는 로버트의 의사 규칙을 따르도록 되어 있지만, 실제로 내 평생에 걸쳐 책 어디에서도 그런 사례는 찾을 수가 없었지요."

몽트펠리에에 모인 사람들이 새삼 되새긴 것처럼, 의장의 가장 중요한 책무는 모든 주민에게 말할 기회를 주고, 집단 전체에서 공정하게 토의가 이루어지도록 하고, 시의적절하게 의사결정이 이루어지도록 하는 것이다. 이런 의무는 벌에게서 진화한 의사결정의 기본 원리들을 지지한다. '지식의 다양성을 추구하라. 생각들의 우호적인 경쟁을 장려하라. 당신의 선택 범위를 좁히는 효과적인 메커니즘을 활용하라.' 의장들에게 다행스럽게도 그들에게 창의력만으로 이런 목표를 이루라고 하지는 않는다. 대개 그들은 로버트의 규칙에 의존할 수 있다. 그 규칙은 바로 그런 목적을 위해 제정된 것이니까.

로버트의 의사 규칙은 원래 1876년 헨리 마틴 로버트가 미군 기술자로 있을 때 발간한 회의용 소책자에 실린 것이다. 그는 교회부터 민간기구에 이르기까지 회의가 진행되는 방식이 너무 제멋대로라는 점이 마음에 안 들었다. 그는 회의가 효율적이면서도 공정해질 수 있도록 회의 절차를 단순화시키기로 결심했다. 그에게 그것은 다수가 우세하도록 하면서도 소수의 권리를 보호하는 것을 뜻했다. 그는 결정이 일사천리로 이루어지거나 아무런 발언도 하지 않았다면 회의에서 아무 느낌도 받지 못한다고 보았다.

예를 들어 모든 이의 의견을 듣는 것을 첫 번째 목표로 삼는다고 하자. 워크숍의 강사들이 지적했듯이, 이 목표를 달성하는 가장 단순한 방법은 말하고 싶어하는 모든 이에게 기회가 돌아갈 때까지 누구도 한 현안에 관해 두 번 말하지 못하게 한다는 로버트의 규칙을 따르는 것이다. 그것은 이론상 어렵다. 떠벌이가 토론을 주도하거나 두 사람이 계속 논쟁을 주고받을 수 있기 때문이다. 물론 실제로는 더 산만해질 수 있다. 래리 코핀은 현재 논의되는 사항을 집단이 점점 더 깊이 이해하고 있는 듯이 보이면 개입하지 않고 대화가 흘러가도록 두는 쪽이다.

자신을 표현할 개인들의 권리에 유념함으로써 의장은 집단이 폭넓게 의견을 표명하도록 할 수 있다. 지식의 다양성은 바로 거기에서 나온다. 경제학자 스콧 페이지가 '다양성 예측 정리diversity prediction theorem'로 입증했듯이, 아주 다양한 관점을 지니는 것이 전문 지식 못지않게 의사결정

집단에 중요할 수 있다. 사실 주민 회의에서는 더욱 중요할지 모른다. 예산을 얼마로 잡아야 할 것인가처럼 하나의 정답이 있는 것이 아닌 문제들을 놓고 주민들에게 투표를 하라고 요청할 때가 종종 있기 때문이다. 그런 사례에서는 의견을 폭넓게 표본 추출하는 것이 아주 중요하다.

주민 회의가 정말로 그런 의견 교환을 촉진할까? 전형적인 회의에서 발언하는 사람은 몇 명쯤 될까? 생존한 사람 중에서 가장 많은 주민 회의에 참석한 인물인 버몬트대학교의 정치사회학자 프랭크 브라이언은 당신이 생각하는 것보다 더 많다고 말한다.

1970~1998년에 걸쳐 브라이언은 제자들과 함께 버몬트 주의 전역에서 1,500건이 넘는 주민 회의 자료를 모았다. 그들은 회의에서 평균 114명, 즉 평균적으로 마을의 유권자 중 약 20퍼센트가 발언을 했음을 알았다. 참석자 중 거의 절반이 적어도 한 번은 말을 한 것이다. 놀라울 정도로 높은 참여도다. "많이 참석해본 사람이 처음 참석한 사람보다 더 발언을 많이 하는 경향이 있습니다. 대체로 더 많이 알기 때문이지요. 그런 사람들은 평판을 얻습니다. 그런 사람들 중 누군가가 말을 하려고 일어서면, 당신은 이렇게 생각할지도 모르지요. '나는 저 노친네가 정말 싫어.' 하지만 그는 그 고장에 살기에 자신이 말하는 것에 관해 아마 잘 알고 있을 것입니다."

생각들의 우호적인 경쟁을 촉진한다는 의장의 두 번째 목표는 어떨까? 의장은 싸움꾼이 대화를 좌지우지 못하게 막을 수 있을까? 화이트칼라 유형이 블루칼라 유형에게(아니면 그 반대 방향) 강의조로 말하는 것을 막을 수 있을까? 남성 대 여성의 논쟁은 어떠한가? 브라이언의 연구는 여기서도 고무적이다. 그는 소읍 특유의 전통적인 마룻바닥 회의의 역학관계가 토론이나 논쟁을 억누른다는 증거는 전혀 없다고 말한다. "말을 너무 많이 하는 사람이 늘 한두 명은 있기 마련이지요. 하지만 그들은 회의나 그 어떤 것도 주도하지 못해요. 내 고향 마을에도 습관적으로 말을 많이 하는 사람이 있지만, 좀 지나면 사람들의 의사를 알아차리지요." 그는 이웃들이 어떻게 생각할지 걱정하는 마음에 사람들이 자신의 의견을 발표하기를 꺼린다는 생각은 잘못된 것이라고 말한다. 그리고 여성도 거의 남성만큼 발언을 많이 한다.

집단의 선택 범위를 효과적으로 좁힌다는 세 번째 목표는 어떨까? 주민 회의가 주민들에게 좋은 결정을 할 기구를 제공할까? 브라이언은 의장이 절차를 얼마나 잘 따르느냐에 달려 있다고 말한다. "로버트의 규칙을 막상 읽으면 당신은 이렇게 말할 겁니다. '맙소사, 정말 지독하군.' 하지만 그 규칙들을 헤치고 나아간다면, 당신은 그것이 절대적으로 필요한 것이라고 깨닫게 됩니다. 대다수 신참자들은 주민 회의가 적법 절차라는 문제에 극도로 집착하고 소수의 권리를 보호하기 위해 몹시 애쓰는 것을 보고 놀라지요. 그들 중에는 지루함을 못 이겨서 그것을 회피하는 사람이 많아요. 그들은 의구심을 갖고 말하지요. 이 모든 것을 다 해야 합니까? 답은 '예' 입니다." 규칙에 따라서, 의장은 집단이 너무 서둘러 결정을 내리지 않도록 막을 수도 있다. 성급함은 수많은 실수의 근원이다.

벌린 읍의 노련한 의장인 폴 질리스는 회의가 순조롭게 진행될 때는 자체 논리를 따라간다고 말한다. "나쁜 토론은 어떤 식인지 잘 알 겁니다. 나는 당신 말을 듣지 않고 당신은 내 말을 듣지 않지요. 내가 내 이야기만 한 뒤에 당신은 당신 이야기만 하고, 그 다음에 내가 내 이야기만 하는 식이지요. 그러나 좋은 주민 회의는 그렇지 않아요. 어떤 논리가 죽 펼쳐지는 것이 드러나지요. 누군가가 말합니다. '이게 무슨 소리인지 이해가 안 되요.' 그러면 누군가가 답할 겁니다. 이어서 누군가가 말하겠지요. 하지만 여기서 꺼림칙한 점이 하나 있어요. 그러면 누군가가 그 점에 관해 대답할 겁니다. 그러면 그런 질문은 다시 나오지 않습니다." 다시 말해 서로 다른 사람들이 제각기 다른 퍼즐 조각을 끼우는 논의의 상향 흐름이 있다는 것이다. "표결을 할 무렵이면 신비하게도 올바른 순서에 따라 언급되어야 할 사항들이 모두 다 언급되었고, 집단이 알고자 하는 것이 통일되어 있다는 느낌을 늘 받습니다."

토의가 끝나고 결정을 할 때가 되었을 때 표결로 이어지는 내부 논리도 있을 수 있다. 브래드포드 주민들이 수정안을 활용하여 마을 예산에 관한 선호도를 조정한 방식을 생각해보자. 제안된 예산액은 이런 순서였다.

(1) \$628,425 (2) \$656,000 (3) \$590,634 (4) \$684,919 (5) \$635,000

첫 번째 안인 62만 8,425달러는 예산 삭감론자인 래리 드루가 집행위원회가 제시한 예산안을 한 줄 한 줄 꼼꼼히 검토하여 8퍼센트를 삭감한 것이다. 그는 나머지 논의의 기준점을 설정했다. 두 번째 안인 65만 6천 달러는 드루의 예산안과 집행위원회의 예산안의 중간값이다. 세 번째 안인 59만 634달러는 작년 예산이며, 사실상 집단이 줄일 수 있는 예산의 하한선을 설정했다. 네 번째 안인 68만 4,919달러는 집행위원회가 요구한 액수로서, 집단이 높일 수 있는 예산의 상한선을 설정했다. 다섯 번째이자 마지막 안인 63만 5천 달러는 최고액과 최저액 사이의 중간값이자 나온 모든 안의 평균값이기도 했다. 이것이 투표자들이 승인한 예산이며, 따라서 그것은 그 날 대중의 지혜를 나타낸다.

다시 말해 톰 실리의 벌들이 정찰벌들이 내놓은 5가지 대안들을 몇 시간 동안 심사숙고함으로써 애플도어섬의 상자 5개 중에서 최상의 것으로 선택 범위를 좁힐 수 있었던 것처럼 브래드포드 주민 집단은 폭넓게 대안들을 표본 추출함으로써 받아들일 만한 타협안을 찾아냈다. 로버트의 의사 규칙과 의장인 래리 코핀의 노련함을 토대로 한 주민 회의의 구조 덕분에, 그들은 공동체에 필요한 것에 관한 지식의 다양성을 활용하여 개인들의 선호도를 결합함으로써 그들이 모두 떠안고 살아갈 하나의 액수를 도출했다. 그들은 참석한 목적을 달성했다.

이렇게 얼굴을 맞대고 하는 토의 방식은 버몬트에서 지난 수십 년에 걸쳐 강력한 현대 문화의 추세에 도전을 받아왔다. 인구가 늘어나고 여가시간이 줄어듦에 따라 주민 회의에 참석하는 사람이 점점 줄어들었다. 그 결과 일부 마을은 '호주 투표' 체계라는 것을 채택했다. 주민들이 회의에 참석할 필요 없이, 대통령 선거 때 쓰는 것과 같은 미리 인쇄된 투표 용지에 적는 방식이었다. 옹호자들은 이 방식이 더 편리하다고 말한다. 겨우 몇 분이면 끝나며, 더 많은 사람들이 자신들에게 영향을 미치는 문제들을 생각하게 할 수 있기 때문이라는 것이다.

물론 그 과정에서 의견을 주고받는 행위는 사라지지만 말이다. 인쇄된 용지를 이용한 투표는 '예, 아니오' 중에서 고르는 것이다. 그것은 공동체에 그 이상의 정보를 제공하지 않는다. 지방 공무원 선출 같은 특정한 유형의 투표에서는 그런 방식이 알맞을 수 있다. 하지만 마을이 노인 센터에 얼마를 투자해야 하며, 도서관에는 얼마를, 자전거 도로에는 얼마를 써야 하는가 같은 현안들에 관해서는 함께 추론할 기회를 갖는 것이 올바른 선택을 하는 데 대단히 중요할 수 있다. 공동체는 얼굴을 맞대고 논의함으로써, 각 주민이 서로 다른 퍼즐 조각을 끼우게 하여 스스로에게 다양한 지식에 의존할 기회를 준다. 보잉의 데니스 오도너휴가 활용하는 문제 해결 팀들처럼.

그것이 점점 더 복잡해지는 세계에서도 주민 회의가 여전히 필요하다는 의미일까?

이에 대해 프랭크 브라이언은 말했다. "나는 그 점은 명백하다고 봅니다. 주민 회의를 유지한다면 더 영리한 결정을 내릴 확률이 대폭 증가합니다. 회의에서 더 많은 정보를 얻고 견해 차이가 있다면 그대로 드러납니다. 각 견해들은 시험을 받고요." 결국 소도시의 주민들은 설령 공개적인 갈등을 빚어낸다고 해도 얼굴을 맞대고 어려운 현안을 논의하는 것을 두려워하지 않는다. "사람들은 짜증을 내기도 하고 때로 상한 감정이 몇 년 동안 지속되기도 하지요. 하지만 삶은 계속됩니다."

그것은 주민 회의를 바라보는 단순한 긍정적인 전망이다. 이라크 참전이나 동성애자의 권리 같은 의견이 분분한 현안들이 공동체를 갈가리 찢어놓을 듯할 때, 주민 회의는 그들을 다시 하나로 통합할 과정을 제공한다. 서로 대화를 나누는 주민들은 스스로에게 영리한 결정을 내릴 더 나은 기회를 제공하는 것이다.

2000년 7월 1일 자정을 몇 분 지난 시각, 버몬트 주 브래틀보로 읍에서 서기인 아네트 캐피는 캐롤린 콘래드와 캐서린 피터슨에게 종이를 한 장 건넸다. 역사적인 순간이었다. 그것은 성별이 같은 두 사람의 시민 결합(civil union, 이성간의 혼인과 비슷한 권리와 의무를 동성간의 혼인에도 부여하기 위해 동성간의 결합을 혼인과 비슷한 형태로 법적으로 인정한 것-옮긴이)을 승인한 서류였다. 미국에서 최초였다. 몇 분 뒤 두 사람은 치안판사 앞에서 서로 서약을 했고 소규모 하객들은 환호했다. 그때부터 콘래드와 피터슨은 서로 경제적으로 돌보고 재산을 공유하며 서로를 위해 의학적 결정을 내리는 등 여느 혼인 부부와 똑같은 권리와 책임을 지닐 터였다. 배우자, 직계 가족, 부양 가족, 친족 여부를 묻는 서류를 작성할 때마다 그들은 뭐라고 적어야 할지 알 터였다. 이제 그들은 법 앞에서 다른 이들과 아무런 차이가 없었다.

하지만 버몬트 주의 모든 사람이 기뻐한 것은 아니었다.

"우리가 생각하는 혼인이란 것은 이제 끝장난 거라고 굳게 믿는 사람들도 있었죠." 버몬트 주 국무장관인 데보라 마코위츠의 말이다. 사실 대중 논쟁이 너무 열기를 띠는 바람에 공동체가 분열될 위기에 처한 곳도 있었다. 주민 회의마다 논쟁이 불붙었다. 몇몇 농민은 화가 나서 자기 헛간에 '듣기가 정말 역겹다'라고 페인트로 적었다.

사건은 1999년 12월 주 대법원이 동성혼을 금한 버몬트 주 법률이 주 헌법에 위배된다는 판결을 내리면서 시작되었다. 법원은 주 의회에 조치를 취하라고 명령했지만, 의회는 이미 휴회에 들어간 상태였다. 그래서 열띤 논란이 벌어질 무대가 마련되었다. 마코위츠는 말했다. "유권자들은 사실 법원이 입법부에 뭐라고 말했든 개의치 않았어요. 사람들은 소리치고 있었지요. 법원을 무시하라. 판사들을 탄핵하라. 그렇게 논쟁은 처음부터 열기를 띠었어요."

3월의 주민 회의에서 주민들은 감정을 쏟아냈다. "차마 듣기 어려운 말도 쏟아졌지요. 우리는 그런 사람들과 한 동네에 살고 싶지 않다, 당신들이 누군지 알고 싶지도 않다, 당신들은 우리 지역에 안 좋은 영향을 미치고 있다 등등. 버몬트를 되찾자Take Back Vermont라는 운동도 벌어졌어요. 1960년대 이후 이곳에 들어온 평지 출신들로부터 버몬트를 되찾자고 마을 토박이들에게 촉구하는 큰 팻말을 들고 시위를 했지요. 나중에 온 사람들은 모두 자유주의자였거든요."

하지만 그 와중에 무언가가 일어나고 있었다. 논쟁은 자기 공동체에도 동성애자 가족이 있음을 사람들이 알아차리면서 변화하기 시작했다. "사람들은 주민 회의에서 일어나서 말하기 시작했다. '여러분, 나는 늘 여러분의 이웃이었습니다. 나는 동성애자입니다.' 그러자 사람들은 생각하기 시작했지요. '어, 뿔 달린 괴물이 아니었네?' 함께 주민 토론을 해온 사람을 동성애자 하면 으레 떠올리던 식으로 별종 취급하기란 어렵지요." 이윽고 강경론자들의 입장은 "내 시체를 밟고 가라"에서 "나는 더 이상 알고 싶지 않아"로 옮겨갔다. 그 정도면 충분했다. 몇 주 뒤 의회는 시민 결합 법안을 통과시켰고, 하워드 딘 주지사는 법안에 서명했다.

그 뒤로 버몬트 주에서 1만 명 이상이 시민 결합을 했으며, 논쟁은 다소 잦아들었다. "이제 버몬트 주민을 대상으로 동성 부부에 관한 여론조사를 하면, 대다수가 전혀 거부감이 없다고 말합니다. 사실 예전에 그렇게 반발한 것이 어리석었다고 느낀다고 인정하는 사람들도 있어요."

어떻게 이런 일이 일어났을까? 버몬트 주민들은 깊은 의견 차이를 어떻게 극복했을까? 마코위츠는 답이 버몬트 주민들이 주민 회의에서 얻어간 것과 관련이 있다고 본다. "비록 승자와 패자가 있을 수 있고 험한 말이 오갈 수 있다고 해도, 주민 회의에서 벌어지는 논의는 힘든 시기에 서로를 돕는 능력을 함양할 수 있습니다." 바로 그것이 처음에 정착민들이 주민 회의에 참석한 이유였다. "그 옛날에 사람들은 동네 학교에 모든 이가 장작을 얼마나 기부해야 할지, 길을 내는 데 얼마나 많은 시간을 내어 도와야 할지를 결정하기 위해서만이 아니라, 이웃을 만나기 위해서도 주민 회의에 참석했어요. 그들은 아주 고립된 농가에 살았기에 누구 헛간이 불에 탔고 지붕을 새로 올려야 하는지를 주민 회의에 가야 알게 되니까요."

어떤 의미에서 버몬트 주민들은 지금도 그렇게 한다. "우리는 여전히 고립된 생활을 해요. 거리가 멀거나 이동 수단이 없어서 고립된 것이 아니라, 현대 매체와 문화 때문에 고립되어 있지요. 모두 직장에 출근하지 않으면 집에서 텔레비전 앞에 죽치고 앉아 있지요." 그녀는 공동체와 우리가 서로에게 의존한다는 사실이 여전히 가치가 있다고 말한다.

몇 년 전 하버드대학교 정치학자 로버트 퍼트넘은 미국인들이 시민 활동에서 어떻게 멀어져 갔는지를 보여주는 '묘하지만 당혹스러운 whimsical yet discomfiting' 증거를 발견했다. 그가 말하는 것은 학부모 회의, 교회 모임, 라이온스클럽 친목회처럼 위기가 닥쳤을 때 공동체가 의지할 수 있는 일종의 '사회 자본'을 구축하는 일상 활동들이었다. 퍼트넘은 최근 몇 년 사이에 미국 볼링 인구가 10퍼센트 증가한 반면, 볼링 리

그는 40퍼센트나 감소했음을 알아차렸다. 다시 말해 더 많은 미국인들이 홀로 볼링 치는 것을 즐긴다는 의미였다. 그는 이렇게 설명했다. "이것은 사람들이 홀로 볼링을 즐기면서, 사회적 상호작용과 심지어 맥주와 피자를 앞에 두고 이따금 벌어지는 시민 의식이 담긴 대화조차도 사라진다는 더 폭넓은 사회적 의미를 담고 있다." 볼링 리그가 위축되면서 볼링 공동체도 그렇게 되었다.

퍼트넘은 시민 생활에 등을 돌린 미국인의 수가 늘어났다는 사실이 무언가가 사라지고 있다는 신호라고 보았다. 중요한 무언가가 점점 없어져버린 것이다. 꿀벌과 달리 사람들은 집단에 봉사하는 타고난 본능을 지니고 있지 않지만, 사회성이 강한 동물들처럼 소속되어 있을 때의 힘을 알며 그것이 사라지면 그리워한다. 고통스러운 논쟁이 벌어지던 시기에 버몬트 주민 회의가 제공한 것이 바로 그것이었다. 그런 형태의 이웃 및 동료 주민과의 교감은 당신이 동의하는지 여부를 떠나서 사라진 것의 일부를 되돌려주었다.

데보라 마코위츠는 말했다. "주민 회의를 이상적인 형태로 여기지 않는 것이 중요합니다. 그것이 언제나 완벽하게 돌아가는 것은 아니니까요. 주민 회의가 공동체의 시민 생활을 함양하는 장이 되려면 많은 요인이 들어맞아야 합니다. 하지만 시민 담론에 참여하는 우리의 능력 덕분에 시민 결합을 둘러싼 분열은 빠르게 치유되고 봉합되었습니다. 놀라울 정도로 빨리요. 모든 곳에서 다 그런 것은 아닙니다. 모든 사람이 다 그런 것도 아니고요. 하지만 갈등과 격한 감정은 사라졌지요. 소도시는 살아남았습니다. 주민들도 살아남았고요."

집단은 적응하고 앞으로 나아갔다.

CHAPTER 3

Termites

꼬리에 꼬리를 물고

—

흰개미

수백만이 사는 성 | 더 나은 첩보 활동 방법
작은 세계, 케빈 베이컨 | 잃은 것과 얻은 것

재난은 사회 체제를 무력하게 만들지 모르지만,
완전히 파괴하지는 않는다.
사실 재난 뒤에 종종 목격되는 '해체'는
주로 새로 출현하는 환경과 새로운 상황에
공동체가 적응하는 과정이다.

SMART
SWARM

오하이오 주 클리블랜드 남쪽의 하딩 변전소와 거기에서 20킬로미터 떨어진 체임벌린 변전소 사이의 주송전선에서 전력 공급이 끊겼다. 2003년 8월 14일 오후 3시 6분, 웃자란 아카시아나무의 가지에 전선이 닿는 바람에 합선이 일어난 것이다. 그 지역의 전력회사인 퍼스트에너지 주식회사가 소유한 송전선은 총 길이가 수천 킬로미터가 넘기에, 이런 일은 흔하게 일어났다. 늦여름이었으니 더욱더 그랬다. 평범한 날이었다면 별 소동 없이 넘어갔을 것이다. 전력은 우회하여 공급되었을 것이고, 피해를 살펴볼 직원을 보냈을 것이다. 그러고는 만사가 순탄하게 진행되었을 것이다.

문제는 이 날이 평범한 날이 아니라는 데 있었다.

그 날 오후 일찍, 에리호 연안의 이스트레이크 발전소에서 화력 발전

시설이 고장나는 바람에, 퍼스트에너지의 예비 전력 중 일부가 끊겼다. 다른 두 발전 시설은 유지 보수를 위해 멈춘 상태였고, 오하이오 주 북부 전역에서 기온이 30.6도까지 오르는 바람에 에어컨들이 빵빵 돌아가고 있었다. 그래서 다른 지역에서 끌어오는 전력에 보통 때보다 더 의존하게 되어 퍼스트에너지의 전력 공급 체계는 불안할 정도로 취약해진 상태였다. 외부에서 전력을 끌어오다 보니 송전선의 부하도 더 늘어나 있었다.

그 다음에 벌어진 일은 복잡계가 어떻게 행동하는지를 생생하게 보여주었다. 수만 대의 발전기와 수천만 킬로미터의 송전선으로 이루어진 북아메리카의 전력망은 지금까지 만들어진 가장 정교한 망 중 하나다. 개미나 벌의 가장 큰 군체보다도 더 복잡하게 상호 연결되어 있다. 전력망의 어느 한 부분에서 무슨 일이 벌어지면, 아무리 사소해 보일지라도 아주 먼 곳까지 영향이 미칠 수 있다.

하딩-체임벌린 송전선의 전력 공급이 끊긴 지 30분이 지난 오후 3시 32분, 또 하나의 고압선이 차단되었다. 이번에는 클리블랜드 남부의 해너 변전소와 애크론 동쪽의 주니퍼 변전소 사이의 전선이었다. 이번에도 나무에 닿아서 끊긴 것이었다. 우연히도 그 동네에서 나뭇가지를 치는 직원이 사건을 목격했다. 9분 뒤 애크론과 캔튼 변전소 사이의 전력선이 차단되었다. 이번에도 나무 때문이었다. 우연의 일치가 아니었다. 차단된 송전선들의 전력이 이쪽으로 돌려져 과부하가 걸리는 바람에 전선이 가열되어 축 늘어지면서 나무에 걸린 탓이었다. 이제 지역 전체의 전력 시스템이 위태로운 상황에 처했다.

오후 4시 6분, 무거운 짐을 버티던 낙타의 등을 꺾을 마지막 지푸라기가 올려졌다. 애크론 근처의 스타 변전소와 동남쪽 오하이오강 연안에 있는 W. H. 새미스 발전소 사이의 고압선이 끊긴 것이다. 앞서 일어난 사고들과 달리, 이번 건은 나무에 닿아 생긴 것이 아니라 전압이 불안정하게 요동치면서 일어났다. 어느 정도는 다른 송전선들이 끊겼기 때문에 일어난 현상이었다. 송전선에 장착된 임피던스 계전기라는 보호 장치가 전선을 타고 오는 전력 서지surge를 감지하여 전선을 보호하기 위해 회로 차단기를 작동시킨 것이다.

불행히도 새미스-스타 송전선은 클리블랜드 지역과 동쪽의 나머지 전력망을 연결하는 최종 고리였다. 그 선이 차단되자, 동쪽과 서쪽으로 전력 공급이 끊기는 연쇄 반응이 시작되었다. 오하이오 북부와 미시건 남부의 전력선들이 끊겼고, 디트로이트가 암흑으로 변했다. 그러다가 갑자기 연쇄 반응의 방향이 역전되었다. 강력한 서지가 에리호 주위를 시계 반대 방향으로 질주하면서 펜실베이니아를 관통하여 뉴욕과 온타리오로 향하면서 송전선과 발전소를 강타했다. 6분 사이에 미국 8개 주와 캐나다 2개 주의 발전소 500곳 이상이 가동을 멈추었고, 약 5천만 명이 전기 없이 지내는 신세가 되었다.

북아메리카 역사상 최악의 정전 사태였다.

뉴욕 타임스스퀘어의 전광판들은 오후 4시 11분에 꺼졌다. 같은 시각에 교통 신호등도 꺼졌고, 지하철은 멈춰 섰다. 식당의 냉장고도 윙윙 소리를 멈췄고, 하수처리시설도 가동이 중단되었다. 맨해튼 전역에서 호텔 손님들은 자기 객실에 갇히고 말았다. 세계무역센터 건물이 공습을 받은 지 2년이 채 안 된 시점이었기에, 뉴욕 시민들은 정전 사태에 잠시 아연실색했다. 하지만 이 비상 사태가 테러리스트와 무관한 것임을 알아차리자마자, 그들은 어려운 상황에서 최선의 행동을 취하기 시작했다.

그 순간 적어도 35만 명이 열차나 지하철에서 오도가도 못하고 있었다. 그 중에는 다리 위나 깊은 터널 속에 갇힌 사람도 있었다. 이스트강 밑에서 멈춘 열차의 승객들은 디젤 기관차가 열차를 펜 역까지 끌고 온 덕분에 구조되었다. 컴컴한 철도를 따라 한 줄로 서서 가까운 역까지 걸어나와 스스로 살 길을 찾은 사람도 많았다.

도시의 도로마다 꽉 막히는 바람에, 통근자들은 브루클린 다리를 걸어서 건너 집으로 갔다. 수많은 사람들이 앞다투어 가족과 친구에게 전화를 걸어대자, 휴대전화망도 거의 즉시 불통이 되었다. 고층 아파트에서는 수압이 떨어지는 바람에, 깨끗한 물을 구하기 위해 주민들이 소화전마다 줄줄이 늘어섰다. 현급지급기는 돈을 내놓지 않았다. 어퍼이스트사이드의 마운트시나이 병원에서는 수술 의사들이 수술실의 상황을 장담할 수 없었기에 한 환자가 간 이식 기회를 놓쳤다. "수술을 끝낼 수 있을지 알지 못하는 상황에서 이식 수술을 시작한다는 것은 안전하지 않았어요." 한 의사가 기자에게 한 말이었다.

곳곳에서 시민들이 서로 협력하고 있었다. 엠파이어스테이트빌딩에서 두 블록 떨어진 34번가와 랙싱턴가의 교차로에서 예복용 와이셔츠와 실크 넥타이 차림의 60세 외판원이 평생 처음으로 수신호로 교통 정리를 하고 있었다. 지나가던 한 여성 운전자가 그에게 교통신호봉으로 쓰라고 빈 플라스틱 병을 건네며 말했다. "이게 필요할 겁니다."

뉴욕 시는 1965년과 1977년에도 정전 사태를 겪었고, 매번 그 뒤에 예방 조치들이 취해졌다. 주지사 조지 패터키는 기자회견장에서 이렇게 말했다. "그런 일이 다시 일어나리라고는 생각도 못했습니다. 그런데 다시 일어났습니다. 이유가 무엇인지는 답하기 어려운 질문이군요."

물론 그 시점에서는 무슨 일이 벌어진 것인지 아무도 감조차 잡지 못했다. 캐나다에서는 수상 집무실에서 나온 대변인이 뉴욕을 손가락으로 가리키면서, 나이아가라폭포 근처 발전소에 번개가 떨어지면서 정전 사태가 시작되었다고 말했다. 뉴욕에서는 한 공무원이 오하이오 쪽을 가리키면서 에리호 연안의 원자력 발전소에 문제가 생겼다고 말했다. 연방 조사단이 문제를 속속들이 파헤치기까지 수개월이 걸렸다. 조사를 끝냈을 때 그들은 몇 가지 놀라운 점을 발견했다.

겨우 세 군데에서 전선이 나무에 닿은 것이 이 엄청난 정전 사태를 불러왔다는 사실이었다. 애크론 근처에 있는 퍼스트에너지 통제실의 컴퓨터 고장도 한몫을 했다. 그 고상으로 정전이 일어난 바로 그 날 오후 2시 14분에 자동 경보 시스템이 꺼졌다. 그것은 통제실의 직원들이 첫 번째 송전선에 합선이 일어난 것을 한 시간이 지난 뒤에야 알아차렸다는 의미다. 3시 32분 두 번째 전선의 전력 공급이 끊긴 뒤 해당 지역 감시소의 직원이 전화를 걸어 어떻게 조치를 해야 하는지 물었다. 통제실의 기술자는 전화를 받고 깜짝 놀랐다.

"정말입니까? 언제 일어났죠?"

그러는 동안 산업체, 주변의 발전 시설, 퍼스트에너지 자체의 발전소 운영 직원들로부터 전화가 빗발치고 있었다. 모두 전력망에 문제가 생겼다는 징후들을 발견하고는 무슨 일인지 알아보느라 애쓰고 있었다.

오하이오 주의 페리 원자력 발전소에 있는 한 운영 요원은 원자력 발전기가 자동으로 가동이 중단되지나 않을까 걱정했다. "지금도 발전기에서 전압이 급격히 요동치고 있어요. 얼마나 오래 버틸 수 있을지 모르겠어요." 퍼스트에너지 통제실의 전등이 다 나간 뒤에야 직원들은 다른 누군가의 시스템이 아니라 자신들의 시스템이 붕괴 직전에 있다는 것을 깨달았다. 하지만 이미 때는 늦었다.

어떻게 이런 일이 일어날 수 있었을까? 클리블랜드 인근의 한 전력선이 나무에 닿은 것과 애크론 근처의 컴퓨터가 고장난 것이 어떻게 60억 달러가 넘는 피해를 입힌 사건을 촉발시킬 수 있었을까? 원인과 결과가 들어맞지 않는 듯했다. 뉴욕 사람들이 처음에 두려워했듯이 테러리스트가 그런 일을 하려고 시도했다면, 그는 그 정도로 엄청나게 일을 벌일 수 없었을 것이다. 그런 작은 사건이 어떻게 그처럼 엄청난 혼란을 빚어낼 수 있었을까?

당시 에너지부 장관 스펜서 에이브러햄은 조사단이 결과를 보고했을 때 이렇게 말했다. "이 정전 사태는 대체로 막을 수 있었습니다. 다수의 비교적 작은 문제들이 결합되어 아주 큰 문제를 일으킨 겁니다."

하지만 그것은 정답이 아니었다.

일련의 있을 법하지 않은 사소한 고장들을 일으킨 것은 그냥 불운이나 유지 관리 불량이 아니었다. 비난을 받아야 할 대상은 전력망의 구조 자체였다. 전문가들은 한 세기가 넘는 세월 동안 잇고 또 잇고 하여 만들어진 그 전력망이 너무나 복잡하고 수십억 개의 부품들이 상호 연결되어 있어서 조만간 이런 식의 대규모 고장이 일어날 것은 불 보듯 뻔했다고 말한다. 어떤 의미에서 "북아메리카 전력망 전체가 하나의 거대한 전기 회로 같았다"고 어바나-샴페인에 있는 일리노이대학교의 전기공학자 토머스 오버바이는 썼다. 그는 "벽에 나 있는 초라한 문이 사실상 지금까지 세워진 가장 크고 가장 복잡한 인공물 중 하나로 이어지는 입구였다"고

덧붙였다. 이런 연결망의 장점은 수요가 급증하는 시기에는 발전 시설끼리 전력을 공유할 수 있어서 비용을 절감하고 이쪽의 전력 공급이 차단되어도 전등불이 계속 들어오도록 해준다는 것이다. 단점은 시스템의 한 부분에 문제가 생기면 빠르게 다른 부분들로 여파가 퍼질 수 있다는 것이다. 오버바이는 고도의 연결성을 갖춘 시스템도 고장날 수 있고, "그럴 때 복잡하면서도 극적인 양상으로 고장이 난다"라고 썼다.

2003년 정전 사태는 네트워크 과학자들이 말하는 이른바 캐스케이드 cascade의 대표적인 사례였다. 캐스케이드란 산불을 일으키는 불꽃이나 주식시장의 붕괴를 촉발하는 뉴스 같은 초기 사건이 다른 사건들을 일어나기 더 쉽게 만들며, 그 사건들은 또 다른 사건들을 더 일어나기 쉽게 만드는 식으로 계 전체로 반응이 확산되는 것을 말한다. 네트워크 과학자 던컨 와츠는 저서 《6도 : 연결된 시대의 과학》에서 "전력망 같은 계의 문제점은 각 구성 요소의 행동이 상당히 잘 이해되어 있지만(전력 생산의 물리학은 19세기에 밝혀졌다), 축구 관중이나 주식시장 투자자들처럼 그것들이 큰 집단을 이루면 질서 있게 행동하다가도 때로는 혼돈스럽고 심지어 파괴적인 행동을 보이곤 한다는 것이다"라고 썼다.

이것이 개미, 벌, 기타 곤충과 무슨 관계가 있을까? 그런 작은 생물들이 전력망의 지속적인 구축과 운영에 관해서 우리에게 무언가 가르쳐 줄 수 있단 말인가? 답은 영리한 무리 같은 자연의 계들이 고도로 연결된 망의 아킬레스건인 캐스케이드 효과를 피하는 특수한 행동을 진화시켰다는 것이다. 개미나 벌 군체에서는 맡은 일을 제대로 해내지 못하는 개체들이 많이 있음에도 계는 잘 돌아간다. 다른 많은 개체들이 주변 환경에서 다른 것을 감지하여 그에 따라 자신의 행동을 조정하기 때문이다. 어떤 의미에서 그런 계는 자가 치유적이다.

몇 년 전 캘리포니아 팰로앨토에 있는 전력연구소와 국방부를 비롯한 몇몇 기관들은 북아메리카의 전력망도 자가 치유가 가능하게 만들 수 있는지를 알아보는 계획에 착수했다. 연구자들은 각 구성 요소를 더 영리하게 만드는 것이 첫 번째 단계라고 결론지었다. "전력망의 모든 노드node는 깨어 있고 반응하며 다른 모든 노드와 소통해야 한다." 매소드 아민과 필립 슈는 〈사이언티픽 아메리칸〉에 그렇게 썼다. 개미와 벌이 갖춘 응급 피해 대처 능력을 망에, 즉 시스템의 구성 요소인 모든 차단기, 스위치, 변환기, 모선busbar, 송전선에 부여하려면, 인간 관리자의 일차 점검과 관계없이 자체적으로 상태를 감시하고 성능을 최적화하는 처리 장치를 갖출 필요가 있다. 망에 분산 지능이 갖춰져야 했다.

그들은 두 번째 단계는 망에 갖가지 문제들을 예측하는 신속한 수단을 제공하는 것이라고 썼다. 연구자들은 그러려면 1장에서 다룬 체커 두는 프로그램에 아서 새뮤얼이 부여한 것과 같은 종류의 '앞을 내다보는' 능력을 시스템에 제공해야 한다고 말했다. 몇 수 앞을 내다보는 체커의 명인처럼, 전력망도 가까운 미래에 대해 만일 이렇다면 어떻게 할까 같은 시나리오들을 내놓을 수 있어야 한다.

세 번째이자 마지막 단계는 긴급 사태가 발생했을 때 문제가 생긴 부분을 고립시킴으로써 시스템 전체로 영향이 퍼지지 않게 막을 수 있도록 망을 여러 '섬'으로 나누는 것이다. 이것은 이 장에서 다룰 흰개미들이 자신의 집이 공격을 받을 때 쓰는 전략이다.

자가 치유 망이 2003년에 일어난 것 같은 대규모 정전 사태를 예방할 수 있을까? 아민과 슈는 아마 그럴 것이라고 추정한다. 송전선이 축 늘어질 때 거기에 붙은 감지기가 비정상적인 전력 흐름을 감지한다면, 문제가 터지기 몇 시간 전에 다른 전선으로 전력 공급을 돌릴 수 있을 것이다. 그와 동시에 예측 시뮬레이터들은 이런 문제가 터질 확률을 예측하여 인간 관리자에게 적절한 행동을 취하도록 권고할 수 있을 것이다. 그들은 전력의 파국적인 공급 차단 대신에 "더 폭넓은 지역에서 소비자의 대부분은 전등불이 잠깐 깜박이는 것만 보게 될 것이다"라고 썼다. "많은 이들은 문제가 생겼다는 것조차 알아차리지 못할 것이다."

우리의 생활방식이 전력망 같은, 또 교통망이나 주식시장이나 인터넷 같은 복잡계에 철저하게 의존하게 된 지금, 우리가 원하는 것이 바로 그것이다. 핵심 자원과 정보를 서로 공유할 수 있게 함으로써, 그런 구조들은 우리 사회를 가능하게 한다. 페로몬 자취에서 흰개미 집에 이르기까지 사회성 곤충이 만든 구조들이 그들의 사회를 가능하게 한 것처럼 말이다. 하지만 이따금 망가지는 경향이 있는 우리 계들과 달리, 영리한 무리가 만든 계는 덜 허약하고 복원력은 더 강하다. 그 이유가 뭘까?

아프리카 남부의 먼지 휘날리는 목초지에서 한 가지 이유를 찾아낼 수 있다.

수백만이 사는 성

사바나에 3미터 이상 솟아 있는 성은 마치 진흙으로 만든 마녀의 모자 같기도 하다. 원뿔 모양의 탑들이 이리저리 기울어져 있는 모습을 보고 있노라면 진흙으로 저런 것을 빚은 자가 누구이며 저 모양에 어떤 의미가 담겨 있지 않을까 하는 궁금증이 일기도 한다. 지역 민담에는 그 성이 '개미 둔덕'이라고 나와 있지만, 사실 그것은 개미와 아무 관계가 없다. 이 뾰족뾰족 솟아오른 구조물들은 흰개미가 세운 것이며, 기이하게 생기긴 했어도 자연이 이룩한 가장 정교한 건축적 위업 중 하나다.

지난 몇 년 동안 시러큐스에 있는 뉴욕주립대학교의 생물학자 스콧 터너는 나미비아 북부의 오마트젠네 농업연구소에서 이 둔덕의 복잡한 구조를 연구하고 있다. 연구소 전역 약 170제곱킬로미터의 아카시아 가시덤불에 약 4천 제곱미터당 하나 이상 이런 둔덕이 균일하게 분포해 있다. 이곳에서 아프리카인 영농인들과 오밤보족, 헤레로족 등의 부족민들이 염소, 양, 소 같은 가축을 방목한다. "연구할 둔덕은 남아돌아요. 이곳은 흰개미를 중심으로 돌아가지요." 터너는 말했다.

자연학자들은 18세기부터 이 둔덕 속에 무엇이 있는지 알고 있었다. "겉은 돔 형식의 커다란 껍데기다. 변덕스러운 날씨로부터 내부를 차단하고 지키며, 천적이나 우연히 맞닥뜨린 적의 공격으로부터 거주자들을 보호하기에 충분할 만큼 크고 튼튼하다." 1781년 영국 탐험가 헨리 스미스먼은 둔덕을 그렇게 성처럼 묘사했다. 성 안에는 여왕과 왕, 그들의 자손이 자랄 육아실, 식량이 가득한 창고 등 수많은 방이 있었는데, 모두 "경이로운 예술성과 창의성을 통해 고안되고 완성되었으며, 그 점에 감탄했든 엄청난 규모와 견실함에 감탄했든 간에 우리는 모두 할 말을 잃었다." 그는 그런 둔덕을 곤충 대신 사람을 기준으로 세웠다면, 대피라미드보다 거의 5배나 더 높을 것이라고 적었다.

둔덕의 엄청난 규모를 생각할 때 그 중에서 군체가 집으로 삼는 부분은 아주 작다는 사실이 놀랍다. 터너가 연구하는 종인 마크로테르메스미카엘세니 *Macrotermes michaelseni*의 군체는 대개 둔덕 안에 구형의 둥지를 만든다. 이 둥지는 지름이 약 1.8미터로서 대개 지표면보다 아래쪽에 자리한다. 여왕의 방은 그곳에 있으며, 새끼들을 기르는 육아실들과 균류를 재배하는 넓은 방들이 여왕의 방을 에워싸고 있는 형국이다. 잎꾼개미Leafcutter ants처럼 이 아프리카 흰개미도 특정한 공생균류(흰개미버섯)를 기른다. 흰개미버섯은 나무와 풀을 분해하여 흰개미가 소화시킬 수 있도록 돕는다. 커다란 둥지 안에는 200만 마리나 되는 흰개미가 살기에 흰개미 군체는 이 균류를 아주 많이 필요로 한다. 높이 솟은 탑을 비롯하여 지표면 위로 솟아오른 부위들은 전혀 다른 기능을 한다. 바로 내부 공기를 조절하는 일이다.

1장에서 살펴본 수확개미는 사막의 열기로부터 몸을 보호하기 위해 기름기 있는 피막으로 몸을 덮는 반면, 흰개미는 피부가 연약하며 마르지 않게 해야 한다. 그들이 나미비아 같은 건조한 기후에서 건강하게 지내려면 습한 환경이 필요하다. 따라서 상대습도가 89~99퍼센트이어야 한다. 둔덕 안의 퇴비 더미와 균류 정원은 엄청난 양의 열과 수분, 이산화탄소도 함께 내뿜는다. 그것들은 모두 넓은 방으로부터 중앙의 커다란 굴뚝을 타고 솟아오른다. 굴뚝은 탑 중앙에서부터 꼭대기까지 거의 쭉 뻗어 있다. 거기에서부터 퀴퀴한 뜨거운 공기는 측면의 환기갱들을 따라 둔덕 가장자리 아래쪽으로 뻗어 있는 좁은 통로망까지 순환된다. 이 통로망은 흰개미들이 둔덕 표면으로 갈 때 쓰는 미세한 '출구 터널egress tunnel'을 통해 바깥 세계와 연결된다. 출구 터널들은 둔덕 바깥에서 바람이 불 때 이산화탄소와 열을 바깥 공기로 배출한다. 또 적당한 양의 습도를 유지하면서 이 바람으로부터 산소를 가로챈다. 이 더 차갑고 신선한 공기는 통로를 통해 둥지 밑의 방으로 들어오며, 그곳에서 균류 방에 있는 공기와 뒤섞인다.

다시 말해 흰개미 둔덕 전체는 단지 그들의 집만을 의미하지는 않는다. 그것은 염소나 작은 소만큼 산소를 소비하는 거대한 폐에 더 가깝다. 터너는 둔덕이 흰개미가 그것이 없이는 살아갈 수 없을 정도로 대단히 중요한 호흡계 역할을 한다고 본다. 그는 어떤 의미에서는 둔덕이 거의 군체의 살아 있는 부분이라고 주장한다.

터너와 영국 러프버러대학교의 건축가 루퍼트 소어는 군체가 어떤 식으로 작동하는지 더 잘 이해하기 위해, 2005년 둔덕의 3차원 디지털 모형을 만드는 데 착수했다. 계획의 첫 단계에는 둔덕 내부의 석고 주형을 뜨는 일이 포함되어 있었다. 그것은 단단한 석고 껍데기로 외부를 둘러싼 뒤에 내부에 통로를 채운다는 의미였다. 이런 엄청난 일을 시도한 것이 처음은 아니었지만(장 루엘이라는 벨기에 곤충학자가 1960년대 초에 비슷한 일을 한 적이 있다), 어쨌든 엄청난 일임에 틀림없었다. 먼저 둔덕 주위에 비계를 설치한 뒤, 콘크리트를 섞는 혼합기 같은 것을 트럭에 싣고 왔다. 석고도 6톤을 실어왔다. 그런 뒤 대학원생들과 동네 일꾼들의 도움을 받아 터너와 소어는 물을 섞어 걸쭉해진 석고를 양동이로 퍼서 둔덕에 계속 쏟아 부었다. 다 하는 데 며칠이 걸렸다. 그런 뒤 석고가 굳을 때까지 6개월을 기다렸다.

두 번째 단계도 마찬가지로 쉽지 않았다. 소어는 둔덕을 디지털 모형으로 전환하기 위해, 영국에서 특수한 제분 장치를 만들어서 현장까지 실어왔다. 이 기계의 써는 칼날을 지탱하기 위해 둔덕 위에 금속 틀을 설치했다. 틀만 이층 건물 높이였다. 써는 칼날은 식품 공장에서 고기를 써는 데 쓰는 것과 달리 원형 날이 흰개미 둔덕 위쪽에 설치된 난간에 수평으로 장착되었다. 연구진은 둔덕을 꼭대기부터 1밀리미터 간격으로 썰기 시작했다. 소어와 동료들은 매번 썬 다음에 둔덕의 드러난 편평한 표면을 디지털 사진으로 찍었다. 검은 흙뿐 아니라 환기 통로에 있는 흰 석고까지 그대로 찍었다. 이 사진들은 의료진이 컴퓨터 단층촬영CT을 할 때 찍는 수백 장의 디지털 스캔 사진과 비슷했다. 그것들을 소프트웨어로 처리하여 3차원 영상을 만든다. 지저분하고 지루한 과정이었다. 진흙과 석고로 된 조각 하나를 썰어내고 사진을 찍고 하는 데 10분이 걸렸다. 그들은 2달 동안 밤낮으로 일해서 둔덕의 꼭대기에서 바닥까지 2,500개의 조각을 얻었다. "모두 거의 초주검이 되었지요." 소어의 말이다.

하지만 고생한 가치가 있었다. 몇 주 뒤 1차 자료를 처리하여 얻은 3차원 영상을 본 순간 그들은 깜짝 놀랐다. "전체를 본 뒤에야 우리는 흰개미가 어느 규모로 자기 환경을 가공하고 있는지를 비로소 이해했어요. 너무 놀라 숨이 막힐 정도였습니다." 둔덕 내부의 터널과 공기 통로의 망은 상아를 투조 형식으로 깎아 만든 중국 공예품처럼 대단히 복잡하고 치밀했다. 둔덕의 바닥부터 선조 세공을 한 통로들이 둔덕 중간까지 솟아올랐고, 거기에서부터 일종의 첨탑이 시작되었다. 탑 안에서는 2~3개의 수직 통로가 꼭대기까지 죽 솟아 있었다. 기체를 움직이고 교환하는 시스템치고는 놀랍기 그지없었다.

소어는 적응력 있는 '영리한 구조'로서의 흰개미 둔덕 설계에 너무나 깊은 인상을 받은 나머지, 사실상 비슷한 원리를 이용하여 더 에너지 효율적인 건물을 만드는 회사를 세웠다. "이런 구조들이 흥미로운 점은 우리가 집에서 기대하는 것과 본질적으로 같은 수준의 안락함을 흰개미에게 제공한다는 것입니다. 전기를 쓰지 않으면서도요." 그는 앞으로는 건물이 훨씬 더 에너지 효율적이고 환경에 더 잘 대응할 수 있어야 할 것이라고 말했다. 오늘날의 건물은 에어컨, 난방, 텔레비전과 컴퓨터 같은 전자 장치를 사용함으로써 세계 이산화탄소 배출량의 40~50퍼센트를 차지한다. 세계 지구 온난화라는 시급한 현안 때문에 건설 산업도 변화하지 않을 수 없으며, 소어는 곤충이 이런 문제 해결에 도움을 줄 수 있다고 본다. "흰개미는 바람을 이용합니다. 태양에너지도 이용하지요. 아마 우리는 그들의 자기 조절 능력이나 에너지 통제 능력 중 일부를 우리 건물에 적용할 수 있을 겁니다."

소어는 유기체 같은 설계를 회반죽 벽 속에 찍어 넣음으로써 단단한 콘크리트 건물을 "혈관에서 보는 통로들과 비슷한 것들이 들어찬" 형태로 바꾸는 것이 하나의 방법이라고 믿는다. 그는 그런 구조를 집의 벽에 직접 박아 넣을 수 있다고 말했다. "단단한 벽돌이나 콘크리트 대신에, 전기를 사용하지 않고도 그와 마찬가지로 건물을 조절할 수 있는 모양과 윤곽을 말하는 겁니다."

흰개미 둔덕은 공학적 관점에서 보면 대단히 놀라우며, 생물학적 관점에서 보면 그만큼 당혹스럽다. 길이가 0.5센티미터에 불과한, 지력도 최소 한도이고 시력도 거의 없다시피 한 동물들이 어떻게 그렇게 복잡하고 정교한 구조를 만들 수 있단 말인가? 그들은 탑의 높이가 얼마이어야 하는지 어떻게 알까? 둔덕의 좁은 통로들을 어디어디에 놓아야 할지 어떻게 아는 것일까? 인간 건축가와 달리, 흰개미는 힘을 합쳐 진흙성을 쌓을 때 어떤 청사진도 지니고 있지 않다. 그들은 환기 시스템이 충분한 양의 이산화탄소를 제거할지, 수분을 알맞게 보존할지를 어떻게 알까?

새 군체가 둥지를 짓는 데는 대개 4~5년이 걸린다. 그 동안 서너 세대의 일꾼이 태어나고 죽는다. 하지만 터너 연구진이 실험 차원에서 2006년 불도저로 이미 완성되어 있는 둔덕을 무너뜨렸을 때, 군체는 90일 만에 새 둔덕을 세웠다. 연구자들은 복구된 둔덕이 기존 둔덕에 못지않게 효율적으로 기체 흐름과 온도를 조절한다는 것을 확인했다. 흰개미는 무엇이 빠져 있음을 어떻게 알았을까? 그들은 기존 둔덕이 어떤 모양이었는지 기억할 수 없었을 것이다. 흰개미에 그 어떤 비밀 능력이 있기에 한 마리 한 마리로서는 상상도 못할 것을 집단을 이룬 군체가 지을 수 있게 한 것일까?

이 수수께끼의 답 중 일부는 1950년대에 프랑스 생물학자 피에르-폴 그라세가 밝혀냈다. 그는 아프리카에 처음 발을 디뎠을 때 흰개미는 생각조차 안 하고 있었다. 원래 의사였던 그라세는 흰개미의 창자에 사는 기생충을 연구했다. 하지만 그는 곧 흰개미 자체와 그들이 협력하여 구조물을 짓는 놀라운 방식에 매료되었다.

그라세는 각 흰개미가 환경 변화에 아주 민감하다는 것을 알아차렸다. 예를 들어 흙 알갱이를 하나 들고 가는 일개미는 동료 일개미들이 버린 작은 오물 더미와 마주치면, 거기에 알갱이를 떨어뜨릴 것이다. 이 행동은 다른 일개미들이 같은 행동을 하도록 자극하며, 주위에 흰개미가 충분히 많으면 작은 오물 더미는 곧 꽤 큰 기둥으로 커진다. 그라세는 이 과정을 스티그머지stigmergy라고 했다. 그는 스티그머지를 "일을 해냄으로써 다른 일개미들을 자극하는 것"이라고 정의했다.

다시 말해 흰개미 일꾼들은 서로 직접 상호작용을 하는 대신에 함께 짓는 구조와 상호작용을 한다. 구조가 자라고 변함에 따라, 흰개미들이 상호작용하는 방식도 변한다. 구조 자체가 그들의 안내자가 된다. 예를 들어 쓰레기 기둥이 일단 어떤 높이에 도달하면, 일개미들은 더 높이 쌓기를 멈추고 그 기둥을 인접한 다른 기둥들과 연결하는 아치형 옆길을 만들기 시작한다. 그리고 그것은 흰개미 둔덕 안에 생길 새 벽의 토대가 된다.

그라세가 묘사한 이 스티그머지 과정은 자기 조직화의 또 다른 유형이다. "누군가가 이미 흙 알갱이를 떨어뜨렸다면 여기에 네 흙 알갱이를 떨어뜨려라"라는 단순한 경험 법칙에 따라서, 흰개미 일꾼들은 어느 누구도 혼자서는 이해할 수 없는 것을 함께 지을 수 있다. 먹이를 찾는 개미들이 먹이 공급원까지 가는 가장 짧은 경로를 찾아낼 수 있고, 정찰벌들이 새 집을 짓기에 가장 좋은 장소를 고를 수 있는 것처럼, 흰개미 일꾼들도 군체를 위해 거대한 집을 짓는 방법을 진화시켰다. 핵심적인 차이는 흰개미 일꾼들이 건축 과정에서 상호작용을 할 때 서로 얼굴을 맞대기보다는 간접적으로 상호작용을 한다는 것이다.

이 사소해 보이는 차이가 계의 효율성에 큰 영향을 미친다고 생물학자 장-뤼 데뉴부르는 말했다. 우리는 1장에서 그의 개미 연구를 살펴본 바 있다. "두 흰개미가 알갱이를 떨어뜨릴지 결정하기 위해 서로 만나야 한다고 상상해봅시다. 내가 당신이 와서, '어, 그거 여기에 내려 놔' 라고 말할 때까지 기다려야 한다면, 아주 큰 희생을 치를 수 있습니다. 다른 알갱이를 모으는 데 20센티미터를 걸어가야 할 수도 있어요. 그 시간에 다른 일을 할 수도 있는데 말입니다. 하지만 우리가 자기 일의 부산물을 통해 상호작용을 할 수 있다면 나는 당신이 무슨 일을 하는지 개의치 않을 겁니다. 당신이 어디에 있는지도 개의치 않고요. 우리의 상호작용은 직접적이지 않고 간접적입니다."

여기서 말하고자 하는 바는 놀라울 정도로 단순한 메커니즘이 대규모 간접 협동을 가능하게 한다는 것이다. 한 집단의 개체들이 작은 변화에 자극을 받아 공유하는 구조를 만들고 그 구조에 자극을 받아 다른 개체들이 그것을 더욱 개선한다면, 그 구조는 창조적인 과정에서 적극적인 역할을 하는 행위자가 된다. 그리고 그것은 집단의 정보를 공유하고 문제를 해결하는 방식에 온갖 새로운 가능성을 낳을 수 있다. 그것이 바로 간접 협동indirect collaboration이 자기 조직화와 정보 다양성에 이어 영리한 무리의 세 번째 원리인 이유다.

발전 회사들이 오랜 세월에 걸쳐 서로 얽히면서 전기를 공급하는 전력망이라는 복잡한 망을 자아낸 것처럼, 흰개미들도 기체와 수분을 유통시키는 둔덕이라고 부르는 복잡한 구조를 자아낸다. 개인과 민간 기업이 서로 얽혀서 월드와이드웹이라는 디지털 망을 만들고, 공유된 구조에 새 사이트를 추가함으로써 그것을 매일 같이 엄청나게 성장시키고 있는 것처럼, 흰개미 일꾼들도 서로 얽혀서 성에 벽과 통로를 만들고 자신의 이해력을 넘어서는 그 공유된 구조에 새로운 부분을 덧붙인다. 하지만 효율성에 초점이 맞추어진 우리 시스템과 달리, 흰개미의 시스템은 튼튼함에 초점이 맞추어져 있다. 그것은 흰개미들이 끊임없이 자가 치유를 하는 둔덕을 짓는다는 점에서 드러난다.

그것이 어떻게 작동하는지 더 잘 이해하기 위해, 스콧 터너와 동료들은 2005년 흰개미 둔덕의 바깥벽을 일부러 훼손한 뒤 지켜보는 일련의 실험을 했다. 그들은 둔덕 표면이 떨어져 나갔을 때 군체가 어떤 반응을 보일지 알고 싶었다. 나미비아에서는 1월에서 5월까지 우기에 그런 일이 꽤 자주 벌어진다. 비가 억수같이 내리면 둔덕의 바깥쪽이 씻겨 내려갈 수 있다. 터너 연구진은 한 실험에서는 토양 채취기로 2.4미터 높이의 둔덕 옆쪽에 지름 10센티미터의 원형 구멍을 뚫었다. 구조 전역으로 공기가 순환하는 통로 중 적어도 하나를 관통하도록 둔덕 안으로 약 30센티미터 깊이까지 뚫었다. 얼마 기다리지 않아 그들은 무리의 신속한 반응을 관찰할 수 있었다. 5분이 채 지나기도 전에 몸집 큰 흰개미 병사들이 뚫린 구멍 가장자리로 몰려나와 지켜 섰고, 그 뒤로 수십 마리의 일개미들이 나와서 흙으로 바쁘게 구멍을 메우기 시작했다.

일은 신속하고 체계적으로 진행되었다. 각 일개미는 현장에 흙 알갱이를 가져와서 부려놓았다. 알갱이 겉에는 침이 섞인 일종의 접착제가 발라져 있었고, 이 접착제에는 다른 일개미들이 가져온 알갱이를 같은 지점에 부려놓도록 자극하는 페로몬이 섞여 있었다. 각 일개미는 다른 알갱이들 위에 자신의 알갱이를 놓으면서 머리로 들이밀어서 알갱이가 잘 끼워지도록 했다. 벽돌공이 벽을 쌓을 때 하는 행동과 다르지 않았다. 뚫린 구멍은 이런 식으로 곧 메워졌다. 터너는 이것을 기둥, 벽, 터널의 '스펀지' 패턴이라고 말한다. 더 많은 일개미가 몰려들어서 일을 마무리짓기 전에 하는 임시 땜질과 같았다. 일이 다 끝나기까지 한 시간도 걸리지 않았다.

이틀 뒤 터너 연구진은 내부의 더 넓은 터널 망을 살펴보기 위해 사슬톱을 갖고 와서 둔덕 꼭대기를 잘랐다. 그들은 응급 상황에서 외벽을 수리하는 일개미들만이 활동을 개시하는 것이 아님을 발견했다. 일개미들이 구멍을 막는 동안, 둥지 깊숙한 곳에서는 다른 일개미들이 구멍으로 이어지는 2차 통로들을 봉인하고 있었다. 잠수함 선체에 구멍이 뚫렸을 때 선원들이 문들을 밀폐시키듯이 말이다. 터너가 보기에 이것은 국소 수선 작업보다 더 큰 일이 진행되고 있음을 시사했다. "훼손된 지점에서만이 아니라 둔덕 전체에서 많은 일이 벌어지고 있었지요. 그리고 그것은 전형적인 스티그머지 유형의 행동이 아니라, 구조와 흰개미 사이의 다양한 상호작용이었지요."

흰개미는 둔덕의 탑에 살지 않는다는 점을 기억하기를. 그들은 지하에 있는 둥지에 산다. 그렇다면 어떤 종류의 경고 벨이 군체 전체에 울리는 것일까? 그들은 탑에서 훼손된 지점이 어디인지 어떻게 정확히 아는 것일까? 루퍼트 소어의 석고 틀이 아주 극적으로 보여주었듯이, 둔덕은 통로들의 복잡한 미로였다. 어떤 단서들이 그들에게 올바른 방향을 지시하는 것일까? 터너는 흰개미가 환경의 '어떠한' 변화에 어떻게 반응하는지를 더 잘 이해하는 데 해답이 있음을 알았다.

"우리는 온갖 실험을 했고 나온 결과들은 별 의미가 없는 것 같았어요. 대개 나는 흰개미의 행동에 너무나 혼란스러웠어요. 정말로 놀라운 깨달음은 흰개미가 환경 자체가 아니라 환경의 변화에 주의를 기울인다는 점이었지요." 환경 조건에 변화가 없는 한, 흰개미는 비교적 다양한 환경에서 잘 지냈다. 둥지 안 공기의 이산화탄소 농도가 1퍼센트이든 5퍼센트이든 그들에게는 중요하지 않은 듯했다. 하지만 1퍼센트에서 5퍼센트로 바뀐다면, 그들은 즉시 반응했다. "그렇게 생각하자 모든 것이 앞뒤가 맞았지요."

둔덕 벽이 훼손되면, 안으로 들어가는 소란의 관문이 열렸다. 정상적인 상황에서 둥지 안의 삶은 한결같고 조용했다. 둔덕이 바깥 난류의 영향을 걸러내기 때문이었다. 하지만 구멍은 둔덕 전체로 금세 불쾌한 교란의 파동을 보냈다. 이산화탄소 농도, 습도, 공기 흐름, 기타 요소의 변화라는 형태로 말이다. "우리가 말할 수 있는 한, 흰개미들은 무언가 잘못되었다는 것을 그런 식으로 아는 겁니다. 그들은 이런 요동을 느끼기 시작했고, 그것이 바로 그들을 깨우지요. 그런 요동이 둔덕 안으로 밀려들기 시작할 때 말이지요."

흰개미들이 둔덕 전체로 흩어질 때, 훼손된 부위에 얼마나 가까이 다가가느냐에 따라 개체마다 교란을 접하는 정도가 달랐다. 일부는 교란의 세기에 이끌려서 현장으로 달려갈 수도 있고, 일부는 터너가 '갑작스러운 과잉 행동sudden transient'이라고 하는 것을 향해 줄달음친다. 흰개미들은 아마 이런 사건들에 자극을 받아 여기저기 흙 알갱이를 부려놓았을 것이다. 그리고 그것이 다른 흰개미들을 끌어들이는 식으로 계속될 것이다. 물론 그런 양의 되먹임은 훼손된 지점에서 가장 강력했고, 페로몬 농도가 치솟을수록 충원되는 일개미들도 눈덩이처럼 불어났다. 하지만 둔덕 안 더 깊숙한 곳에서도 흰개미가 훼손된 곳으로부터의 교란의 파동을 느끼는 곳마다, 일개미들은 자극을 받아 통로를 막기 시작했다.

물론 이것은 EPRI의 공학자들이 북아메리카 전력망에서 염두에 두었던 바로 그런 종류의 자가 치유 과정이다. 완전히 분산된 방식으로 반응함으로써 교란을 감지한 지 얼마 지나지 않아, 둔덕 전역에서 흰개미들이 튀어나와 교란을 차단하고 관리하는 행동에 나섰다. 터너는 저서 《확장된 생물The Extended Organism》에서 이것이 어떻게 작용하는지 감을 더 잘 잡으려면, 냉난방 시설이 된 사무실 건물에서 갑자기 창문이 하나 깨졌을 때 어떤 일이 벌어질지 생각해보라고 했다.

냉난방 시설이 갖추어진 건물에서 창문이 깨졌을 때 대처하는 한 가지 방법은 어떻게든 그곳을 격리시키는 것이다. 이를테면 깨진 창문이 있는 사무실의 문을 닫는 식으로. 그 창문 가까이 앉아 있는 사람이 그렇게 할 가능성이 가장 높다. 그가 교란의 영향을 가장 강하게 받을 테니까. 깨진 창문이 있는 사무실에서 누군가가 일어나서 문을 닫는 모습을 보고 다른 직원들도 가까운 다른 문이나 복도나 계단으로 향한 문을 닫는 식으로 직원들 사이에 일어나는 상호작용을 이 시나리오에 덧붙인다면, 둔덕 벽의 손상에 흰개미 일꾼들이 보인 반응과 비슷해진다.

이런 활동들은 모두 다큐멘터리 영화를 찍는 사람들이 발견한 것과 같은 야단법석을 일으킨다. 그들은 비슷하게 훼손된 둔덕에 마이크를 집어넣었을 때, 마구 두드려대는 소리를 들었다. "아주 대규모 저녁 만찬이 벌어질 때 나는 소리 같았어요." 터너는 한 라디오 인터뷰에서 말했다. 흰개미들이 벽에 머리를 찧어대면서 나는 이 온갖 달그락거리고 쿵쿵거리는 소리는 다른 일개미들에게 흙을 이리 가져오라거나 거기에 내려놓으라는 신호다. "연회장에 꽉 들어찬 150만 명의 사람들이 칼과 포크로 식기를 두드려대는 광경을 상상해봐요. 그러면 그들이 수리를 할 때 내는 소리가 어떤 것인지 감을 잡을 수 있을 겁니다."

오래 가지 않아 일개미들이 손상된 부위를 땜질하고 교란의 파도가 잦아지면서, 다른 곳에서 진행되는 일들도 속도가 느려졌다. 손상 부위로 이어지는 2차 통로처럼 건축 활동이 덜 허둥지둥 이루어지던 곳들에서는 마무리가 덜 된 상태에서 일이 끝나기도 했다. 많은 지점에서는 나중에 막은 통로를 다시 열어 원래의 기능을 복원시키곤 했다. 몇 주 또는 몇 달이 걸리기도 했는데, 군체가 안팎에서 둔덕을 계속 고쳐갈 때 덩달아 이루어졌다.

이런 사실들을 통해 터너는 둔덕이 어떻게 돌아가는지를 좀 더 정확히 이해할 수 있었다. 이 복잡한 구조는 수백만 개체 사이의 간접 협동을 나타낼 뿐 아니라, 군체와 바깥 세계 사이에 진행되고 있는 일종의 대화를 나타낸다. "둔덕은 구조처럼 보일지 모르지만, 그것은 하나의 과정이라고 생각하는 편이 더 나아요." 둔덕의 모양은 저번 주나 이번 주나 달라진 것이 없어 보일지 모르지만, 저속으로 촬영한 영상을 보면 '엄청난 양의 흙무더기가 움직인다'는 것을 알 수 있다. 그렇다는 증거를 매일 보지는 못하겠지만, 평균적으로 둔덕 하나에서 연간 약 500킬로그램의 흙이 씻겨나간다.

군체의 계속 변하는 요구사항을 충족시키는 방식으로 흰개미들은 계속 흙을 보충한다. "근처의 나무가 쓰러져서 둔덕에 바람이 더 세게 분다고 합시다. 그러면 둔덕의 흙은 이런 요인들에 반응하여 구조를 바꾸는 데 재사용될 수 있습니다." 반대로 군체가 성장하면서 둥지가 너무 답답해지면, 흰개미들은 둥지에 환기가 더 잘 되도록 둔덕의 탑을 더 높여서 더 강한 바람을 받도록 할 수도 있다.

터너는 둔덕을 바깥 세계로부터 군체를 보호하는 장벽으로 보는 대신에, 벽 안팎의 힘들 사이에 균형을 잡아서 흰개미에게 알맞은 환경을 빚어내는 역동적인 계라고 생각해야 한다고 말한다. 그는 이 균형을 잡는 행동이 온혈동물이 추운 환경에 살면서도 일정한 체온을 유지하는 것과 같은 식으로 핵심 과정들을 조절하는 다른 생리학적 계에서 보는 것과 그리 다르지 않은 일종의 생물학적 '항상성'이라고 주장한다.

터너는 그것이 바로 이 둔덕을 짓는 흰개미들이 다른 흰개미 종들과 다른 점이라고 말했다. 마크로테르메스속 군체들은 자신들이 살아갈 융통성 있고 영리한 구조를 만듦으로써, 수많은 개체들이 효율적으로 협력할 수 있게 한다. 이것은 몇 년 전 미국 중앙정보국CIA의 분석가 집단이 비효율적인 의사소통 때문에 매일 얼마나 많은 정보를 잃는지 알아차렸을 때 얻은 것과 똑같은 교훈이었다. 그들은 시대 흐름에 뒤처지지 않기 위해 시급히 필요한 것이 더 효율적으로 협력할 수 있는 열린 유연한 구조라고 했다. 가상의 흰개미 정보 둔덕 같은 것 말이다.

더 나은 첩보 활동 방법

처음에 나온 속보는 경각심을 불러일으켰다. 경비행기 한 대가 북부 맨해튼의 한 고층 건물에 충돌했다는 소식이었다. 때는 2006년 10월 11일 수요일 오후였다. 5년 전 테러 공격을 받았던 기억이 금방 뇌리를 스쳤다. 911 긴급전화로 충돌 신고가 들어온 지 몇 분 지나지 않아 뉴욕, 워싱턴, 디트로이트, 로스앤젤레스, 시애틀 상공에 북미방공사령부NORAD 소속 전투기들이 긴급 출격했다. 중무장한 경관들이 72번가 이스트 524번지의 연기를 내뿜고 있는 건물 주위를 에워싸서 주변을 차단했다. 사고가 아닌 다른 일로 판명될 가능성에 대비해서였다.

9·11 직후에 수도 워싱턴 당국과 달리 뉴욕 당국은 도시 주위의 하늘에 경비행기와 헬리콥터가 분주하게 돌아다닐 수 있도록 비행 규정을

완화했다. 따라서 맨해튼 영공을 비행기가 뚫고 들어왔다는 사실 자체만으로는 조종사가 어떤 해를 가할 의도를 지니고 있었다는 증거가 못 되었다. 관계자들이 현장에 도착하여 목격자들의 증언을 듣고 잔해를 정리한 뒤에야 놀라운 진실이 드러났다.

소형 민간 단발기인 그 항공기는 이스트강을 굽어보고 있던 42층 콘도미니엄 건물인 블레어 아파트에 충돌했다. 엔진, 프로펠러, 전방착륙장치지지대가 32층의 아파트에 박히면서 불붙었다. 비행기의 나머지 부분은 거리로 떨어졌고, 두 사람의 시신도 함께였다. 신원은 곧 확인되었다. 현장에서 발견된 여권은 유명인사인 뉴욕양키스의 투수 코리 라이들의 것이었다. 또 한 명은 그의 비행 교관인 타일러 스탠저였다.

사건의 전모가 조금씩 드러나기 시작했다. 블레어 건물의 꼭대기 층에 있던 건설 인부들은 비행기가 자신들을 향해 오는 것을 보았다. "곧장 우리를 향해 오고 있었죠." 그 중 한 명이 〈뉴욕타임스〉 기자에게 한 말이었다. 조종사의 얼굴을 볼 수 있을 만큼 가까웠다고 했다. "건물 전체가 충격에 휩싸였어요. 우리는 재빨리 승강기로 뛰어갔지요." 30층에 있던 한 여성은 충격에 바닥에 나동그라졌다. 그녀의 아파트 창문들이 박살났고 등은 화염에 그을렸다. 그녀는 인근 병원으로 옮겨져 치료를 받았다. 그 아래층 체육관에서 거리가 바라보이는 곳에 설치된 운동기구에 앉아운동을 하던 여성은 비행기 잔해가 밑으로 떨어지는 광경을 보았다. "잔해들이 인도로 떨어지고 있었어요. 알루미늄이었는데 연기를 뿜고 있었어요."

그 와중에 버지니아 북부의 CIA 본부에서는 또 다른 유형의 자료 수집 활동이 이루어지고 있었다. CIA의 분석가들은 다른 15개 국가 정보

기관들과 공동으로 6개월 동안 인텔리피디아Intellipedia라는 새로운 네트워크 도구를 실험하고 있었다. 인기 있는 온라인 백과사전 위키피디아와 똑같은 공동 협력 소프트웨어에 토대를 둔 이 새 시스템은 분석가들이 연방 정부의 기밀 보안망 내의 공유된 공간에 관심 있는 주제에 관한 자료를 올릴 수 있도록 되어 있었다. 그러면 정보 공동체IC, intelligence community의 다른 사람들이 자료를 추가하고, 오류를 바로잡고, 어떤 식으로든 필요한 방향으로 문제의 초점을 바꿀 수 있었다. 간접 협동을 위한 기반인 그것은 정보 공동체판 영리한 적응 구조였다.

뉴욕에 비행기가 충돌한 지 20분이 지나기도 전에, 교통안보국을 비롯한 여러 기관의 요원들은 인텔리피디아에 그 사건을 다루는 페이지를 만들었다. 곧 다른 요원들이 참여하여 지금까지 밝혀진 사항을 올려놓았다. "충돌한 지 2시간이 채 되기도 전에 인텔리피디아의 충돌 페이지는 IC의 참여자들을 통해 80회 갱신되었습니다." 한 분석가는 기관 소식지에 그렇게 썼다. 어쨌든 그것은 공식 조사가 아니었다. 아무도 분석가들에게 뉴욕에서 벌어진 상황을 밑바닥까지 훑으라고 명령하지 않았다. 정보의 대다수는 라디오 방송, 웹페이지 비디오, 인터넷 토론방 같은 대중이 접근할 수 있는 '오픈 소스open source'에서 나오고 있었다. 하지만 현장의 관계자들도 충돌이 단지 사고일 뿐이라는 결론에 도달하고 있음이 곧 분명해졌다. CIA의 인텔리피디아에서 진행된 과정이 다른 점은 협력 소프트웨어를 통해 공개적으로 이루어졌다는 것이다. 일부 구시대 분석가들은 정보를 모으고 분석하는 법에 관한 새로운 사고 방식을 받아들일 필요가 있었다.

인텔리피디아 개념의 개요는 D. 캘빈 앤드러스라는 CIA 분석가가 짠

것이다. 그는 2004년 논문에서 미국 정보 요원들이 자연의 복잡계 같은 더 유연하고 적응적이고 자기 조직적이 될 필요가 있다고 썼다. 그는 군체의 개미 개체들이 어떤 일을 할지 결정하는 것처럼, "정보 요원들도 독립된 자기 조직화 방식으로 국가 안보 환경의 변화에 반응할 수 있도록 허용해야 한다"고 했다. 앤드러스는 1장에서 만난 생물학자 데보라 고든의 연구를 인용하면서 "개체 수준의 단순한 규칙을 고수함으로써 개미 군체는 집단 수준에서 자기 환경의 전략적(계절) 및 전술적(섭식) 변화에 반응할 수 있다"고 썼다. 그는 마찬가지로 정보 요원들도 자기 세계의 변화에 발을 맞추어야 할 필요가 있다고 썼다. "위키Wiki(인터넷 사용자들이 내용을 수정 · 편집할 수 있는 웹사이트—옮긴이)라는 자기 조직화 지식 웹사이트들과 블로그라는 정보 공유 웹사이트들"을 통해서 말이다.

앤드러스가 CIA의 분석가 집단을 만나 자신의 전망을 설명했을 때, 분석가들은 거의 줄곧 눈살을 찌푸리고 있었다. "우리 모두는 그를 보면서 말했지요. 이 친구 미친 거 아냐? 검증이 필요하지 않겠어?" CIA 분석가인 숀 데너히는 보스턴에서 열린 한 학회에서 동료인 돈 버크에게 그렇게 말했다. "우리는 얼마 전에 9·11을 겪었어요. 이라크 대량 파괴 무기를 경험한 지도 얼마 안 되었고요. 그런데 지금 이 친구가 한밤중에 위키 페이지를 보면서 편집하고 거기에 적힌 내용을 바꿀 수 있다는 따위의 말이나 늘어놓고 있는 겁니다."

하지만 데너히는 위키피디아가 실제로 어떻게 돌아가는지 더 자세히 살펴보자마자 그것에 끌리기 시작했다. 위키피디아의 모든 항목에는 '토론'을 하는 페이지가 딸려 있고, 거기에서 항목의 내용을 추가하고 수정하자는 찬반 주장들이 격렬하게 펼쳐진다. "토론 페이지에서 많은 논의가 벌어진다는 것을 알게 되었어요. 다양한 주제를 놓고 토의하는 정보 공동체에서 벌어지는 일과 아주 흡사하게 많은 논의가 오가더군요." 그리고 모든 논의는 그 정보의 혜택을 누구나 볼 수 있는 공개석상에서 펼쳐지고 있었다.

2001년 9월 11일 뉴욕과 워싱턴에 테러 공격이 있기 전만 해도 미국 정보 기관들은 각자의 기밀 정보를 보여주지 않는 것으로 유명했다. 그 비극이 있은 뒤, 정부의 고위 인사들은 또 다른 공격을 예방할 방법을 모색했고, 관계 기관들이 가진 정보를 서로 공유할 필요가 있다는 인식이 널리 퍼졌다. 고위 인사들은 인텔리피디아를 임시 방안으로 승인했다. 2005년 국가정보국 산하에서 시범 사업이 이루어진 뒤, 인텔리피디아 계획은 확장을 거듭하여 지금은 필요한 갖가지 소프트웨어 도구를 갖춘 약 10만 명이 이용하는 공간이 되어 있다.

보안 수준은 공개, 비밀, 일급 비밀 세 단계로 나뉘어 있다. 지금까지 이 소프트웨어 도구들 중 가장 바쁘게 돌아가는 것은 위키에 기반을 둔 소프트웨어로서 하루에 약 5천 개 항목이 기입되고 편집되고 있다. 그것의 원형인 2001년 출범하여 현재 500만 개가 넘는 항목을 지닌 엄청난 성공을 거둔 위키피디아처럼, 인텔리피디아도 자연의 영리한 무리들에서 보는 것과 비슷한 간접 협동 과정을 통해 돌아간다.

예를 들어 누군가가 위키피디아에 기입할 새 항목이 떠오른다면, 그나 그녀는 '토막글stub'이라는 짧은 글을 올린다. 그저 전체 내용이 들어갈 자리를 마련하는 것에 불과할 때도 많다. '스티그머지'라는 용어의 원래 토막글을 생각해보자. 그 글은 66.8.233.108라는 IPInternet Protocol 주

소만 알려진 누군가가 2002년 4월 18일에 올렸다. 이 토막글은 스티그머지를 이렇게 정의한다. "환경을 변화시킴으로써 간접적으로 의사소통하는 것. (예: 개미가 페로몬 자취를 남기는 것)." 그것은 좋은 출발점이었지만, 그다지 유용하지는 않았다. 그 뒤로 적어도 65명이 그 개념의 역사, 적용 사례, 더 읽을 참고문헌, 관련 웹페이지를 담은 글을 덧붙이거나, 단순히 문장을 더 명확히 고치거나 마침표를 덧붙이는 등 기여를 했다. 2004년 7월 15일 IP가 63.146.169.129인 사람이 인터넷 자체가 스티그머지의 산물이라고 적었다. "사용자들은 공유하는 가상 환경을 변형함으로써 서로 의사소통을 한다. 이 위키는 완벽한 사례다! 여기서 이용할 수 있는 대규모 정보 구조는 흰개미 둥지에 비유할 수 있다. 최초의 사용자가 다른 사용자들을 끌어들이는 개념의 씨앗(진흙 알갱이)을 남기면, 다른 사용자들이 그 초기 개념을 토대로 쌓고 수정함으로써 궁극적으로 사고들이 서로 연결된 정교한 구조를 세우기 때문이다."

즉 새로운 둔덕을 쌓기 시작한 흰개미들처럼, 위키피디아에서 스티그머지 항목을 쓰기 시작한 개인들은 그것이 시간이 흐르면서 어떻게 성장하고 발전할지 정확히 말할 수 없었다. 그 일은 나중에 들어와서 자신이 찾은 항목이 지금 작성되고 있다는 것을 알아차리고 자극을 받아 수정에 참여하는 사람들에게 달려 있었다. 그것이 바로 위키피디아가 성공을 거둔 비결 중 하나였다. 다시 말해 그것은 간접 협동을 통해 거의 모든 이가 수월하게 참여할 수 있도록 했다는 점이다. 뉴미디어 전문가 클레이 서키는 저서 《끌리고 쏠리고 들끓다Here Comes Everybody: The Power of Organizing with Organizations》에서 이렇게 썼다. "휘갈겨 적은 것을 토대로 좋은 글을 쓰기 시작할 의향이 있는 사람보다 안 좋은 글을 더 좋게 수정하려는 의향을 지닌 사람이 훨씬 더 많다. 위키피디아 글은 하나의 과정이지 산물이 아니며, 따라서 결코 끝이 없다."

데너히는 이것이 정보 분석의 모형이라는 측면에서는 정보 기관들에게 익숙한 업무 처리 방식과 정반대라고 말했다. 그는 보스턴에서 청중에게 말했다. "오랫동안 정부로부터 무엇을 얻으려면 이것이 우리의 공식 입장이라고 말하는 인장이 찍힌 서류를 생산하는 구조화한 심사 과정을 통하는 길밖에 없었습니다. 편집한 다음 발표하는 과정이었지요. 그리고 편집은 비밀리에 이루어졌고요." 하지만 인텔리피디아를 비롯한 망 도구들은 발표한 다음에 편집하는 식으로 과정의 앞뒤를 바꿈으로써 이 모형을 뒤집었다. "당신은 처음 생각을 거기에 올립니다. 다 끝났다고 말하지 않습니다. 당신은 이렇게 말하고 있는 거지요. 지금 내 생각은 이래. 여기에 뭐 덧붙일 거 없어?"

국가정보위원회 의장인 토머스 핑거는 2007년 시카고에서 열린 한 심포지엄에서 이 과정이 어떻게 이루어지는지를 보여주는 좋은 사례를 들었다. 이라크에서 반군 집단이 염소가 든 사제 폭탄을 사용하기 시작했다는 것을 정보원들을 비롯한 사람들이 알아차렸다. 토머스 핑거가 말했다. "누군가가 'IED에 염소가 쓰였다는 정보를 취합해야 해'라고 말했어요." 인텔리피디아에 토막글이 올라왔고, 그 내용은 곧 쓸 만한 정보를 지닌 많은 사람들의 주목을 끌었다. "내 기억이 맞다면 약 사흘 동안 전 세계에 흩어져 있는 정보 수집가, 분석가 등이 포함된 23명이 인텔리피디아를 이용하여 힘을 모아 완벽한 정보를 취합했어요. 그 상황에 필요했던 것을 말이지요. 그냥 그렇게 되었어요. 이 도구를 이용하라고 말한 사람은 아무도 없었어요."

위키 소프트웨어 외에 인텔리피디아 도구 집합에서 두 번째로 중요한 구성 요소는 분석가들이 인터링크 망에서 올리는 블로그였다. "블로그는 인터넷의 공공 공간에서 쓰는 일지나 일기다." 세실 앤드러스는 선구적인 논문에서 그렇게 설명했다. "대다수 블로그는 현재의 사건을 인용하면서 그것에 의견을 제시하는 형태를 취한다. 한 블로그가 다른 블로그에 실린 논평을 인용하면서 그것에 평을 할 때도 종종 있을 것이다. '블로그공간blogosphere'은 진정으로 생각들의 시장이다." 이 개념은 그렇게 빨리 공개적으로 해석이 이루어지는 것을 보는 데 익숙하지 않은 정보 공동체의 구성원들에게 불편할 수도 있다고 그는 말했다. 그는 블로그에 실린 탁월한 생각 하나당 평범한 생각은 무수히 많다고 인정했다. 하지만 그것은 감수할 만한 가치가 있었다. "각 블로그에서 서로의 생각에 평을 함에 따라, 뛰어난 생각은 공동체 전체로 되먹임되어 퍼질 것이다. 개인들은 그 명석함을 인정함으로써 반응할 것이다. 이 자기 조직화 반응으로부터 정보 공동체가 필요로 하는 적응 행동이 출현할 것이다."

인텔리피디아 집합의 세 번째 도구는 '태그 연결Tag Connect'이라는 것이다. 이것은 일반 대중에게 인기 있는 두 웹사이트인 델리셔스Delicious나 디그Digg가 제공하는 것 같은 사용자 편의에 맞는 북마크 기능이었다. 예를 들어 정보 공동체의 누군가가 인터넷에서 뉴욕의 비행기 충돌과 관련된 무언가를 발견한다면, 북마크로 그것에 '꼬리표tag'를 붙일 수 있으며, 그것과 다른 북마크들을 짜임새 있게 정리하여 공동체의 다른 사람들이 이용할 수 있게 한다. 숀 데너히는 말했다. "소셜 태깅social tagging을 통해 북마크는 개인적인 차원을 넘어서며 다른 사람들은 태그를 따라갈 수 있지요."

또 다른 중요한 도구로는 플리커Flikr나 코닥갤러리Kodak Gallery 같은 웹사이트에서 대중이 하는 것과 비슷하게 정보원이 사진을 올리고 공유할 수 있게 하는 '갤러리'라는 사진 관리 프로그램, 유튜브YouTube처럼 동영상을 공유할 수 있게 하는 '아이비디오iVideo'라는 비디오 프로그램, 인터링크라는 인스턴트 메신저, 분석가들이 구글을 이용하여 검색할 수 있게 해주는 '인텔독스Inteldocs'라는 공유 문서 저장 드라이브, 주요 웹사이트에 갱신이 이루어질 때 사용자에게 알리는 구독 기능이 있었다.

위키 기반에서 블로그, 소셜 태깅, 사진 및 동영상 관리, 인스턴트 메시지, 문서 저장, 구독에 이르기까지 이 도구 집합은 전체적으로 볼 때 인텔리피디아가 기업계에서 웹 2.0이라고 하는 정보 혁명을 전면적으로 받아들였음을 뜻했다. 뉴미디어 분야의 정신적 지도자 팀 오라일리가 만든 웹 2.0이라는 용어는 기업이나 뉴스 공급자가 내놓은 전통적인 자료보다는 사용자가 만든 콘텐츠 위주로 돌아가는 소프트웨어와 웹사이트를 가리킨다. 예를 들어 플리커의 사진들은 전문가가 아니라 아마추어가 올린다. 유튜브에는 자작 동영상이 많이 올라온다. 오라일리는 웹 2.0 체제가 "웹의 힘을 받아들여서 집단 지능을 활용한다"는 것이 기본 개념이라고 말했다. 그것은 많은 산업 분야에서 매혹적인 개념이었다.

2007년 매킨지앤컴퍼니가 경영자 약 2천 명을 대상으로 한 여론 조사에서 4분의 3은 "회사 내의 협력을 도모하거나, 고객과의 관계를 개선하거나, 공급자의 전문성을 활용하는" 등 다양한 목적을 위해 위키, 블로그, 소셜 네트워킹 같은 도구의 이용도를 높일 계획을 갖고 있다고 답했다. 돈 탭스코트와 앤서니 윌리엄스는 저서 《위키노믹스Wikinomics: How Mass Collaboration Changes Everything》에서 "웹은 더 이상 한가하게 검색하면서 수동적으로 읽거나 보는 것이 아니다. 웹은 동류 찾기peering에 관한 것이다. 즉 느슨하게 연결된 공동체 안에서 공유하고 사회화하고 협력하고 무엇보다도 창조하는 활동이다."

다시 말해 인텔리피디아가 활용한 것은 단지 정보 공동체만이 아니라 사회 전체에 폭넓게 퍼져 있는 분산 협동의 열정이었다. 클레이 서키가 《끌리고 쏠리고 들끓다》에서 쓴 것처럼, "지금 우리는 우리의 사회적 능력과 조화를 이룰 수 있을 만큼 유연한 의사소통 도구들을 지니고 있다." 이 도구들은 개인에게 사진, 동영상, 의견 같은 것을 공유할 능력뿐 아니라, 공동의 문제에 협력하고 집단 행동을 추진할 임시 집단을 형성할 능력을 제공해왔다.

인텔리피디아는 이 나라에서 정보를 모으고 해석하는 방식을 혁신할까? 지금 4년 동안 운영되었지만, 평결을 내리기에는 아직 이르다. 비록 제각기 다른 원천으로부터 정보를 끌어내어 모으는 데 효과가 있다는 점은 증명되었지만, 집단 의사결정을 위한 토대로는 아직 그리 널리 사용되지 않고 있다고 옹호자들은 말한다. 아무튼 국가의 정보 기관들처럼 고도로 구조화한 관료 조직을 세실 앤드러스가 처음 제안한 유연하고 적응력 있고 자기 조직적인 체제로 변모시키는 것이 쉬우리라고 생각한 사람은 아무도 없었다. CIA의 돈 버크는 말했다. "세상에서 가장 힘든 일은 통제권을 버리는 겁니다. 우리는 통제된 사회를 발전시켜왔어요. 조직은 오로지 통제에 관한 것이지요. 사회도 모두 통제에 관한 것이고요. 이런 도구들은 유기적인 방향으로 나아갈 것입니다."

하지만 정보의 공유 기반으로서 인텔리피디아는 이미 간접 협동의 혜택을 개미 군체나 흰개미 둔덕 같은 자연의 계들만 보는 것이 아님을 보여주었다. 인텔리피디아는 한 개체의 기여가 남들의 기여를 자극함으로써 집단 계획에 변화를 일으키는 스티그머지의 힘을 활용해 정보 공동체에 급속히 변화하는 세계와 발맞추어 나아갈 더 나은 수단을 제공했다.

2006년 코리 라이들의 비행기가 충돌한 날, 인텔리피디아에는 불운을 맞이한 그 재능 있는 운동선수와 비행 교관에 관한 뉴스가 속속 올라오고 있었다. 라이들과 타일러 스탱거는 라이들 가족이 사는 서던캘리포니아까지 가는 여행의 첫 비행 구간을 날기 위해 오후 2시 39분 뉴저지 북부의 테터보로 공항을 이륙한 듯했다. 하지만 도시를 벗어나기 전에 그들은 맨해튼을 잠시 돌아보기로 했다. 상공에서 7분을 머문 뒤, 그들은 자유의 여신상 왼쪽을 돌아 JFK 공항의 레이더 자료에 따라 이스트강 상류 거버너스섬을 지나 북동쪽으로 향했다. 그들은 퀸스보로 다리 북쪽 213미터 지점을 날다가, 라가디어 공항 근처의 비행 제한 구역에 들어가지 않기 위해 왼쪽으로 급회전했다. 그 지점의 강폭은 640미터이지만, 그들은 이스트채널 한가운데로 날아가고 있었던 터라 427미터 거리 내에서 회전을 해야 했다. 블레어 아파트에 충돌한 것은 그렇게 좁게 회전하고 있을 때였다. 한 목격자는 날개가 '기우뚱거렸다'고 말했다. 조종사가 비행기를 제어하려고 사투를 벌이는 것처럼.

마지막 순간에 조종석에서 어떤 일이 있었는지, 둘이 이스트강 상류로 왜 그렇게 멀리까지 날아왔는지 정확히 아는 사람은 아무도 없다. 하지만 기자들의 질문에 한 동료 선수는 아마도 라이들이 그저 자기 시즌이 끝나기 전에 양키스터디움을 한 번 더 보고 싶었을 것이라고 추측했다.

작은 세계, 케빈 베이컨

얼마 전 1월 1일 저녁 대학생 38명이 펜실베이니아대학교 르바인홀의 한 강의실에 있는 워크스테이션 앞에 일종의 게임을 하기 위해 앉았다. 서로를 엿볼 수 없도록 작은 칸막이도 설치되어 있었다. 서로 말하는 것도 금지되었다. 각자는 컴퓨터 화면에서 YOU라는 작은 타원형 꼬리표를 보았다. 그 타원형으로부터 바큇살처럼 선들이 사방으로 뻗어나가서 많은 작은 원들과 이어졌다. 원은 이웃을 나타냈다. 원은 빨간색, 초록색, 파란색 중 하나를 띠고 있었다. 학생들이 들은 바에 따르면, 타원형에 빨강, 초록, 파랑 중에서 이웃들이 지니고 있지 않은 색깔을 골라주는 것이 게임의 목적이었다. 게임은 5분 동안, 또는 모두가 문제를 풀 때까지 진행될 예정이었다. 게임이 끝났을 때 모든 이웃들과 다른 색깔을 골랐다면, 5달러라는 상금을 받는다. 그렇지 않으면 상금은 없다.

잠시 당신이 그들의 자리에 있다고 하자. 게임이 시작될 때 당신의 이웃이 네 명이라고 하자. 그들 중 셋은 초록이고 하나는 빨강이다. 당신 자신은 어떤 색깔을 고르겠는가? 쉽다. 다른 누구와도 충돌을 빚고 싶지 않다면, 당신은 사용되지 않은 색깔인 파랑을 고를 것이다. 이제 당신이 파랑을 고른 직후에 이웃 중 둘이 파랑으로 색깔을 바꾼다고 하자. 아마 그들은 당신이 컴퓨터 화면에서 볼 수 없는 다른 이웃들과 충돌을 빚고 있는지 모른다. 이제 당신은 어떻게 해야 할까? 빨강이나 초록으로 바꾸면, 누군가와 충돌을 빚을 것이다. 하지만 당신의 이웃이 아닌 그나 그녀의 이웃들은 운신의 폭이 좀 있을지 모른다. 그래서 당신은 그나 그녀가 문제를 발견하자마자 바로잡을 것이라고 기대하면서 초록으로 색깔을 바꾼다. 그런 식으로 게임은 시간이 다 될 때까지, 혹은 퍼즐을 풀 때까지 진행된다.

이렇게 말하니 어려운 것처럼 느껴진다. 실제로도 어렵다. 이것은 수학자들의 공식 용어로는 최적 색칠 문제Optimal Coloring Problem라고 하는데, 컴퓨터에게도 '난해하다'. 하지만 학생들은 38번 시도하여 31번이나 문제를 풀 수 있었으며(그리고 5달러를 벌었다), 때로는 1분도 안 되어 풀기도 했다. "학생들이 너무나 잘 풀어서 무척 놀라고 기뻤어요. 장담하건대, 내가 오늘 아침에 당신에게 같은 문제를 혼자서 풀라고 하면, 당신은 오후가 되어서도 여전히 끙끙거리고 있을 걸요." 실험을 계획하고 주관한 컴퓨터 과학자 마이클 케언스의 말이다.

그는 38개의 원을 색칠하는 문제를 한 사람이 푼다는 것은 좌절감을 불러올 정도로 어렵다고 설명했다. 모든 선택은 다음 선택에 제약을 가하기 때문이라는 것이다. 서로 충돌하지 않도록 원들을 어느 정도까지 색칠하고 나면 더 이상 어찌할 수 없는 상황에 처한다. "진퇴양난에 빠지는 거지요. 당신이 한 실수는 처음에 잘못했기 때문이지요. 하지만 꽤 오랜 시간이 흐른 뒤에야 당신은 그것을 알아차리게 됩니다. 비유가 좀 모호하긴 하지만, 나는 그것이 미로와 비슷하다고 말하곤 합니다. 당신은 출구에서 벽 하나 뒤쪽에 와 있을 수도 있지만 빠져나올 수가 없어요. 처음에 입구에서 오른쪽이 아니라 왼쪽으로 갔어야 하기 때문이지요."

반면에 강의실에 있던 각 학생은 퍼즐 전체를 풀 필요가 없었다. 대개 학생들의 화면에는 전체 그림이 아니라 자신의 이웃만 보이기 때문이다. 그런 의미에서 그 문제는 흰개미 군체가 둔덕 수리 과제를 일개미들 사이에 분산시키는 것과 마찬가지로 학생들 사이에 분산되어 있었다. 이 게임이 제대로 작동하게끔 만든 것은 각 학생의 이웃이 다른 학생들과 겹침으로써 한 이웃을 상대로 이루어진 해결책이 나머지 전체로 퍼진다는 것이었다. 비록 컴퓨터 화면으로만 상호작용을 했기에 학생들은 잘 몰랐지만, 그들은 이런저런 식으로 강의실의 모두와 서로 연결된 더 큰 그물의 일부였다. 그들은 그저 한 이웃 집단의 일부가 아니었다. 그들은 원리상 페이스북Facebook에서의 친구 집단, 인텔리피디아에서의 정보 분석가들, 인터넷의 서버들, 전력망의 발전소들과 그리 다르지 않은 망의 일부이기도 했다.

이것이 바로 마이클 케언스가 진정으로 관심을 가진 부분이었다. 케언스는 집단 지능에서 망이 하는 역할에 흥미를 느꼈다. 특히 게임처럼 전략적 결정이 이루어지는 상황일 때 집단의 행동이 구성원들을 연결하는 망의 구조에 어떻게 영향을 받을지 알고 싶었다. 흰개미집의 구조가 각 흰개미의 행동에 영향을 미치는 것처럼, 인터넷이나 도로망 같은 물리적 망에서 동호회나 정당 같은 사회적 망에 이르기까지 우리 모두가 이용하는 망도 그렇다. 하나의 망에서 개체들은 제각기 다른 패턴과 배열 속에서 상호작용을 하며, 그것은 일종의 지도로 묘사할 수 있다. 케언스는 궁금했다. 어떤 구조가 특정한 문제를 더 쉽게 해결하게 해줄까? 어떤 구조가 더 풀기 어렵게 만들까?

색칠 게임 문제를 생각해보자. 거기에서 개인들은 자신의 선호도를 남들의 선호도와 구분해야 한다. 예를 들어 한 십대 소녀가 새 휴대전화의 벨소리를 고르고 싶어하는데, 어떤 이유로 벨소리의 종류가 한정되어 있을 때, 그녀는 어떤 친구도 쓰지 않은 벨소리를 어떻게 고를 수 있을까? 그런 문제의 해답은 서너 집단 사이의 주고받음에 달려 있다. 한 사람이 하는 행동은 다른 사람들의 행동에 영향을 미친다. 그런 상호작용은 집단의 망 배열에 어떻게 영향을 받을까?

이것을 알아보기 위해 케언스는 색칠 실험을 할 때 영향을 미치는 양상이 서로 다른 두 망으로 학생들을 연결했다. 첫 번째 집단은 이른바 '작은 세계small world' 망으로 연결되어 있었다. 두 사람이나 대상 사이에 놀라울 정도로 짧은 연결이 존재할 수 있는 망을 말한다. '케빈 베이컨의 6단계'라고 알려진 오락거리를 낳은 할리우드 배우들의 연결 구도는 그런 망의 한 사례다. 이 게임은 한 배우의 이름을 말한 뒤, 그 배우가 몇 단계를 거쳐야 케빈 베이컨과 연결되는지를 알아보는 것이다. 베이컨은 많은 영화에 출연했다고 알려져 있다.

한 예로 코미디언 윌 페럴의 이름이 나왔다고 하자. 당신은 페럴이 〈호기심 많은 조지Curious George〉라는 애니메이션에 클린트 하워드와 함께 목소리 출연을 했다고 기억할지 모른다. 하워드는 〈프로스트/닉슨Frost/Nixon〉에 케빈 베이컨과 함께 출연했다. 따라서 페럴은 두 단계를 거쳐 베이컨과 연결되었으므로 '베이컨 수'가 2다. 에이미 애덤스는 약간 더 어렵다. 그녀는 베이컨 수가 3이다. 그녀는 〈드림 트랩Dream Trap〉에 차민 탤버트와 함께 출연했고, 탤버트는 〈우리 아빠 야호Parenthood〉에 랜스 하워드와 함께 출연했다. 하워드는 〈프로스트/닉슨〉에 케빈 베이컨과 함께 출연했다. 이 게임을 하면서 얻는 근원적인 깨달음은 거의 모든 배우가 케빈 베이컨만이 아니라 다른 거의 모든 배우와 비교적 얼마 안 되는 단계만 거치면 서로 연결될 수 있다는 것이다. 영화에 출연하는 사람들의 망이 충분히 크고(50만 명이 넘는다) 그런 짧은 연결을 허용할 수 있을 만큼 상호 연결되어 있기 때문이다.

그리 놀랍지 않겠지만, 같은 깨달음이 인간 사회 전반에도 적용될 수 있다. 극작가 존 구아레가 1991년 연극 〈여섯 단계의 거리Six Degrees of Separation〉에서 제시한 것처럼. 등장인물인 위사 키트리지의 유명한 독백에 이런 말이 나온다. "이 행성의 모든 사람은 서로 여섯 사람만큼 떨어져 있어요. 여섯 단계의 거리이지요. 우리와 지구의 다른 모든 사람 사이의 거리가 그래요. 미국 대통령과도, 베네치아의 곤돌라 사공과도요." 언뜻 들으면 틀린 말 같지만, 조금만 생각해보면 맞을지도 모른다는 것이 드러난다. 당신의 친구가 50명이고, 그들 각자에게도 50명의 친구가 있다면, 당신은 한 단계 건넜을 뿐임에도 이미 2,500명으로 이루어진 망에 연결된다. 망을 다시 한 단계 더 확장하면 지인은 12만 5천 명으로 늘어나며, 2장의 정찰벌 의사결정 과정에서 살펴보았던 것과 같은 눈덩이 굴리기 수학이 그대로 펼쳐진다. 6단계에 이르면, 당신의 망에는 15억 명이 들어가며, 그들은 모두 한 곳에 모여 사는 것이 아니다. 그들은 지구 전체에 흩어져 있다. 따라서 당신이 나처럼 버지니아에 사는데 호주 쿠지만의 파도 타는 사람을 찾아야 할 때, 당신은 조카 워렌에게 연락할지 모른다. 워렌은 지금 샌프란시스코에 살지만 몇 년 전 쿠지만에 살았으며 지금도 그곳에 파도를 타는 친구들이 있다. 겨우 두 단계만에 당신은 지구 반대편의 조밀한 사회망에 접근했다.

물론 이 현상의 안 좋은 측면은 그것이 전자우편 주소뿐 아니라 신종 플루의 전파에도 마찬가지로 잘 적용된다는 것이다. 앞서 살펴본 미국 전력망 같은 망에서는 연쇄적인 고장이 너무나 수월하게 오하이오 북부에서 나무에 걸린 지점과 타임스스퀘어 전광판 사이의 짧은 경로를 나아갔다. 월스트리트의 금융 위기로 즉각 중국의 공장들이 문을 닫은 것처럼. 소수의 장거리 연결과 조밀한 국소망들의 조합은 작은 세계에서 좋은 일이든 나쁜 일이든 금세 퍼뜨린다.

케언스가 색칠 실험에 쓴 두 번째 유형의 망은 전문가들이 '척도 없는scale free' 망이라고 부르는 것이었다. 구성원들을 정확히 특징지을 수 있는 공통의 척도가 없기 때문이다. 지구 항공망을 생각해보자. 항공망은 히드로 공항, 홍콩 공항, JFK 공항처럼 다른 수백 곳의 목적지와 연계되어 있는 소수의 거대한 허브hub에서 알래스카의 아크틱빌리지나 뉴멕시코의 타오스처럼 몇 군데로만 이어지는 훨씬 더 많은 작은 공항들에 이르기까지, 대단히 다양한 규모의 공항들을 포함한다. 세계의 '평균' 공항에서 얼마나 많은 도시로 날아갈 수 있는지를 물으면, 당신은 아마 좋은 답을 내놓지 못할 것이다. 실제로 평균에 해당하는 공항은 거의 없을 것이기 때문이다.

월드와이드웹도 그런 망의 또 다른 사례다. 거기에는 구글, 야후, 아마존처럼 다른 무수한 사이트로 연결되고 웹 트래픽traffic의 대규모 허브 역할을 하는 사이트들과 극소수의 다른 사이트로만 연결되는 트래픽이 아주 적은 훨씬 더 많은 사이트들이 포함된다. 이런 규모의 불균형 때문에, 당신이나 나 같은 사용자에게는 허브가 훨씬 더 눈에 띈다. 허브는 우리의 웹 경험을 형성하고 '부익부rich get richer' 방식으로 인지도가 계속 높아진다. 망 과학자 앨버트 라즐로 바라바시는 저서 《링크》에서 이 성장 양상을 '선호적 연결preferential attachment'이라고 했다. 개인들이 두 웹사이트 중에서 골라야 할 때 한쪽이 연결된 링크 수가 2배 더 많으면,

"더 연결이 많은 웹페이지로 접속하는 사람이 2배 더 많다"는 것이다. 즉 한 웹페이지가 더 인기가 있다면 그곳은 더욱더 인기를 끈다.

친구들 및 지인들과의 관계에서도 비슷한 일이 벌어진다. 말콤 글래드웰은 저서《티핑 포인트》에서 커넥터Connector라는 부류를 묘사한다. 커넥터는 다양한 사회 집단에 참여함으로써 유행, 패션, 기타 추세를 퍼뜨리는 데 핵심적인 역할을 하는 사람이다. "이런 사람이 누구인지 우리 모두 잘 안다. 그들은 모든 이를 아는 그런 부류의 사람이다." 우리는 남들이 무슨 말을 하고 무엇을 하는지를 그런 사람들을 통해서 계속 전해들으며, 그 결과 그들은 잡담거리와 조언의 살아 있는 허브가 된다. "아마 그토록 많은 유행 추세가 주류 아메리카로 진입하지 못하는 이유 중 하나는 그저 진짜 운이 나빠서 커넥터의 동의를 얻지 못하기 때문일 것이다."

전문가들은 어떤 망에 그런 허브가 있음으로써 얻는 한 가지 혜택은 그것이 정상적인 손상이나 줄어드는 것에 대한 놀라운 복원력을 계에 제공한다는 점이다. 다른 몇몇 유형의 망에 비해 척도 없는 망은 무작위적 고장의 영향을 덜 받는다. 구성원이나 구성 요소의 대다수는 그리 많은 것들과 연결되어 있지 않기 때문이다. 그들 중 하나가 고장난다고 해도 망의 전체 성능은 손상되지 않는다. 반면에 사고든 파괴 행위든 간에 허브가 고장나면 심각한 결과가 빚어질 수 있다. 그들이 너무나 많은 트래픽을 처리하기 때문이다. 당신은 여행하고 있을 때 눈보라로 JFK 공항이 폐쇄되지 않기를 기도하듯이, 기말 보고서에 필요한 자료를 찾고 있을 때 구글에 장애가 생기기를 원치 않는다. 둘 중 어느 하나가 일어난다면, 당신에게는 긴 하루가 될 것이다. 그런 한편으로 의도적인 공격에 망 허브가 취약하다는 점을 이용하여 언젠가는 사회망의 허브를 전략적으로 겨냥하여 HIV 에이즈나 조류독감 같은 바이러스의 전파를 예방할 수 있을지 모른다. 즉 신종플루라면 보건 담당자들 같은 고위험군에 백신 접종을 하면 전체 인구로 전염병이 전파되는 것을 막을 수 있을지 모른다.

작은 세계 망과 척도 없는 망이라는 이 두 유형의 망이 게임을 하는 학생들에게 어떤 식으로 영향을 미치는지 비교하기 위해, 케언스는 각 학생이 차례로 두 유형에서 한 자리를 차지하도록 했다. 물론 학생들은 자신의 이웃만을 볼 수 있으므로 자신이 어느 망에 속해 있는지 몰랐다. 그것은 누구는 고작 세 명의 이웃과 상호작용을 하는 반면, 누구(망의 허브 역할을 하는 사람)는 많으면 22명의 이웃과도 상호작용을 한다는 의미였다. 케언스가 발견했듯이, 어느 위치에 있든 간에 각자의 행동은 망의 구조에 강하게 영향을 받았다. 하지만 그가 예측했던 식으로는 아니었다.

예를 들어 척도 없는 망에서 게임을 할 때는 이 망의 강점들이 알려져 있음에도, 학생들은 작은 세계 망에서보다 색칠 문제를 풀기가 훨씬 더 어려웠다. 실험 중 7번은 성공하지 못했는데, 그 중 6번은 척도 없는 망에서였다. 척도 없는 망에서 문제를 풀 수 있었던 학생들조차도 푸는 데 시간이 더 오래 걸렸다. 그것은 게임의 특성을 생각하면 납득이 간다. 즉 고등학교에서 가장 인기 있는 학생은 친구가 둘뿐인 학생보다 혼자만의 휴대전화 벨소리를 고르기가 훨씬 더 어려울 것이 뻔하다.

케언스는 말했다. "이런 허브가 어디에 유용할지 생각해봅시다. 정보를 빨리 퍼뜨리는 것이 목표라면, 허브에게는 너무나 쉬운 일입니다. 링크가 추가될수록 소통 속도도 빨라질 테니까요. 반면에 남들과 자신을 구분하는 것이 목표라면, 정말로 어려운 일이 될 겁니다. 더 많은 갈등을 해소해야 하니까요. 이때는 링크가 늘어날수록 문제는 더욱 어려워질 뿐이지요."

케언스는 여기서 얻은 더 큰 교훈은 자신이 망을 이용하여 하려는 것이 무엇인지를 논의하지 않은 채, 작은 세계 망이나 척도 없는 망 같은 서로 다른 망 구조의 특성들을 논의한다는 것은 별 의미가 없다는 뜻이라고 말했다. 문제에 따라 어느 망이 더 좋은지도 달라진다. 어쨌든 망을 논의할 때, 우리가 사실상 논의하는 것은 관계에 관한 것이다. 즉 우리가 주소록을 보면서 유권자와 접촉하는 선거 입후보자의 운동원이든, TV 광고를 짜는 마케팅 담당자든, 찌는 여름날 전력 수요를 맞추려 애쓰는 발전소 직원이든 간에, 주변 사람들(아울러 그 주변 사람들과 상호작용하는 사람들, 또 후자와 상호작용하는 사람들 등등)과 상호작용하는 방식 말이다. 집단 행동에 참여할 때 우리는 망에 참여하는 것이기도 하며, 그 망의 구조는 개인 및 집단 차원에서의 목표 달성을 더 쉽게 만들거나 어렵게 만든다.

때로 우리는 극도로 어려운 도전 과제에 직면해 있을 때에도 그런 망이 대단히 복원력이 있을 수 있다는 것을 알아차리지 못한다. 몇 년 전 허리케인 카트리나가 들이닥칠 때 멕시코만 연안의 사람들이 발견한 것이 바로 그것이었다.

잃은 것과 얻은 것

2005년 8월 29일 허리케인 카트리나가 루이지애나 남부를 휩쓸었을 때 지역 통신망은 거의 전부 파괴되었다. 통신망은 현대 사회의 핵심을 이루는 또 하나의 복잡계다. 몇 시간 사이에 천 개의 휴대전화 통신탑이 무너졌고, 수많은 전신주가 쓰러졌고, 지상의 통신선은 묻혔고, 교환기도 물에 잠겼다. 300만 명이 넘는 사람들이 가족의 생사를 알아보거나 상황을 알리거나 도움을 요청할 통신 수단을 잃고 말았다. 끔찍한 단절의 시기였다.

뉴올리언스 전역에서 제방이 무너지고 도시의 대부분이 물에 잠겼으며, 수십만 명이 지붕이나 다락방이나 병원 침대 위에 고립되었다. 올리언스 군의 고령자 거주지인 레이크포리스트 거리의 포리스트타워스이스트 아파트에 살던 수십 명의 노인들은 빠져나갈 수도 도움을 받을 수도 없는 상황에서 찌는 듯한 열기에 허덕여야 했다. 그 중 4분의 3은 휠체어 신세를 지고 있었다. 많은 이들이 그랬듯이, 그들도 스스로 헤쳐나갔다.

그 와중에 응급구조 기관들은 자체의 망 문제를 해결하느라 애쓰고 있었다. 경찰과 소방대의 통신망도 파괴되는 바람에 통신 거리가 2~4킬로미터에 불과한 무전기만 겨우 쓸 수 있었다. 너무나 많은 응급구조 담당자들이 공통의 주파수를 쓰는 바람에, 거리의 경관들은 단어 하나를 듣는 데 20분이나 기다려야 할 때도 있었다. 다른 주의 아마추어 무선사들이 협력하여 아직 물에 잠기지 않은 몇몇 911 센터에 메시지를 중계하고 있었다.

공무원들도 고립되기는 마찬가지였다. 주지사 핼리 바버가 나중에 의회에서 말한 바에 따르면, 미시시피 방위군 사령관은 누군가를 파견해야만 무슨 일이 벌어지는지 겨우 알 수 있었기에 처음 2~3일 동안 "내전이나 다름없는 상황"에 처해 있었다. 사령부에는 말 대신에 헬리콥터가 있었기에 상황 파악이 좀 더 빨랐다고는 하지만, 그저 약간 더 나은 정도였다.

정부가 그런 문제를 예견하지 못했다는 점은 중앙 당국이 보여준 충격적인 붕괴의 일면에 불과했다. 지역 주민들에게 안전망을 제공하기는커녕, 상원위원회가 나중에 말했듯이 당국자들은 "정부의 모든 지위 계층에서 혼란, 지체, 잘못된 방향, 나태함, 협조 미비, 지도력 부재"를 여실히 보여주었다. 예를 들어 구조 헬리콥터들이 관료적 형식주의 때문에 뜨지 못하고 있는 동안, 대피소를 찾으라는 말을 듣고 모인 약 2만 명이 슈퍼돔의 갑갑한 환경에서 지쳐가고 있었다. 〈뉴스위크〉는 이렇게 썼다. "환기 시설이 먼저 고장났다. 그 다음에 전등이 나갔다. 자체 발전기가 가동되었지만, 용량이 적어서 드넓은 공간을 그저 흐릿하게 비출 정도의 전기밖에 생산하지 못했다. 구세군이 수천 명분의 즉석 조리식품을 나누어주었지만, 병에 담은 식수가 부족했고, 찌는 듯한 열기에다가 땀으로 범벅이 된 몸에서는 악취가 풍겼다. 수요일이 되자 수돗물이 끊겼고 악취 가득한 화장실은 차고 넘쳤다." 비판자들은 구조하러 오겠다던 정부의 약속은 어찌된 거냐고 목소리를 높였다. 대체 뭘 하기에 그렇게 늑장을 부린 것일까?

중앙의 지휘 통제 체계가 이렇게 와해되어 있는 와중에 의외의 일이 일어났다. 사람들이 서로 접촉할 수 있는 대안 망을 이용하여 분산된 통신 체계를 구축하기 시작했다. 비록 음성 통신망은 꽉 막혀 있었지만, 문자 메시지는 사용법을 아는 사람들을 통해서 빈번하게 전달되고 있었다. 메시지는 웹페이지에도 뜨고 있었다. 원래 그런 기능에 맞게 설계된 것이 아니었음에도 말이다. 〈타임스 피커윤〉 신문의 웹사이트에 "제발 도와주세요"라는 메시지가 뜨자, 신문사는 잠시 인쇄본 발행을 중단했다. "윌로브룩드라이브 5069번지, 우편번호 70129인 교회에서 400~500명이 도움을 기다리고 있습니다. 음식은 전혀 없고 물이 점점 차오르고 있어요. 제발 도와주세요." 글을 올린 사람은 텍사스의 한 마을에 사는 여성이었는데, 그 교회에 아는 사람이 있는 부부의 딸이었다.

다른 웹사이트들에도 도움을 요청하는 글들이 올라왔다. 크레이그스리스트Craigslist 뉴올리언스 지사의 '구인구직' 페이지에는 한 젊은 여성의 글이 올라왔다. "우리 아빠를 찾아주세요." 그 웹사이트는 원래 구인구직 광고가 실리는 곳이었다. 그녀만이 아니었다. 며칠 사이에 비슷한 글이 수천 건이나 올라왔다. "윌리 새뮤얼스를 찾습니다. 아내 샐리는 이곳 AK 리틀록에 안전하게 있습니다." "빌 코백스 어디 있니? 무사하니? 난 마이애미에 있는 마시야." "내 친구 리사 포터를 찾습니다. 나이는 34~35세이고요. 사이프러스 거리에 삽니다. 똑똑한 친구라서 빠져나왔을 것이라고 믿지만, 연락이 안 돼요. 너무나 걱정돼요. 나말고 몇몇 사람들도 그녀를 찾고 있습니다! 누구든 소식을 알면 전해주세요!" 카트리나 피해자들에게 머물 곳을 제공하겠다는 사람들의 글도 크레이그스리스트에 1만 건이 넘게 올라왔다. 적십자사는 이재민들이 가족을 찾을 수 있도록 등록하는 '안전하게 잘 있음'이라는 온라인 사이트를 제공했다.

웹을 주된 통신망으로 삼는 사람들이 점점 늘어나자, 다른 유형의 사이트들도 나타났다. 대피소, 원조, 동물 구조, 건강과 안전 등에 관한 정보를 모으는 카트리나 헬프 위키Katrina Help Wiki도 그 중 하나였다. 남아시아에 지진해일로 재난이 일어난 뒤에 비슷한 웹사이트를 구축한 바 있던 자원 봉사자들이 만든 그 웹사이트에는 곧 4천 명이 넘는 편집자들이 참여하여 자료를 입력하는 등의 일을 했다.

뉴올리언스 사태에서 웹이 이런 식으로 쓰일 것이라고 예상한 사람은 아무도 없었다. 웹의 생명줄로서의 역할은 다른 통신망들이 망가지면서 자발적으로 출현했다. 허리케인과 정부의 지원 기능 마비로 생명이 위험에 처했을 때, 보통 사람들은 서로의 행동을 토대로 힘을 모아 새로운 분산적인 해결책을 도출했다. 그들은 삶의 나머지 영역에서 하던 일을 웹에서 하고 있었을 뿐이었다. 즉 이제껏 지니고 있던 사회망을 허리케인의 피해로부터 구할 수 있는 것이면 무엇이든 구하는 용도로 돌린 것이었다.

전문가들은 위기 상황에서 나타나는 그런 창조적인 대응을 논의할 때 임기응변과 적응 같은 용어를 자주 쓴다. 재난 분석가 트리시아 워치텐도프와 제임스 켄드라는 이렇게 썼다. "재난은 사회 체제를 무력하게 만들지 모르지만, 완전히 파괴하지는 않는다. 사실 재난 뒤에 종종 목격되는 '해체'는 주로 새로 출현하는 환경과 새로운 상황에 공동체가 적응하는 과정이다."

더 작은 규모에서 자연의 영리한 무리들이 보이는 분산된 적응 반응에도 같은 말을 할 수 있다. 나미비아의 스콧 터너 연구진이 불도저로 거대한 흰개미 둔덕을 무너뜨렸을 때, 그들은 흰개미 군체의 모든 수준에서 분산 반응을 일으켰다. 임기응변식 비상 통신망의 전문가인 데이비드 스티븐슨은 뉴올리언스에서도 비슷한 일이 일어났다고 말한다. "생사의 갈림길에 직면했을 때 가장 전통적인 조직들조차도 지휘 통제 전술을 포기하고 혁신적인 문제 해결 방법을 모색하지 않을 수 없습니다." 핵심은 평범한 개인들의 분산 반응이었다. 재난에서 살아남은 사람들은 어떤 것이든 간에 자신이 지닌 도구를 써서 변화하는 환경에 대처할 해결책을 고안해야 했다. "카트리나 때 정부는 형편없이 붕괴한 반면, 주민들은 그렇지 않았습니다."

자발적인 행동의 사례로 8월 31일 수요일 아침 루이지애나 제닝스의 월마트 주차장에 모인 사람들을 생각해보자. TV에서 슈퍼돔의 비참한 소식이 계속 들리는 와중에 로니 로베트의 도움 요청을 받아들여 36명이 17척의 보트를 갖고 모였다. 로베트는 뉴올리언스에서 서쪽으로 약 280킬로미터 떨어진 찰스호 연안에 건설사를 갖고 있었다. 새러 로버츠와 앙드레 부아송 부부에게 자극을 받아 로베트는 정부가 할 수 없다는 것이 명백해진 일을 시도하고 싶은 사람이 있다면 누구든 배를 갖고 나오라고 직원들에게 요청했다. 홍수에 잠겨 고립된 뉴올리언스의 주민들을 구하러 가자는 것이었다. "우리 직원들은 절대 꽁무니를 빼지 않습니다. 우리는 서로 믿고 의지하지요." 로베트는 그들의 이야기를 다룬 《대홍수The Great Deluge》의 저자 더글러스 브링클리에게 말했다. "그래서 새러가 요청했을 때 우리 모두 행동에 나섰지요." 브링클리는 이 임시변통한 소규모 함대에 '케이준 해군Cajun Navy'이라는 이름을 붙였다.

각 보트에는 탐조등, 사슬톱, 도끼, 구명 조끼 등 필요할 것이라고 여겨지는 물품을 실었다. 총도 몇 자루 있었다. "기계 수리 기술자와 전기 기술자도 있었지요. 우리 선원들은 대부분 숙련된 노동자들이었어요. 우리는 그들의 전문 기술에 맞추어 과업을 나누었지요." 새러 로버츠가 말했다. 그녀는 팀을 조직하는 일을 도왔다. 비록 이 진지한 시골 남자들은 강인했지만, 지금까지 뉴올리언스에 한 번도 가본 적이 없는 사람들이 많았다. 그들은 어떤 일이 닥칠지 확신하지 못했다.

노로 젓는 작은 배와 수렵용 보트로 이루어진 케이준 함대가 도시 외곽의 정박지에 도착했을 때, 그들은 자신들과 같은 자원 봉사자들 수백 명이 배를 타고 마찬가지로 막 도착한 것을 알았다. 이미 물에서 사람들을 수색하는 집단을 꾸린 루이지애나 야생생물 및 어업부 소속 공무원은 로베트 일행을 커널 가에 있는 해러스카지노 근처의 정박지로 보냈다. 그곳에 있던 뉴올리언스에서 온 경찰관들은 다음날 아침에 뉴올리언스 이스트 관할 기관에 보고를 해야 한다고 도움을 요청했다.

목요일 오전 7시까지 로버츠를 비롯한 케이준 해군은 올리언스 군의 셰프망투어 고속도로 근처의 물에 잠긴 거리로 출항할 준비를 끝냈다. 그런데 출발하기 직전에 뉴올리언스 경찰청의 한 공무원이 규정을 설명했다. "시신과 마주치면 건드리지 마세요. 그냥 놔두세요. 나중에 조치가 취해질 겁니다. 우리는 사람들을 돕기 위해 여기 있는 겁니다." 구조대원들에게 총질을 했다는 보고도 들어왔다고 했다. 그런 일이 일어나면 빠져나와야 했다. "빠져나오고자 하는 사람들은 데려옵니다. 하지만 강요는 하지 마세요. 애완동물은 안 됩니다. 혼자 돌아다니지 마십시오. 둘씩 다니세요. 무기가 있다면 자신을 지킬 필요가 있을 때를 대비해 가져가세요."

그들은 물에 잠긴 집들을 돌아다니면서 사람들을 꺼내어 원래 혼례식, 집회, 큰 파티가 열리는 장소인 크리스털팰리스까지 실어 나르면서 온종일 인명을 구조했다. 그들은 대규모 문제에 대한 임기응변의 상향식 해결책의 일부로서 자신이 할 수 있는 일을 그냥 하고 있었을 뿐이다. 그 날 오후 늦게 리드 거리를 따라 가다가 그들은 한 노인을 발견했다. 노인은 한 고층건물의 창 밖으로 빈 산소병을 흔들면서 그들의 주의를 끌기 위해 필사적으로 애쓰고 있었다. 바로 옆 거리인 레이크포리스트 가의 포리스트타워스이스트 아파트였다. 휠체어에 앉은 채로 사라졌던 거주자들이 마침내 발견된 것이다.

"우리는 보트를 식당으로 몰고 갔어요." 로버츠가 브링클리에게 한 말이다. 그들은 불안해하는 수십 명의 주민들을 배가 있는 곳까지 데리고 내려왔다. "태우려면 그들을 계단통까지 데리고 와서 검은 물을 건너 옮겨야 했지요. 계단통에는 쥐, 개구리, 생쥐 시체들이 산더미처럼 쌓여 있었어요. 정말 역겨웠지요."

놀라울 정도로 많은 거주자들이 애완동물을 꼭 껴안고 있었다. 경찰청 간부는 동물을 태우지 말라고 했지만, 상황을 접한 로버츠는 그의 말을 무시하기로 결심했다. "힘겹게 버텨온 이들에게 유일하게 사랑하는 동물을 데리고 갈 수 없다는 말을 도저히 할 수가 없었어요. 나는 많은 살진 고양이를 들어다가 배에 태웠지요." 새러 로버츠는 규칙이 중요하다는 것을 믿었다. 하지만 위기 상황에서는 때로 자신의 규칙을 세울 필요가 있다.

CHAPTER 4

Birds of a Feather

무리의 비밀

—

참새

지붕 위에서 | 영화 속 괴물 무리
로봇 집단 훈련시키기 | 그들은 무리에서 뭘 배울까?
내가 하는 대로 따라해 | 순록과 춤을

당신이 도로로 차를 몰고 있을 때 비가 오고
앞이 잘 보이지 않는 상황에 멀리서
한 무더기의 붉은 미등이 눈에 들어온다면,
당신은 속도를 줄일 겁니다.
당신이 볼 수 없는 무언가를
그 사람들이 볼 수 있다는 것을 알기 때문이지요.
그리고 아마 그것이 올바로 행동하는 것이겠고요.

SMART
SWARM

1919년 크리스마스 며칠 전 에드먼드 셀로스는 영국해협이 내려다보이는 사우스도싯의 한 벌판에서 참새 떼를 관찰하고 있었다. 새들은 앞서 여러 번 그를 놀라게 했던 행동을 하고 있었다. 마치 과학 법칙을 부정하는 것처럼 보일 정도로 너무나 당혹스러운 행동이었다. 그는 야외 조사 일지에 이렇게 썼다. "성기고 짧게 자란 풀밭에 상당히 넓은 면적에 걸쳐 짙게 그늘을 드리울 정도로 빽빽하게 모인, 적어도 200~300마리, 아니 그 이상일 수도 있는 새 떼 전체가 바람에 사로잡힌 어떤 검은 조각처럼 한순간에 날아올랐다." 참새들은 깜짝 놀라서 날아오른 것이 아니었다. 그는 세심하게 그들과 거리를 두고 있었고 주위에는 아무도 없었다. 총소리도 듣지 못했고 해변을 따라 개가 달려온 것도 아니었다. 참새들이 한 무리씩 뒤를 이어 서서히 너울거리며 날아오른 것도 아니었다. 그들은 단숨에 한꺼번에 이륙했다. 그들은 한순간 풀밭에 앉아 있거나 서 있다가, 다음 순간에 공중에 떠 있었다. 거의 이륙할 때처럼 빠르게 새들은 공중에서 선회한 뒤 단숨에 착륙했다. 사실상 이륙한 그 자리에 돌아온 셈이었다. 셀로스는 마치 평소에 매일 하는 습관처럼 그 과정 전체가 자연스럽게 이루어지는 일상적인 일인 양 보였다고 적었다. "하지만 일상적인 평소 습관이라는 말이 수백 마리가 마치 하나인 양 동시에 함께 행동할 수 있는지를 설명해주지는 못한다."

부지런한 관찰자이자 10여 권의 자연사 책을 쓴 셀로스를 당혹스럽게 한 것은 그 많은 개체들이 어떻게 그렇게 정확히 행동을 조화시킬 수 있는가였다. 집에서 그리 멀지 않은 웨이머스 만을 내다볼 때, 그는 수천 마리의 갈매기들이 마치 "어떤 보이지 않는 철망으로 연결되어 있는" 것처럼 함께 날아오르는 광경을 종종 목격했다. 그는 까마귀의 친척인 떼까마귀들도 거의 똑같은 행동을 하는 것을 가끔 목격했다. 그들은 "어떤 활기를 불어넣는 충동에" 갑자기 날아올랐다가 좁고 긴 검은 선을 그리면서 풀밭의 다른 곳에 내려앉았다.

셀로스는 어느 날 저녁 찌르레기 떼가 나무 위에서 공중 곡예를 부리는 모습을 관찰한 뒤, 그들이 거의 즉각적으로 방향을 바꾼다고 적었다. "그들 무리는 마치 모든 개체가 한 생물의 일부인 양 한순간에 갈색에서 회색으로, 짙은 색에서 밝은 색으로 변하면서 방향을 바꾸고 선회하고 비행 순서를 뒤바꾸었다." 그는 새 떼가 어떻게 이런 식으로 행동하는 것이 가능한지 궁금했다. 하나로 들러붙어 있을 뿐 아니라 마치 한 존재처럼 나는 것이 말이다.

셀로스는 그런 동조 행동이 한 지도자의 지휘에 따라 이루어질 수 있다는 이론을 "거의 생각조차 할 수 없는 너무나 터무니없는" 생각이라고 거부했다. 또 새 떼의 자발적인 이륙이 정상적인 오감을 이용하여 실행될 수 있다는 개념도 받아들일 수 없었다. 모든 일이 너무나 빨리 일어났기 때문이다. 그는 새 떼가 어떤 형태의 정신 감응(텔레파시), "실질적으로 동시적인 집단 사고에 상응할 정도로 빠른 어떤 생각 전달 과정"을 통해 행동을 조율한다는 가설만이 설득력이 있다고 보았다. 수천 마리의 새가 동시에 똑같은 움직임을 보인다면, "마찬가지로 틀림없이 동시에 그에 앞선 정신 과정, 즉 생각이 각자에게 일어나는 것이 아닐까?"

당시에는 과학적으로 설명하기 힘든 현상을 연구하는 일이 지금보다 더 활기를 띠고 있었다. 런던 케임브리지 철학자 헨리 시지윅은 심령연구협회에서 인간의 정신 감응, 투시력 같은 현상들을 조사하는 연구를 이끌고 있었다. 뉴욕에서는 그 협회의 미국 지부 공동 창립자인 심리학자 윌리엄 제임스가 최면과 영매를 이용하여 무의식에 관한 단서를 조사하고 있었다. 셀로스는 그 협회의 학술지에 실린 연구를 언급하면서 이렇게 썼다. "나는 이런 부류의 기능이 존재한다는 것을 의심할 수 없다. 그런 것이 존재한다면, 나는 인간에게서보다는 인간 이외의 동물에게서 나타나는 그런 기능의 더 강하고 더 흔한 형태를 살펴보고 싶다."

그가 쓴 내용으로 추정할 때 그의 이론은 새들이 일종의 전언어pre-linguistic 형태의 의사소통을 한다는 것이었다. "그들의 작은 마음들은 함께 행동하는 것이 분명하다. 비록 나로서는 이해할 수 없지만, 그럼에도 내게는 그들이 줄곧 동시에, 아니 적어도 순간순간 또는 이를테면 약 1제곱미터 넓이에 걸쳐 있는 수많은 뇌에서 생각이 번득이는 것이, 즉 집단적으로 생각하는 것이 분명해 보인다." 그들의 생각은 우리의 것보다 더 원시적이고 분산된, 다른 종류의 인지력이었다. 셀로스는 자신이 태어나기 2년 전에 출간된 다윈의《종의 기원》에서 다루어진 주제들을 근거로 삼아, 새의 정신 감응을 "우리가 잃어버린 무언가를 불완전하게 상기시키는 것"이라고 썼다. 그는 인간에게서는 이성적인 소통으로 진화한 것이 "많은 종류의 새에게서는 서로의 생각을 전반적으로 주입하는 것일 수 있다"고 했다.

셀로스는 이런 말들이 얼마나 믿기 어렵게 들릴지 잘 알았다. 하지만 야외에서 수십 년을 보냈기에, 그는 자신이 관찰한 것을 굳게 믿었고, 정신 감응이 거기에 들어맞는 유일한 이론이라고 보았다. 그가 쓴 내용을 지금 살펴보면, 당시에 그가 얼마나 당혹스러워했는지 쉽게 공감할 수 있다. 저 바깥의 새 떼에게서 인지 공유와 흡사한 무언가가 이루어지고 있다는 것이 분명했다. 그런데 대체 그것이 뭐란 말인가?

로드아일랜드대학교의 생물학자 프랭크 헤프너가 말했다. "셀로스는 미치지 않았어요. 그는 그저 자신이 아주 세밀하게 본 것을 기술했을 뿐입니다. 그가 말하고자 한 것은 그저 여기 모르는 것이 있다는 거였어요."

지금은 셀로스가 이해하고자 애쓰던 것이 또 다른 유형의 분산 조정 행동임이 명백해 보인다. 개미 군체가 환경에서 새로 출현한 무언가에 자신의 반응을 세밀하게 조정할 수 있는 것처럼, 찌르레기 떼도 공중에서 대형과 움직임을 정밀하게 조정할 수 있다. 이런 행동의 핵심은 내가 적응 모방adaptive mimicking이라고 부르는 것이다. 그것은 자기 조직화, 정보 다양성, 간접 협동과 더불어 영리한 무리의 네 번째 원리다.

내가 말하는 적응 모방은 한 집단의 개체들이 자신이 어디로 가고 있는지, 자신이 뭘 아는지에 관한 신호를 포착하면서 서로에게 세심하게 주의를 기울이는 방식을 뜻한다. 그들이 그런 신호에 어떻게 반응하는가가 집단 전체의 행동을 빚어낸다. 우리가 개미, 벌, 흰개미에게서 살펴보았듯이, 그런 개체들이 따르는 특정한 경험 법칙들은 여전히 과학자들을 당혹스럽게 한다. 사회성 곤충을 연구하는 사람들뿐 아니라, 새, 물고기, 육상동물의 떼를 연구하는 사람들까지도 그런 법칙에 놀라워한다. 생물학뿐 아니라 공학과 사회과학의 최근 연구 결과들은 적응 모방의 기본 메커니즘인 조정, 소통, 지적 베끼기가 찌르레기 떼에게든 순록 떼에게든 간에 우리가 대개 중앙 집중적인 인지와 관련짓는 종류의 행동 변화를 자극함으로써 집단 전체를 에너지나 정보의 강력한 물결에 휩싸이게 할 수 있음을 명확히 보여주고 있다.

이것이 새 떼의 행동에 관해 무엇을 말해줄까? 하늘에서 펼쳐지는 이 놀라운 장관의 비밀은 무엇일까? 우리는 그들이 그런 행동을 할 수 있음을 안다. 그런데 대체 그들은 어떻게 그렇게 하는 것일까?

지붕 위에서

경비원들은 처음에 반신반의했다. 그들은 안드레아 카바냐가 무슨 일로 박물관 지붕까지 그토록 많은 장비를 갖고 올라가는지 이해하지 못했다. 국립로마예술박물관의 팔라초 마시모 분관에는 로마 제국의 조각품들뿐 아니라 이루 가치를 헤아릴 수 없는 고대 화폐와 보석도 보관되어 있었다. 그래서 관리자들은 예외적인 요청을 무시하는 경향이 있다.

하지만 카바냐는 설득력이 뛰어났다. 그는 그들에게 자신이 유럽 공동체EC로부터 연구비를 지원받았다고 말했다. 그래서 그들은 그가 이 계획을 통해 중요한 과학적 자료를 얻으려나 보다 생각했다.

박물관 직원 누구도 물리학자인 카바냐가 왜 새를 연구하고 있는지 물을 생각도 못했다. 그들이 그 점을 골똘히 생각했더라면 그가 과연 정부의 정식 허가를 얻었는지 의심을 품었을지도 모른다. 허가를 받기가 아주 어려웠을 테니까. 게다가 그들은 카바냐 연구진이 매일 오후에 과학 장비라기보다는 주로 카메라와 삼각대가 든 커다란 상자들을 박물관 화물 승강기에 가득 싣는 이유도 궁금해하지 않았다. 그들은 지붕 위에서 대체 뭘 하고 있었을까?

"사실을 말하면, 뭘 얻으려고 그 짓을 하고 있는지 우리 자신도 몰랐어요." 카바냐는 2004년 말부터 2007년까지 진행된 3개년 연구 과제인 찌르레기의 비행STARFLAG Starlings in Flight에서 자기가 맡은 부분을 설명하면서 말했다. "그 일이 얼마나 어려운지 애당초 알았다면, 아마 하지 않았을 겁니다. 사실 미친 짓거리였어요."

이탈리아 국립 응집물질 물리학연구소의 동료 물리학자 조르조 파리시가 짠 STARFLAG 계획은 이탈리아, 프랑스, 독일, 헝가리, 네덜란드의 7개 연구소의 생물학자, 물리학자, 컴퓨터 과학자가 공동으로 수행했다. 그들의 목표는 찌르레기의 비행에 관한 경험 자료를 모으는 한편으로, 그 새 떼의 삼차원 시뮬레이션을 다듬고, 가능하다면 변덕스러운 열광, 유행, 금융시장에서의 쏠림 현상 같은 인간의 집단행동과 새 떼 사이의 흥미로운 유사성까지 규명하는 것이었다. 카바냐 연구진은 로마에서 찌르레기 떼를 촬영하는 중요한 과제를 맡았다.

통계물리학자인 카바냐는 대개 실험실에서 실험 장비를 조작하는 것이 아니라 칠판에 방정식을 적으면서 시간을 보내는 쪽이다. 그의 전공 분야는 많은 요소들이 예측할 수 없는 방식으로 상호작용하는 복잡계를 다루는 물리학 분야인 무질서계 이론이다. STARFLAG 계획이 시작되기 전, 카바냐는 사실상 야외에서 실험을 한 경험이 전무했다. 하지만 2004년 11월 말 유럽 공동체로부터 연구비를 받자 그는 카메라, 삼각대, 컴퓨터 등 각종 장비를 구입한 뒤 대학원생들로 소규모 연구진을 구성하여 박물관 지붕으로 올라갔다.

카바냐가 팔라초 마시모 박물관 건물을 택한 것은 도시의 주요 역인 테르미니 기차역 근처의 나무들이 줄지어 늘어선 넓은 광장이 한눈에 들어오기 때문이었다. 겨울 동안 저녁 무렵이 되면 낮에 로마 외곽의 들판과 과수원에서 먹이를 찾아먹던 흰점찌르레기 *Sturnus vulgaris* 떼는 도시로 돌아와서 공원이나 광장에 늘어선 나무에 내려앉는다. 아마 그런 곳이 도시 주위의 시골보다 더 따뜻하거나 포식자로부터 더 안전한 피신처를 제공하기 때문인 듯하다. 이 새 떼가 펼치는 장관은 자연에서 가장 아름답고 신비로운 조정 행동 중 하나다.

이들은 대개 광장의 가로수에 어둠이 깔리기 전 30분 가량 하늘에서 공중 곡예를 펼친다. 새 떼의 밀도에 따라 집단은 희미한 연기 기둥처럼 보이기도 하고 공중으로 튀어올랐다가 떨어지는 비치볼처럼 보이기도 한다. 때로는 경이로운 유동성을 보여주면서 리본처럼 꼬이기도 한다. "나는 이런 장관을 수백 번이나 보았지만, 여전히 볼 때마다 아름답다고 느낍니다."

찌르레기 떼가 왜 이런 장관을 펼치는지 확실히 아는 사람은 없다. 질서 있게 V자 대형을 이루고 날아가는 캐나다기러기에서 도시 거리 위를 선회하는 비둘기에 이르기까지 다른 새들도 떼를 지어 인상적인 행동을 펼치지만, 찌르레기 떼의 다채로운 공중 곡예에 비하면 새 발의 피다. 일부 생물학자들은 이런 곡예가 무리에게 내려앉을 지점을 안내하는 반짝이는 전광판 역할을 한다고 추정해왔다. 반면에 그런 행동이 새 떼가 개체 수를 자체 평가하는 방식이라고 주장하는 학자들도 있다. 즉 번식률을 조절하는 역할을 한다는 것이다. 또 다른 연구자들은 무리가 포식자를 피하는 훈련을 하는 것이라고 본다. 이 이론에 따르면, 새 떼가 더 치밀한 대형을 이룰수록 굶주린 매가 어느 한 마리를 겨냥하기가 더 어려워진다는 것이다.

기차역 근처에 사는 매 한 쌍을 피하기 위해 찌르레기 떼가 대형을 비틀고 선회하는 광경을 자주 관찰한 카바냐 연구진에게는 포식자 이론이 논리적으로 보였다. 하지만 찌르레기를 잘 아는 다른 학자들은 그 이론에 만족하지 못한다.

생물학자 프랭크 헤프너는 말했다. "이 점을 생각해봅시다. 찌르레기 떼는 매일 밤 같은 곳에 내려앉아 잠을 청하는 경향이 있어요. 송골매는 어리석지 않아요. 매는 매일 찌르레기 떼가 오는 것을 봅니다. 당신이 찌르레기라면 자신의 잠자리로 곧장 내려앉는 편이 신중하지 않겠어요? 자신을 보호해줄 장소로 말이지요. 매의 표적이 되기를 자청하면서 잠자리 위에서 선회하고 빙빙 도는 짓을 45분이나 할 이유가 어디 있겠어요? 나는 납득이 안 가요."

장관을 펼치는 이유가 무엇이든 간에, 카바냐 연구진은 그 이유보다는 찌르레기 떼가 어떤 식으로 장관을 펼치는지 이해하고자 시도했다.

박물관 지붕 위는 새들의 움직임을 삼차원으로 기록하기에 이상적인 장소였다. 유일한 단점은 박물관 관리자들이 매일 철수할 때 장비들을 다 끌어내리라고 고집을 피운다는 것이었다. 그 말은 그들이 다음날 오후에 다시 삼각대에 카메라를 설치하고, 카메라 방향을 잡고, 초점을 맞추고 전자 장비와 연결하는 짓을 하느라 한 시간 반을 보내야 한다는 의미였다. 게다가 재설치 과정에서 오차가 생길 수 있었다.

카바냐는 말했다. "첫 겨울에는 실패했어요. 완전한 실패였지요. 무수한 실수를 저질렀거든요." 두 달 동안 시도했지만, 쓸 만한 영상을 얻은 것은 고작 3일에 불과했다. 하지만 이 시행착오를 통해 그들은 많은 것을 배웠고, 다음 해에는 월등히 나아졌다.

기술적인 문제 때문에 카바냐는 고성능 디지털 카메라 캐논 EOS Mark II를 6대 구입해야 했다. 대당 약 4천 달러였다. 비록 모터로 가동되는 이 사진기는 고해상도 비디오 카메라만큼 빠르지는 않았지만, 8배 더 상세한 사진을 찍을 수 있었다. 화소는 자료를 모으는 데 아주 중요했다. 새의 모습이 선명하게 나오지 않으면 아무 쓸모가 없기 때문이다. 카바냐는 사진기의 느린 속도를 보완하기 위해, 잘 고정시킨 알루미늄 막대에 사진기를 두 대씩 설치한 뒤에 전선을 연결하여 셔터가 시간차를 두고 작동하도록 했다. 그럼으로써 초당 5장에서 10장이 찍히도록 촬영 속도를 사실상 두 배로 높였다.

입체 영상을 얻는 것이 목적이었기에, 카바냐는 지붕에서 24미터 간격을 두고 삼각대를 설치했다. 한 곳에 카메라 두 대씩이었다. 그런 뒤 삼각대 사이에 나일론 줄을 걸어서 카메라들의 시야를 정확히 일치시켰다. 초점은 새들이 나는 지점이라고 추정한 100미터 지점에 맞추었다.

연구진은 때로 운좋게도 3초 간격으로 40장의 입체 영상을 찍기도 했고, 새 떼가 카메라 시야 바깥으로 나가는 등의 일이 벌어지면 한 장도 못 찍곤 했다. 세 번째 지점에 설치한 카메라 한 쌍에서 얻은 사진은 분석 단계에서 각 무리에 속한 개체들의 위치를 삼각 측량하는 데 쓰였다.

"두 번째 겨울에는 훨씬 나았지요." 2005년 11월부터 2006년 2월까지 그들은 새 떼의 장관을 10차례 기록했다. 4개월 동안 거의 매일 촬영한 끝에 그들은 컴퓨터에서 디지털 재구성을 하기에 충분한 품질의 영상을 12차례 더 얻었다.

카바냐의 주된 질문은 새 떼가 비행할 때 어떻게 응집력을 유지하느냐는 것이었다. 수천 마리의 새들은 극한적인 수준의 방향 틀기와 회전을 하는 동안에도 어떻게 흩어지지 않는 것일까? 그들은 왜 서로 부딪히거나 서로 다른 방향으로 날아가지 않는 것일까? 이런 극단적인 조정이 자기 조직적 행동의 결과라면, 즉 각 새가 날 때 단순한 규칙에 따라 서로 상호작용하는 것이라면, 그런 규칙은 어떤 것일까?

새 떼의 비행 모습을 삼차원에 담으려는 이전의 시도들은 별 성과를 내지 못했다. 찌르레기 떼의 입체 영상은 거의 30년 전 캐나다 생물학자들이 밴쿠버 국제공항 근처에서 처음 찍었다. 약 70마리의 새들이 느슨하게 모여서 나는 장면이었다.

1990년대 말 영국에서 비슷한 연구가 이루어졌는데, 이 때는 저해상도 비디오 카메라로 그보다 더 적은 무리를 찍은 것이었다. 1980년 프랭크 헤프너와 해럴드 포머로이는 로드아일랜드 프로비던스 인근에서 훈련된 집비둘기로 실험을 한 바 있다. 평균 12마리 정도의 무리를 찍으려 했는데, 필름에 담기가 너무나 어렵다는 것이 드러났다.

헤프너는 말했다. “우리가 원하는 대로 하게끔 비둘기들을 훈련시키는 데 오랜 시간이 걸렸어요. 홰 근처의 제한된 공간에서 날도록 말이지요. 마침내 필름을 넣고 처음으로 실제 영상을 찍을 날이 왔어요. 우리는 무척 흥분했지요. 날고 있는 새들의 실제 연속 사진을 최초로 찍는 것이었으니까요. 그것은 연속 사진들을 통해 비행 경로를 알 수 있다는 의미였지요. 우리는 연속 사진을 수학적으로 처리하여 비행 경로를 얻는 법을 알고 있었어요. 그래서 홰에서 비둘기들을 날렸어요. 그들은 훈련 지역으로 향했지요. 아홉 마리쯤 되었는데 돌고 선회하고 있었어요. 그런데 애기큰매 한 마리가 숲에서 나오더니 쏜살같이 달려들었어요. 매는 비둘기 떼의 한가운데를 덮쳤고, 난리가 났지요. 새들은 다 어디론가 날아가버렸어요. 두 번 다시 보지 못했지요.”

두 번째로 비둘기 떼를 실험할 때에는 운이 더 좋았다. 비둘기들이 방향을 바꿀 때 위치를 바꾸는 방식에 관한 몇 가지 흥미로운 새 정보를 얻을 수 있었다. 하지만 헤프너와 포머로이는 집단 비행flocking의 수수께끼를 밝혀낸다는 측면에서는 아직 걸음마 단계를 벗어나지 못했다. 카바냐 연구진은 그 이상을 밝혀내기를 바랐다. 선배 연구자들과 달리, 그들은 야생에서 흔히 보는 수백에서 수만 마리로 이루어진 큰 무리의 새 떼를 촬영하고 싶었다. 그들은 대규모 무리를 찍어야만 개체들이 어떻게 상호작용하는지를 진정으로 이해할 수 있다고 믿었다. 게다가 그들은 물리학자들이었기에, 큰 수를 포함하는 자료를 다루는 쪽이 더 편했다.

카바냐는 말했다. “생물학자에게는 비교적 적은 수의 새 떼라고 해도 문제가 안 되겠지요. 하지만 우리 같은 물리학자에게 그것은 비극이에요. 우리는 크기가 중요하다고, 큰 수는 작은 수와 다르게 행동한다고 믿으니까요. 창발적인 집단행동을 연구하려면 큰 수가 필요하다는 것을 알고 있었지요."

하지만 영상을 컴퓨터로 옮기기 시작하자마자, 그들은 큰 수가 큰 골칫거리를 의미함을 알아차렸다. 그들은 흡족할 만한 수준으로 촬영한 50회의 집단 비행 영상 가운데 10회의 영상들을 골라서 추가로 분석했다. 각 새에 삼차원 좌표를 할당하여 카메라 두 대에서 얻어진 영상 쌍들을 삼차원상의 새 떼로 재구성한다는 계획이었다. 하지만 그렇게 하려면 먼저 영상 분석에 필요한 두 가지 어려운 문제를 풀어야 했다.

첫 번째는 뻔한 것이었다. 한 사진에 새 몇 마리가 겹쳐 찍혔을 때 각각을 어떻게 구분할 것인가였다. 헤프너와 포머로이는 훈련된 비둘기들로 실험할 때 각각의 독특한 무늬를 보고 비둘기들을 식별할 수 있었다. 하지만 한 번의 집단 비행 때 찍힌 많으면 80장이나 되는 사진 속에서 똑같아 보이는 수천 마리의 찌르레기들을 수작업으로 한 마리씩 신속하게 구별한다는 것은 카바냐에게 비현실적인 일이었다. 그래서 연구진은 새들이 겹친 부분에서 픽셀들의 명암도를 조정하여 10마리까지 개체들을 분리할 수 있는 '얼룩 쪼개기 blobsplitter'라는 알고리즘을 만들었다. 그런 뒤에 각 새에게 좌표를 할당했다.

이것은 두 번째 문제로 이어졌다. 입체 영상 쌍의 한쪽 사진에서 식별한 새가 다른 쪽 사진에 찍힌 새와 같다는 것을 어떻게 판단할 수 있을까? 쌍을 이루는 두 장의 사진은 서로 약간 다른 각도, 즉 하나는 왼쪽에서, 다른 하나는 오른쪽에서 찍은 것이므로 대개 같은 새들이 약간 다른 형태로 찍혀 있었다. 실용적인 관점에서 볼 때, 무리의 가장자리에 있는 한 새를 상응하는 사진에 찍힌 새와 일치시키는 것은 비교적 쉬웠다. 하지만 중앙에 모여 있는 많은 새들을 대상으로 그런 일을 한다는 것은 악몽임이 드러났다.

"이것은 이 분야의 발전을 30년 동안 가로막고 있던 문제였어요." 카바냐는 말했다. 그의 연구진은 세 번째 카메라 쌍을 추가함으로써 이 문제를 해결했다. 아주 단순하게 말하면 이런 식이었다. 먼저 그들은 정확하게 일치할 확률이 가장 높은 쌍들을 찾아내는 통계 기법을 이용하여 가장 쉽게 일치하는 약 50쌍에 패턴 인식 알고리즘을 적용했다. 이어서 그 새들의 좌표를 이용하여 세 카메라 사이의 기하학적 관계를 정확히 파악했다. 그런 다음 비교적 단순한 형태의 삼각 측량법을 이용하여 나머지 쌍들을 일치시키는 문제를 풀었다. "이 과정을 개발하는 데 2년 넘게 걸렸어요. 하지만 지금은 디지털 사진인 JPEG 원본을 그 프로그램에 입력한 뒤 새 떼의 규모에 따라 10분에서 2시간 정도 기다리면 모든 새들의 삼차원 좌표를 얻을 수 있지요."

연구진은 모든 새의 위치를 파악한 뒤, 회전시키면서 살펴볼 수 있도록 삼차원 영상으로 새 떼를 짜맞추었다. 이런 영상을 통해 발견한 사실에 그들은 놀라고 말았다. 박물관 지붕에서 관찰할 때는 둥그스름하게 보였던 많은 새들의 무리가 사실은 놀라울 정도로 편평했다는 것이 드러났다. "우리는 이런 떼가 감자처럼 타원 모양이라고 생각했어요. 하지만 실제로는 감자 칩에 더 가까웠던 거지요." 게다가 그 무리에서 새들은 의외의 방식으로 분포해 있었다. 풍선의 기체 분자들처럼 균등하게 퍼져 있는 것이 아니라, 무리의 가장자리 쪽에 있는 새들이 중앙에 있는 새들보다 더 빽빽하게 모여 있었다. "버스 안의 사람들과 더 비슷했어요. 아주 혼잡한 버스에 탈 때면, 언제나 중앙에 있는 사람들은 여유 있게 잡담을 하는 반면 문 쪽의 사람들은 서로 꽉 낀 상태에 있어요. 찌르레기 떼에서도 같은 광경을 볼 수 있었어요. 무리의 바깥쪽에 있는 새들은 안쪽으로 좀 더 세게 밀고 있었어요. 안쪽이 매의 공격에 좀 더 안전하다고 느끼는 거지요."

하지만 경험 법칙과 관련한 가장 흥미로운 발견은 새들이 비행 때 서로 붙어 다니기를 이용하는 듯하다는 점이었다. 카바냐 연구진은 각 새가 비교적 소수의 이웃들과 상호작용을 하며, 그 이웃들은 앞이나 뒤에 있기보다는 양쪽 옆에 있는 경향이 있다는 것을 발견했다. 이 이웃들이 상대적으로 가까운지 멀리 있는지는 중요하지 않았다. 중요한 것은 이웃끼리의 거리가 아니라 이웃의 수였고, 그 수는 평균 6~7마리였다.

각 찌르레기가 다른 새들을 볼 수 없는 것은 아니었다. 평균적으로 찌르레기의 시야에는 15~16마리의 새가 보인다. 하지만 각 찌르레기는 가장 가까이 있는 6~7마리에만 주의를 기울였다. 이 이웃들은 양쪽에 있는 경향을 보였고, 카바냐는 찌르레기의 눈이 머리 양쪽에 달려 있다는 점을 생각할 때 앞이나 뒤보다 옆을 보기가 더 쉬울 것이라고 말했다. 게다가 날고 있는 새는 혼잡한 도로의 운전사처럼 충돌을 피하기 위해 앞에 있는 개체들과 안전 거리를 유지하고 싶어할 것이다. 그런데 카바냐 연구진은 6~7마리라는 숫자를 어떻게 얻은 것일까?

카바냐는 그것이 통계물리학을 전공한 덕분이라고 했다. 그들은 공간에 있는 입자들의 상대 위치를 어떻게 정확히 측정하는지 잘 알고 있었다. "구가 하나 있고 그 중심에 의자가 놓여 있다고 상상합시다. 당신은 1번 새를 잡아서 그 의자에 놓고 묻습니다. 너의 가장 가까운 이웃은 어디에 있니? 그러면 새는 말합니다. 저기. 그러면 당신은 구에 점을 하나 찍습니다. 좋아, 다음. 2번 새. 당신은 그 새를 그 점에 놓습니다. 네 가장 가까운 이웃은 어디에 있지? 저기. 당신은 거기에 점을 찍습니다. 그런 식으로 구에 점들을 다 찍습니다. 그런 뒤에 묻습니다. 점들은 어떻게 분포해 있지? 찌르레기들을 갖고 하면 점들은 균등하게 분포해 있지 않을 겁니다. 그들은 다른 새의 양쪽에 무리를 지을 것이고, 앞이나 뒤에 있을 새는 거의 없을 겁니다."

물리학자들은 이런 종류의 분포를 '비등방성anisotropy'이라고 한다. 대상들이 균일하게 흩어져 있지 않다는 의미다. 반대는 '등방성isotropy'이라고 한다. 카바냐는 인도에 떨어지는 빗방울들을 생각해보라고 말한다. "빗방울 자국 하나를 찾은 뒤 주위를 둘러보면, 모든 방향에서 빗방울들이 똑같이 분포해 있을 겁니다. 그것도 등방성입니다. 아니면 밤하늘을 생각해봐요. 모든 방향에서 똑같이 어두컴컴하지요. 어둠도 등방성입니다. 하지만 낮의 하늘은 모든 방향에서 똑같이 밝지 않아요. 태양이 아주 밝으니까요. 하늘의 다른 지점들은 빛이 더 약해요. 따라서 그럴 때의 하늘은 비등방성이지요."

찌르레기들이 양편의 가장 가까운 이웃들과 보조를 맞추려고 한다는 점은 그들의 상대 분포가 비등방성임을, 즉 균일하게 퍼져 있지 않다는 것을 뜻했다. 하지만 연구자들은 가장 가까운 이웃에서 두 번째로 가까운 이웃 또는 세 번째로 가까운 이웃으로 시선을 옮길 때 비등방성이 약해지는 경향이 있음을 발견했다. 10~20번째의 가까운 이웃으로 갈 즈음이면, 상호작용의 세기는 완전히 사라졌다. 그 거리에서 새들은 그 찌르레기로부터 어느 방향으로든 똑같이 흩어져 있었다. 분포는 등방성이었다. 상호작용의 세기가 사라지는, 즉 분포가 비등방성에서 등방성으로 옮겨가는 정확한 지점은 6~7번째 사이였다.

요점은 이 상호작용의 세기는 이웃과의 거리가 증가함으로써가 아니라, 이웃의 수가 증가함으로써 약해진다는 것이었다. 집단 비행을 다룬 이전의 컴퓨터 시뮬레이션은 대부분 응집력을 유지하기 위해 각 새들이 물리적 거리로 측정되는 일종의 구역 체계zone system를 이용하여 움직임을 조정한다고 가정했다.

이런 종류에 속한 최초의 시뮬레이션은 1986년 크레이그 레이놀즈라는 컴퓨터그래픽 전문가가 만든 '보이즈boids'라는 믿어지지 않을 정도로 단순한 프로그램이었다. 레이놀즈는 프로그램에서 새와 비슷한 보이드라는 대상에 세 가지 규칙을 부여했다. 다른 보이드와 충돌을 피하라, 다른 보이드 가까이에 머물러라, 다른 보이드들의 전반적인 방향을 따라 날아라. 보이드는 이 규칙들을 지킴으로써 컴퓨터 화면에서 새 떼의 비행을 그럴듯하게 모방했다. 레이놀즈는 말했다. "각 보이드는 이 세 가지를 지키기 위해 어떻게 나아가야 할지 판단하려고 애쓰고 있었습니다. 당신이 보이드라면, 당신은 너무 가까이 있는 이웃으로부터 멀어질 겁니다. 국소 혼잡을 피하려 하고, 이웃과의 충돌을 피해 방향을 돌리려 하고, 가능한 한 그들과 정렬하려 할 겁니다. 그러다가 더 멀어지면 이웃들 쪽으로 다시 돌아오려 할 겁니다. 따라서 다양한 규모에서 반발력과 인력이 작용하고 있었습니다."

레이놀즈는 각 보이드를 일종의 공기 방울로 감싸고, 보이드의 '이웃'이라고 했다. 다른 개체가 이 이웃으로 들어오면 보이드는 반응했다. 들어오지 않으면 무시했다. 이웃의 크기는 보이드 중심으로부터의 거리와 보이드 비행 방향과의 각도로 정의했다. 이 비교적 단순한 체계를 따름으로써, 보이드들은 무리에 머물 수 있었을 뿐 아니라, 생물과 흡사한 방식으로 기둥이나 건물 같은 고정된 장애물을 피할 수 있었다.

헝가리 물리학자인 터마스 비체크는 환경이 알맞으면 서로 정렬하는 자성을 띤 입자들의 행동에 영감을 받아 1995년 비슷한 모형을 창안했다. 그는 집단 비행, 집단 헤엄 같은 생물학적 현상들이 비슷한 정렬 원리들에 따를 수도 있지 않을까 생각했다. 정말 그런지 알아보기 위해, 그는 동일한 속도로 움직이는 일반 입자들의 집단이 하나의 규칙을 따르도록 프로그램하여 일련의 시뮬레이션을 했다. 규칙이란 보이드의 이웃과 비슷한 구역인 특정한 반지름 안의 다른 모든 입자들의 평균 방향을 따르라는 것이었다. 결과는 아주 홍미로웠다. 비체크는 입자들의 밀도를 최소 40에서 최대 1만까지 점차 높이면서 시뮬레이션을 되풀이했다. 입자들은 처음에 자발적으로 뭉치기 시작하여 아무 방향으로나 제멋대로 움직이는 소집단들을 이루었다가, 이윽고 한 집단이 되어 같은 방향으로 움직였다. 그의 실험에 따르면, 무리 비행의 수수께끼는 아이의 장난감 자석의 배경이 되는 과학보다 더 복잡한 것이 아닌 듯했다.

물론 그런 모형과 카바냐 찌르레기의 가장 큰 차이점은 찌르레기 떼가 따르는 상호작용 규칙이 물리적 거리로 측정되는 구역 체계에 토대를 두지 않는다는 것이었다. 찌르레기 떼는 가장 가까이 있는 이웃 6~7마리의 행동을 따른다. 그들이 얼마나 멀리 떨어져 있든 간에 말이다. 카바냐는 그런 계가 물리적 거리보다 '위상학적topological' 거리에 토대를 둔다고 말한다. 그럼으로써 찌르레기 떼는 놀라운 유연성을 갖추게 되었다.

그는 '위상학적'이라는 말이 어려운 전문 용어처럼 들릴 수도 있다고 덧붙였다. 하지만 일상생활을 보면 거기에 속한 사례들이 아주 많다. 당신이 출근하기 위해 버스를 탄다고 하자. "당신이 다른 대다수 사람들과 같다면, 당신은 출근 거리를 미터나 킬로미터로 측정하기보다는 중간에 있는 버스 정류장의 수로 측정할 겁니다. 당신에게 중요한 것은 시간이기 때문이지요. 여기에서 거기까지 얼마나 오래 걸릴까 하는 것이지요." 당신이 탄 버스가 500미터에 한 번, 또는 500미터에 다섯 번 선다면, 한 번 서는 쪽이 더 낫다. "똑같이 500미터를 가도, 정차하는 횟수는 다르지요."

마찬가지로 각 찌르레기가 미터로 측정되는 구역 내에 있는 새들, 즉 바짝 붙어 있을 수도 있고 퍼져 있을 수도 있는 이웃들로 이루어진 소집단의 행동에 맞추어 자신의 행동을 조정한다면, 무리의 행동 능력에 큰 차이가 빚어질 수 있다. "우리는 어떤 새와 그 새의 가장 가까이 있는 이웃들 사이의 상호작용이 5미터 떨어져 있을 때에도 1미터 떨어져 있을 때와 마찬가지로 강하다는 것을 발견했습니다." 카바냐의 말이다. 즉 무리가 퍼져 있든 촘촘히 있든 간에 각 찌르레기는 같은 수의 새들을 따름으로써, 매가 공격할 때 무리가 겪는 것 같은 갑작스러운 밀도 변화에 맞추어 행동을 조정할 수 있다. "진화가 외부 공격에 가장 탄력적으로 대응하는 상호작용 규칙을 선택한 것도 놀랄 일은 아닙니다."

하지만 진화는 왜 6이나 7을 마법의 수로 삼은 것일까? 왜 4나 5는 안 되는가? 자신의 무리 구조 분석을 토대로 삼은 카바냐에게는 답이 분명하지 않았다. 하지만 그는 이번 로마에서 실시한 겨울 동안의 실험을 통해 두 가지 가능한 설명을 추정했다.

"한 가지 이론은 7이라는 수가 새의 인지 능력의 한계를 나타낸다는 것입니다." 카바냐는 성 베드로 성당 근처 테베르강에 놓인 한 다리 위에서 그렇게 말했다. 하늘에는 몇 무리의 찌르레기들이 모여들고 있었다. 저녁이 다가오니 강을 따라 죽 늘어선 마로니에에 내려앉으려는 모양이었다. "수를 세는 능력을 말하는 것이 아닙니다. 그 능력은 극소수의 동물만 지니고 있지요. 그보다는 좀 더 단순한 것, 즉 서로 다른 수를 구별하는 능력을 말하는 겁니다."

1990년대 초에 퍼듀대학교의 심리학자 재키 에머튼과 후안 델리오스는 비둘기가 점 두 개가 들어 있는 원과 세 개가 들어 있는 원을 구분할 수 있으며, 그 과제를 주었을 때 정답을 맞히는 비율이 70퍼센트를 넘는다는 것을 보여주었다. 비둘기는 점 6개와 7개도 구분할 수 있었다. 하지만 점 7개가 든 원과 8개가 든 원 중에서 고르라고 했을 때에는 제대로 못했다. 틀린 답을 하는 비율이 절반을 넘었다. "그들은 그저 7개 이상의 대상은 추적할 수 없었을 뿐이지요. 혼란에 빠진 거예요. 그것이 바로 찌르레기가 이웃의 행동을 7마리 너머까지는 추적하지 않는 이유일 수 있습니다."

이제 하늘에는 수만 마리의 찌르레기들이 성긴 구름처럼 모여 있었다. 카바냐는 말했다. "나는 이 때를 수프 단계라고 부릅니다. 찌르레기들이 하늘 전체에 흩어져 있지요. 날이 좀 더 어두워지면 더 진지하게 모이기 시작할 겁니다. 농담 한 마디 주고받지 않은 채 태평스럽게 한데 모이는 것과 비슷하지요." 올리브 씨가 섞인 새의 배설물이 비처럼 꾸준히 다리에 떨어지고 있었다. 그는 재빨리 방풍복의 모자를 썼다.

"7이라는 수에 관한 두 번째 이론은 그것이 무리 전체로 정보를 퍼뜨리는 최적의 수를 나타낸다는 겁니다. 상호작용을 하는 개체가 더 많으면 더 낫지 않을까 하는 생각이 들지도 모르겠습니다. 하지만 반드시 그렇지는 않아요." 그는 너무 많은 개체와 상호작용을 하면 너무 많은 정보를 얻게 된다고 설명했다. 그리고 그 정보의 상당수는 '헛소리'일 수도 있다. 즉 부정확할 것이라는 말이다. 무슨 일이 일어나고 있는지 아무런 단서도 지니지 않은 개체들에게서 나오는 것이기 때문이다. 반면에 상대적으로 소수의 개체와 상호작용을 한다면, 정보는 더 신뢰할 만한 것이 될 것이다. 하지만 어떤 중요한 일이 벌어진다면, 그것을 뒤늦게 알아차릴 수도 있다. 예를 들어 매가 출현하여 당신의 이웃들을 공격하기 시작할 때, 당신은 매가 아주 가까이 다가올 때까지 그 소식을 듣지 못할 수도 있으며, 그러면 좋지 않을 것이다.

따라서 이런 요인들에 최적인 수가 있을 것이 분명하며, 자연선택은 그 수를 찌르레기의 행동에 새겨넣었을 수 있다. 다른 연구자들이 한 시뮬레이션들은 이상적인 이웃의 수가 3과 4일 수도 있다고 말한다. 카바냐는 이렇게 반박한다. "하지만 그런 시뮬레이션은 이차원상에서 한 겁니다. 삼차원과는 전혀 달라요." 그러니 그 문제는 아직 해결되지 않은 셈이다.

이제 머리 위에서 새들이 떠들어대는 소리가 도시의 혼잡한 도로에서 나오는 소리만큼 시끄러워졌다. 다리 끝에 있는 한 노점상이 나뭇조각들을 마주쳐서 파는 음식 위쪽 나무에 있는 새들을 쫓아버리려 애쓰지만 헛수고였다. 지도를 든 관광객들이 고개를 들어 그 광경을 지켜본다.

카바냐는 궁금했다. 그렇다면 찌르레기들이 단순히 잘한다는 이유로 이런 놀라운 장관을 펼칠 수도 있지 않을까? 원래 그렇게 되어먹었기에 그렇게 마음껏 나는 것이라면? "개념을 쉽게 잡기 위해서, 우리가 어릴 때 놀던 방식을 생각해보세요. 새들은 이 놀라운 집단 비행을 하는 법을 알고 있으며, 늘 똑같은 짓을 할 수 있을 만큼 단순하지요. 굳이 그럴 필요가 없을 때에도 말입니다. 그것이 본성이니까요. 나는 그것이 완벽하게 납득이 가는 설명이라고 봅니다."

저녁에 펼치는 장관이 개가 할 수 있는 기쁨의 표현이든 다른 무엇이든 간에, 찌르레기들은 그 이탈리아 연구진에게 큰 비밀을 하나 드러냈다. 그들 무리의 놀라운 유연성, 즉 비행 곡예를 펼칠 때의 놀라운 조정 능력이 단순한 상호작용의 결과라는 것 말이다. 새들은 가장 가까운 이웃 6마리나 7마리의 행동을 추적함으로써, 몸을 피해 살아남는 법을 배웠다.

여기에는 뉴질랜드의 한 특수효과 전문가를 위한 교훈도 하나 있었다. 그가 자연의 장엄한 장관이 펼쳐지는 영화를 만들고 싶다면, 확실한 방법은 딱 하나뿐이라는 것을 말이다. 바로 새들이 쓰는 전략을 모방하는 것이다.

영화 속 괴물 무리

2004년 밸런타인데이에 패서디나에 있는 리츠칼튼 호텔 연회장에서 배우 제니퍼 가너는 뉴질랜드인 스티븐 리걸로스에게 〈반지의 제왕〉 3부작에 기여한 공로로 아카데미상을 전달했다. 리걸로스는 배우도 감독도 극작가도 아니었다. 그는 영화 장면에 살아 있는 듯한 괴물 무리를 가득 채운 공로로 상을 받았다.

결눈질로 컴퓨터 프로그래밍을 독학한 전직 그래픽 디자이너인 그는 짜릿한 흥분을 맛보았다. 수상 소감은 이랬다. "11살 때 사생대회에서 상을 받은 이후로 처음입니다." 그는 〈반지의 제왕〉 감독인 키위 피터 잭슨에게 고용되어, 컴퓨터로 창조해낸 수십만 명의 전사들이 싸우는 전투 장면을 만들어냈다. 그는 우아한 요정족, 끔찍한 오크족, 야만적인 우루크하이 등 디지털 엑스트라들을 가능한 한 진짜처럼 보이게 만들었다. 잭슨은 J.R.R. 톨킨이 소설에서 묘사한 중간계 세계가 진짜처럼 보여야 한다고 믿었다. 그래서 그는 리걸로스에게 오랫동안 품었던 꿈을 실현할 기회가 왔다고 부추겼다. 스스로 생각하고 움직일 수 있는 인물 무리를 창조하는 것 말이다. 그의 노력은 대성공을 거두었다. 그 뒤로 영화는 더 이상 예전과 같지 않았다.

3부작 중 2편인 〈두 개의 탑〉의 마지막 전투 장면을 생각해보라. 인간 종족인 로한군은 사악한 마법사인 사루만의 무시무시한 군대에 맞서 좁은 협곡에 있는 중세 양식의 요새에서 필사적인 전투를 벌인다. 그 장면에서는 구식의 장엄한 장관이 펼쳐진다. 석벽 위에서 갑옷 차림의 기사 수백 명이 인산인해를 이룬 횃불과 창을 든 유사 인간 전사 수만 명을 굽어본다. 어둠의 세력은 거침없이 성으로 진군한다. 그들이 몰려 있는 한가운데 괴물 사령관이 거대한 바위 위에 위풍당당하게 서 있다. 전사들이 그 바위를 뒤에서 밀고 앞에서 당기면서 나아간다. 요새 앞에 다다르자, 군대는 사다리를 들어올려 성벽에 갖다댄다. 각 사다리의 끝에는 칼을 든 전사들이 타고 있다. 방어군은 역겹기 그지없는 적군을 향해 일제히 화살을 퍼붓지만, 적군의 수가 너무 많다. 괴물들은 개미처럼 사다리를 타고 올라오고 성 안에서 격렬한 칼싸움이 시작된다.

최종 전투를 위해 잭슨이 1만 명의 살아 있는 엑스트라를 고용하지 않았다는 사실을 간파할 방법은 없다. 카메라가 성벽 위를 날면서 밀려드는 적군을 훑을 때, 번개가 번쩍이면서 저 멀리 지평선까지 군대가 뻗어 있음을 보여준다. 물론 2002년 〈두 개의 탑〉이 개봉될 무렵에 관객들은 특수 효과로 만든 엄청난 군중을 보는 데 이미 익숙해져 있었다. 하지만 이 영화는 200명의 배우가 움직이는 모습을 찍어서 컴퓨터로 오리고 붙이는 과정을 되풀이하여 경관을 만드는 식의 평범한 영화 기법과 전혀 다른 방법을 사용했다. 이 기법은 새로운 것이었다. 어떤 의미에서 잭슨은 엑스트라를 고용한 것이었다. 그저 살과 피로 된 살아 있는 엑스트라가 아니라 가상의 엑스트라라는 점이 다를 뿐이었다.

사루만 군대의 각 전사는 비록 실물이 아님에도 전투를 하면서 자신이 보고 듣고 느낀 것에 따라 스스로 움직이고 있었다. 각자는 자신의 걸음 속도로 움직였고, 자신의 방식으로 창을 썼으며 다른 전사들과 부딪히지 않게 조심했다. 거대한 바위 주위에 몰려 있으면서도 말이다. 사다리가 세워질 때, 사다리 끝에 매달린 전사들은 모두 가상의 배우들이었다. 리걸로스는 그들을 '행위자'라고 불렀다. 그들이 사다리를 기어올라갈 때, 어느 누구도, 심지어 영화 감독조차도 그들에게 무엇을 하라고 말하지 않았다. 그들은 각자 자기 방식으로 성 안의 기사를 공격했다.

리걸로스는 설명했다. "내가 그들이 시각, 청각, 촉각을 지닌다고 말할 때, 비유적으로 말하는 겁니다. 영화의 각 장면마다 각 행위자마다 자신의 관점에서 장면을 보게 하여 영상을 만들었기 때문에 그들은 사실상 시각을 지닌 셈이지요. 그리고 그 픽셀들은 실제로 행위자의 뇌에 입력되었고, 거기에서 규칙들이 그 영상의 픽셀들에 적용되었지요."

예를 들어 한 행위자가 싸우도록 프로그램되었다면, 그 인물은 근처의 적을 향해 몸을 돌려 칼을 휘두르는 반응을 할 것이다. 폭발 같은 커다란 소음을 듣는다면, 그는 아마 그 쪽을 돌아볼 것이고, 그 주위의 다른 행위자들도 그럴 것이다. 아무도 그에게 정확히 어떻게 행동하라고 말하지 않는다. 그의 인공 두뇌에 있는 퍼지 논리는 확률론을 토대로 작동하기 때문이다. 행위자들은 한 장면에서 서로 다른 행동을 취할지 모르지만, 결국 그것은 그들을 더 살아 있는 것처럼 보이게 할 뿐이다.

"〈반지의 제왕〉에 쓰기 위해 시험을 할 때 한번은 요정 군대와 오크 군대가 마주치도록 했는데, 요정처럼 명석하지 않은 오크 무리는 그냥 돌격했어요. 그러자 요정 군대는 말편자 대형을 이루면서 오크들을 둘러쌌어요. 우리는 요정들이 지형에 나타나는 특정한 색깔을 따르도록 함으로써 그런 행동을 하도록 만들었지요. 하지만 우리가 예상하지 않았던 것 하나는 그들이 앞으로 진격하여 말편자 대형을 이룰 때, 그들 중 일부는 편자의 안쪽 가장자리로 움직이기 때문에 어디에서 오크와 싸우게 될지 제대로 볼 수 없다는 것이었어요. 그래서 그들은 사실상 약간 돌아서 더 유리한 위치에 설 때까지 대형을 재편했어요. 우리가 그들에게 그렇게 하라고 규칙을 준 것은 아니었어요. 그것은 이 편자 모양으로 오크에게 접근하라고 우리가 그들에게 준 아주 단순한 규칙들로부터 나온 창발적 특성이었지요. 그런데 정말 끝내주는 광경이었지요. 정말로 그 친구들이 뭔가를 하는 것처럼 보였어요!"

또 초기 시험을 할 때 리걸로스는 한 번은 1천 명씩으로 이루어진 무리가 서로 칼싸움을 벌이도록 했다. "대부분은 전투에 참여했어요. 하지만 뒤쪽에서 24명이 언덕을 향해 달려가는 모습이 보이더군요. 맞아요. 도망치는 것처럼 보였죠. 그들은 어리석지 않아요. 그들은 싸우기 싫은 거였어요." 나중에 보니 그렇게 단순하지 않다는 것이 드러났다. 그 전사들에게 없었던 것은 용기가 아니라, 방향 감각이었다. 리걸로스가 그들에게 적이 있는 방향을 가리키자마자, 그들은 몸을 돌려 싸움판으로 뛰어들었다.

그런 활력 넘치는 집단들이 어떻게 행동해야 할지 알기 위해, 리걸로스는 새와 사람의 무리를 비롯하여 자연에서 유사한 집단들을 연구했다. 이 연구로부터 그의 '상향식' 시뮬레이션 접근법이 도출되었다. 하늘을 나는 찌르레기들이나 기차역에 모인 사람들처럼 인물들이 서로 상호작용하도록 한 방식이다. "요지는 군중을 모형화하는 것은 많은 개체를 모형화하는 것이고, 그 군중은 서로 상호작용하는 개체들의 창발적 특성이라는 겁니다."

다시 말해 찌르레기 떼처럼 〈반지의 제왕〉의 괴물 오크들도 단순한 상호작용 규칙들을 따름으로써 행동을 조정하여 습격하는 군대로서 움직이게 된다. 그것은 '다른 오크들 가까이에 머물러라, 서로 부딪히지 마라, 오크 무리로서 같은 방향으로 나아가라, 앞에 어떤 인간 무리가 있으면 칼로 가르고 나아가라' 같은 규칙들이다.

〈반지의 제왕〉 이후에 리걸로스가 세운 회사인 매시브소프트웨어는 수십 편의 영화, 상업 광고, 컴퓨터 게임에 사람들의 집단뿐 아니라 동물 집단을 모사하는 용도로 쓰이는 애니메이션 시스템을 판매했다. 예를 들어 2006년에 개봉된 코미디 영화 〈박물관이 살아 있다〉에서는 카우보이, 인디언, 로마 백부장, 마야 전사, 중국인 철도 노동자 등 축소

모형 전시관의 약 5센티미터 크기의 인물 모형들 사이에 벌어지는 난투 장면을 만드는 데 쓰였다. 소년이 개미만 한 크기로 줄어드는 애니메이션 영화 〈앤트 불리〉에서는 먹이탐색 개미들이 페로몬 자취를 따라가는 장면을 묘사하는 데 그 소프트웨어가 쓰였다. 그리고 영화 〈에반 올마이티〉에서는 스티브 카렐이 연기한 노아 비슷한 인물이 새 떼를 비롯한 수많은 동물들과 함께 방주를 건설하는 장면에서 이 소프트웨어가 쓰였다.

리걸로스는 말했다. "매시브에서는 새들을 아주 쉽게 다룹니다. 그것은 사실 소프트웨어에 담겨 있지 않지만, 집단 비행의 기본 규칙들을 지닌 뇌를 만들기는 쉽지요. 그것은 단순한 규칙을 지닌 개체들을 갖고 모형화할 수 있는, 자연에서 보는 창발적 특성들의 연장선상에 있어요." 사실 얼마 전 한 스페인 광고회사와 특수효과 촬영팀은 공동으로 매시브의 소프트웨어를 이용하여 진짜 찌르레기 떼의 영상과 컴퓨터로 만든 영상을 결합하여 혼다의 텔레비전 광고를 만들었다.

매시브소프트웨어를 이용하여 제작한 텔레비전 광고 중에는 군중이 배경으로 깔리는 것이 많다. 휴대전화 가입자를 졸졸 따라다니는 버라이즌네트워크 직원들의 모습을 담은 광고나 경기장의 군중이 파도타기를 하면서 카드섹션처럼 거대한 병에서 거대한 컵에 맥주를 따른다는 버드와이저 광고가 대표적이다. 버드와이저 광고를 제작하기 위해 메소드스튜디오스라는 광고회사는 스타디움에이전트라는 손쉬운 프로그램을 이용하여 경기장을 약 9만 7천 명의 매시브 가상 인물로 채웠다. 이 프로그램은 조용히 경기를 지켜보는 관중부터 일어서서 환호하거나, 박수를 치거나, 휴대전화로 통화하거나, 주위 사람과 이야기하거나, 심지어 파도타기를 하는 관중에 이르기까지 다양한 행동을 하는 관중을 모사할 수 있다.

더 최근에 리걸로스와 그의 회사는 가상 행위자를 현실 세계에 적용하는 야심찬 계획에 나섰다. 예를 들어 로스앤젤레스의 한 엔지니어링 회사는 매시브의 새 프로그램을 이용하여 실제 건물에 화재가 났을 때 거주자들을 어떻게 피신시킬지를 모사하는 실험을 해왔다. 이 실험을 통해 더 안전한 구조를 설계하는 방법을 건축가들에게 보여줄 수 있기를 바라면서. 행위자의 시각, 청각, 촉각뿐 아니라 자신이 어디에 있었다는 기억까지 갖춘 이 소프트웨어의 독특한 능력 덕분에, 공학자들은 매시브가 앞에서 살펴본 여러 종류의 모형들보다 인간의 행동을 더 풍부하게 묘사할 수 있을 것이라고 생각한다. 물고기들이 서로 충돌하지 않게 막아주는 인지 구역을 지닌 양 묘사한 모형들 말이다.

공학자들은 지금까지 매시브 시뮬레이션으로부터 무엇을 배웠을까? 하나는 사람들이 화재 경보는 무시해도 남들이 출구로 향하는지 일어나서 볼 가능성은 더 높다는 것이다.

하지만 매시브소프트웨어의 궁극적인 응용은 로봇공학을 통해 인간의 행동을 모사하는 것이다. 2007년 로스앤젤레스에서 열린 와이어드 넥스트페스트 기술무역박람회에서 댈러스의 핸슨로보틱스라는 작은 회사는 지노라는 키가 43센티미터인 소년 로봇을 소개했다. 이 로봇의 두뇌는 본질적으로 매시브소프트웨어를 통해 작동했다. 발명가 데이비드 핸슨의 아들을 본뜬 뾰족한 검은머리에 감정 표현이 풍부하고 유순한 얼굴을 한 지노는 자신이 보고 듣는 것에 반응하여 웃거나, 눈을 깜박이거나, 어깨를 으쓱하거나, 단호하거나 놀란 표정을 지었다. 핸슨이

지노에 탑재한 '성격 엔진character engine' 덕분에, 소년 로봇은 박람회에 온 사람들과 흥겹게 대화를 하고, 눈을 맞추고, 사람들의 얼굴까지 기억할 수 있었다. 사실 핸슨은 박람회에서 한 기자에게 최신 얼굴 인식 시험 결과에 따르면 "지노의 얼굴 인식 능력이 사람보다 낫다"고 말했다.

핸슨의 회사는 몇 년 안에 지노를 약 1,500달러 가격에 아이들의 교육 도구로 판매할 계획이라고 발표했다. 그 발명가는 지노가 학습을 계속하고 시간이 흐르면서 인지 능력이 더 커지도록 돕는 것이 자기 회사의 목표라고 했다. 한편 매시브소프트웨어 입장에서는 지노의 등장이 하나의 동그라미를 완성한 것과 같았다. 리걸로스가 가상 세계에서 개체들의 예측할 수 없는 행동을 모사하겠다는 야심찬 계획으로 시작한 것이 이제 소년 로봇이라는 개인으로 확고한 형태를 갖추었으니까.

로봇 집단 훈련시키기

2002년 SF 영화 〈마이너리티 리포트〉에서 톰 크루즈가 연기한 존 앤더튼이라는 수사반장은 당국에 쫓겨서 수도 워싱턴의 한 빈민가 아파트에 숨는다. 특수기동대 같은 차림을 한 부대가 건물을 수색한다. 그 때 두 장교가 허리띠에서 작은 장치 8개를 빼내어 길에 내려놓는다. 그러자 그것들은 작동을 시작한다. 스파이더라는 로봇이다. 이 작은 수색대는 길고도 우아한 다리로 빠르고 민첩하게 계단을 달려 올라간다.

스파이더들은 팀을 이루어서 문 밑으로 비비고 들어가서 아파트의 집

집마다 신속하게 수색한다. 일단 안으로 들어가면, 그들은 주민들을 한쪽으로 몰아서 그들의 얼굴로 기어올라가 눈의 홍채를 훑어서 신원을 확인한다. 그들은 경찰이 찍고 있는 건물 내의 실시간 열 감지 영상에 나타난 27개 대상을 체계적으로 조사한다. 하지만 존 앤더튼이 숨은 방으로 들어가려고 할 때 그들은 수건으로 문 아래쪽이 막혀 있는 것을 발견한다. 문을 몇 번 긁다가 한 마리가 몸을 돌려서 복도 바닥을 탐색한다. 이윽고 도관이 들어 있는 패널판을 찾아낸다. 스파이더가 패널판을 열자, 나머지 로봇들이 도관 안으로 앞다투어 들어가서 앤더튼의 방으로 향한다.

한편 앤더튼은 욕조를 찬물로 채우고, 냉장고에서 얼음을 잔뜩 꺼내와 욕조에 쏟아 붓는다. 그는 욕조로 들어가서 심호흡을 한 뒤 물 속에 숨는다. 들키지 않기를 바라면서. 그가 숨을 멈추고 있는 사이에 다리가 셋 달린 이 작은 로봇 중 하나가 욕실로 들어온다. 로봇은 개미가 먹이를 찾을 때 머리를 움직이는 것과 똑같은 방식으로 탐조등을 좌우로 비치며 훑는다. 의심스러운 것을 찾지 못한 스파이더가 막 떠나려 할 때 앤더튼의 코에서 작은 공기 방울 하나가 나와 수면으로 떠올라 팍 터진다. 그 순간 스파이더는 몸을 돌려 돌아오고 다른 로봇들도 합류한다. 그들은 동시 통신을 한다. 그들은 욕조를 에워싼 뒤 가장자리로 기어올라 물 속을 들여다본다. 로봇 하나가 다리를 물 속에 담그고 전기 충격을 가한다. 앤더튼은 물 밖으로 고개를 내민다. 나머지가 달려들어 그를 붙들고 눈을 스캔한다. 모든 사람에게 했듯이.

그것은 암울한 미래 전망과 미래에 기술이 어떤 역할을 할 수 있는지를 보여준다. 가상 터치 스크린 컴퓨터 인터페이스의 혜택을 누리고, 광고판들이 지나가는 개인에게 맞추어서 광고를 보여주고, 알아서 운전하는 자동차를 타고 있음에도, 2054년의 사람들은 지금의 사람들보다 더 행복하거나 풍족해 보이지 않는다. 그들은 가난한 사람의 생활을 향상시키는 데 별 성공을 거두지 못한 것이 확실하다. 스파이더들이 아파트의 복도를 달려갈 때, 그들은 반대 방향으로 달려가는 살진 쥐들을 지나친다.

이 로봇들에는 친숙하면서도 불편하게 만드는 무언가가 있다. 그들은 겉으로는 곤충을 닮았지만, 그들의 일처리 솜씨는 사자나 늑대 무리를 떠올리게 한다. 그런 행동은 과학자들이 그리 멀지 않은 미래의 로봇 팀에 관해 상상한 능력들의 스펙트럼에서 한쪽 끝을 보여준다. 그 능력들의 스펙트럼은 자연재해 때 수색과 구조 활동을 수행하는 능력에서 전투 때 수색과 파괴 임무를 수행하는 능력에 이르기까지 펼쳐져 있다. 그런 로봇들에 관한 영감은 개미 군체나 새 떼에서 얻을 때가 많다.

2004년 1월 20일 버지니아의 A. P. 힐 육군 주둔지에서 일어난 일을 생각해보자. 국방첨단연구사업국DARPA Defense Advanced Research Projects Agency과 계약을 맺은 캘리포니아 멘로파크의 SRI 인터내셔널의 과학자 집단은 빈 사무실 건물에 30센티미터 길이의 로봇 66대로 이루어진 무리를 풀어놓았다. 그들의 임무는 숨겨진 무언가를 찾는 일이었다. 그 작은 붉은 로봇들이 비틀거리며 세 바퀴로 복도를 가는 모습은 귀엽고 무력해 보였다. 밑부분이 둥글고 키가 약 30센티미터인 이 집단은 감시용 웹 카메라, 항법용 음파 탐지기 8대, 서로 정보를 공유하는 데 쓰는 무선 통신 장치를 갖추었다. 이따금 그들 중 한 대가 멈춰 서서 천천히 돌면서 360도 탐색을 한 뒤에 다시 길을 갔다. 또 어떤 로봇은 다른 로봇들로부터 신호를 중계하는 교차점에 놓이기도 했다.

그들은 좀 더 큰 세 로봇이 앞서 레이저 거리 측정기로 사무실들을 훑어서 작성한 지도를 이용하여 건물의 방마다 돌아다니고 있었다. 이 실험 이전에는 건물을 한 번도 본 적이 없는 인간 지휘관은 컴퓨터 화면으로 지도 작성 과정을 점검한 바 있었다. 지도가 형태를 갖춤에 따라, 그는 필요할 때 로봇들을 특정한 장소로 돌아가서 더 상세히 조사하도록 할 수 있었지만, 그들에게 어떻게 하라고 말할 필요는 없었다. 그들은 스스로 알아서 했다.

30분 정도 탐색한 뒤 그 작은 집단 중 한 대가 벽장에서 수상쩍은 물건을 발견했다. 지름이 약 20센티미터인 분홍 공이었다. "우리는 그 색깔을 인식하도록 시각계를 훈련시켰지요. 하지만 그것은 분홍색을 띤 무언가를 찾는 대신에 방사능 물질이나 열이나 화학 장비를 찾도록 설계된 장치가 될 수도 있었어요." 계획 책임자인 레지스 빈센트의 말이다. 로봇은 공의 사진을 찍고 그것을 인간 지휘관에게 전달했다. 다른 로봇들은 공 주위로 방어선을 구축했다. 그들은 임무를 완수했다.

"우리가 센티봇Centibot을 보여줄 때마다 사람들은 〈마이너리티 리포트〉를 떠올려요." 또 다른 프로그램 관리자인 찰스 오티즈는 〈산호세 머큐리 뉴스〉 기자에게 그렇게 말했다. 하지만 이 로봇 부대는 영화 이상이라고 그는 말했다. "그들은 제어 분산 로봇학에서 큰 부분을 차지합니다."

이라크에서 길가에 폭탄이 설치되어 있는지를 조사하는 군사 작전에 참여한 전투 로봇들이나 감시를 위해 적지 영공으로 보낸 무인 항공기와 달리, 센티봇은 팀으로서 활동을 조정하도록 설계되었다. 비록 각 로봇은 한정된 계산 능력을 갖춘 비교적 단순한 것이지만, 집단으로서의 그들은 아무도 혼자서는 다룰 수 없는 임무를 다루도록 설계되어 있었다. 예를 들어 옆의 로봇들과 통신함으로써 환경에 관한 정보를 모으는 이동 감지기 망 역할을 할 수 있었다. 그들 중 하나가 고장난다면, 그것이 교체될 때까지 다른 로봇들이 빈자리를 채울 수 있다. 조건이 예기치 않게 변한다면, 여러 로봇 사이에 과제를 재할당하여 조정할 수 있었다. 새 떼나 물고기 떼처럼, 그들도 함께 붙어다니고, 정보를 공유하고, 가장 가까운 이웃들을 뒤따랐다. 하지만 그들은 한 가지 중요한 면에서 자연의 집단들과 달랐다. 그들은 완전히 분산된 것이 아니었다.

사실 몇 가지 면에서 로봇들은 동물 무리보다 전통적인 군인 부대에 더 가깝게 편제되어 있었다. 넓은 구역을 빠르게 조사하기 위해, 센티봇은 분대로 나뉘었고 각각에는 분대장이 있었다. 분대장은 분대원들 사이에 과업을 분담하고 갈등을 해결하는 관리자 역할을 했다. 그리고 분대장은 구역 책임자에게 보고했고, 구역 책임자는 명쾌한 지휘 계통에 따라 팀 책임자에게 보고했다. 이런 식으로 로봇들을 편제함으로써 과학자들은 소프트웨어에서 중요한 연산 문제점들을 회피할 수 있었다. 하지만 그 과정에서 그들은 개미, 새, 물고기의 유연성 중 일부를 희생시켰다.

대조적으로 유럽 과학자들이 만든 작은 로봇들은 동물 무리의 퍼지 논리를 포착하도록 설계되어 있었다. "대다수 공학자들은 매순간 자신의 위치와 모든 것을 정확히 앎으로써 로봇들을 통제하려고 시도합니다." 브뤼셀 자유대학교의 마르코 도리고의 말이다. 그는 스위스, 벨기에, 이탈리아의 연구진이 공동으로 수행하는 스웜봇Swarm-bot 계획의 조정자다. 그가 말했다. "우리는 전혀 다른 방향으로 나아가고 싶었지요. 로봇들이 무언가를 하려고 시도했다가 성공하지 못하면 얼마 뒤에 다른 식으로 다시 시작하는 확률론적 접근 방법이었죠. 개미들과 좀 같은 방식으로요."

그들이 만든 로봇들은 센티봇보다 더 재미있게 보였다. 마치 과학자들이 장난감 만드는 사람과 협력한 것 같았다. 그들은 그 로봇을 S-봇이라고 불렀다. S-봇은 키가 10센티미터, 지름이 13센티미터이며, 비포장도로용 하키 퍽 같은 바퀴에 탱크 같은 발판이 달려 있었다. 레고로 만든 듯한 본체에는 구부러지는 팔에 빨간색과 노란색의 집게가 붙어 있었다. 본체 안에는 적외선 근접 감지기, 가속도계, 비디오 카메라, 확성기, 마이크로폰, 광 감지기, 색색의 LED 전구 8개를 원형으로 배열한 통신용 장치 등 첨단 기술의 산물들이 들어 있었다.

연구진의 목표는 이 로봇들에게 자기 조직화를 통해 팀을 이루어, 즉 스스로 모여 더 큰 단위를 구축하고 어떤 과제를 해내는 방법을 가르치는 것이었다. "한 로봇 집단이 어떤 목적지에 가야 할 필요가 있다고 합시다. 하지만 중간에 그들이 건널 수 없는 커다란 구멍이 있어요. 구멍 앞에 맨 처음 도착한 로봇은 건널 수 없다는 것을 알아차릴 겁니다. 그래서 그는 전구를 켜서 도움이 필요하다는 의사를 보냅니다. 다른 로봇들이 도착해서 먼저 온 로봇에게 달라붙어 점점 큰 로봇을 구성합니다. 구멍을 건널 수 있을 만큼 큰 로봇이 만들어지는 것이지요. 그런 뒤 함께 건넙니다." 도리고가 말했다. 이 복합체가 바로 스웜-봇이었다.

탐색하는 공간의 지도를 공유하는 센티봇과 달리, S-봇은 국지적인 정보만 갖고 일한다. 개미나 새처럼 말이다. 또 그들에게는 지도자도 없다. 그저 서로 상호작용을 하라는 단순한 알고리즘에 의지한다. 그래서 때로 그들의 행동은 혼란스럽게 보이기도 했다. 12대로 구성된 집단을 대상으로 실험했을 때, S-봇들은 가로 3미터 세로 4.8미터 공간을 빠르게 샅샅이 훑다가 그 중 한 대가 구석에 놓인 '먹이'에 부딪혔다. 그러자 그 로봇은 기지, 즉 '둥지'로 돌아와서 다른 S-봇들을 모아서 먹이가 있는 방향으로 사슬을 만들기 시작했다. 로봇들이 줄을 지어서 이윽고 먹이에 다다르자, S-봇 중 하나가 먹이를 움켜쥐더니 색깔 고리를 파란색에서 빨간색으로 바꾸었다. 다른 S-봇들도 먹이를 움켜쥐었고, 그들은 힘을 모아 먹이를 기지까지 끌고 갔다. 연구자들은 이 실험 계획을 짤 때 개미의 먹이탐색 행동, 특히 페로몬을 이용한 자기 조직화에서 영감을 얻었다. 하지만 연구진은 이렇게 썼다. "페로몬 같은 물질이 없기 때문에 사슬을 이루는 로봇들은 스스로가 자취 역할을 한다."

스웜-봇 계획은 2005년에 끝났다. 계획의 성공에 고무된 도리고 연구진은 로봇 팀 개념을 한 단계 더 끌어올려서 인간의 능력을 모방한 능력을 갖춘 세 종류의 로봇을 만들기로 결심했다. "우리는 인간의 환경에서 어떻게든 살아갈 수 있고, 휴머노이드(인간형 로봇)의 특징을 일부 지니면서도 인간과 전혀 다른 모습을 한 로봇을 만들고 싶었지요." 도리고는 말했다. 그래서 그들은 아이-봇eye-bot, 핸드-봇hand-bot, 풋-봇foot-bot이라는 로봇들 약 60대로 집단을 구성하는 일에 착수했다. 이름에서 짐작할 수 있듯이, 아이-봇은 헬리콥터처럼 회전 날개로 날면서 천장에 달라붙어서 집단의 눈 역할을 한다. 핸드-봇은 물건을 움켜쥐거나 다루었고 벽 같은 수직으로 선 표면을 기어오를 수 있다. 풋-봇은 거친 지형을 넘어 물건을 운반하도록 설계될 것이다. S-봇으로 이루어진 균질적인 무리와 달리, 이 새로운 로봇들은 서로 협력하여 "선반의 어딘가에 있는 물건을 찾아서 움켜쥐어 다른 곳으로 옮기는 것 같은 단순한 문제를 해결하는" 이질적인 무리를 의미했다. 도리고는 2010년 여름이 끝날 때까지 이 로봇들의 작업 모형을 만들 계획이다. 이 로봇들의 무리는 '스워머노이드Swarmanoid'로서 작동할 것이다.

한편 로봇의 무리가 자연의 무리로부터 배울 수 있는 방법을 모색해 온 연구자들도 있다. 펜실베이니아대학교의 비제이 쿠마르는 필라델피아 도심에 있는 연구실에서 바닥을 기거나 벽을 기어오르거나 날아다니는 갖가지 기계 동물들을 제작해왔다. 공학 및 응용과학대 교수인 그는 부엌의 전기 기구나 차고의 문 개폐 장치와 통신하는 가정 로봇에서 창고나 건물 주차장을 순찰하는 경비 로봇에 이르기까지 온갖 종류의 로봇들이 우리 생활을 돕는 날이 오리라고 본다. 지난 몇 년 동안 주로 국방부의 지원을 받아 그의 연구진은 로봇들이 필요한 구역을 순찰하거나 특정한 물건을 찾아내거나 침입자를 추적할 수 있도록 하는 소프트웨어를 개발해왔다. 이 소프트웨어는 무인잠수정을 조종하는 데에도 쓰일 수 있다. 또 경찰이 무인 정찰기를 띄워서 거리를 살펴보는 데에도 도움을 줄 수 있다. "로스앤젤레스 윌셔 가에서 911 신고가 들어왔다고 합시다. 나는 그 지역 전체를 한눈에 보고 싶어요. 공중에서 비디오 카메라들이 1제곱미터 면적 단위로 10초마다 찍어대는 화면을 보고 싶어요. 내게는 무인정찰기가 5대 있는데, 그것들은 자동적으로 배치되어야 합니다. 그것은 해결 가능한 문제이지요."

최근에 그의 동료인 애리조나주립대학교 생물학자 스티븐 프랫은 쿠마르를 위해 템프 근처의 사막에서 자신보다 훨씬 더 큰 물체를 운반하는 개미들의 모습을 비디오로 찍어 왔다. 비록 일종의 원반인 그 물체는 지름이 약 10센티미터에 불과했지만, 사람으로 치면 거대한 트램폴린(가장자리에 스프링이 달린 도약용 운동 기구—옮긴이)을 여러 사람이 들어 옮기는 것과 같았다. 20마리쯤 되는 먹이탐색자 개미들은 원반 가장자리를 따라 자리를 잡은 뒤 원반을 들어올려서 밀고 당기면서 집으로 가져갔다. 먹이를 군체가 있는 곳으로 끌고 가는 개미 종은 많다. 하지만 그렇게 여럿이 달려들어 물체를 들어올려서 운반하는 종은 드물다. 프랫이 비디오를 보여주었을 때 생물학자들도 처음 보는 것이라고 이구동성으로 말했다.

프랫은 데보라 고든의 붉은수확개미가 사는 바로 그 사막 환경에서 비디오를 찍었다. 사실 장다리개미*Aphaenogaster cockerelli*의 일종인 이 종은 수확개미의 이웃이며, 비록 서로 마주치는 일은 거의 없지만 먹이경쟁자일 때가 많다. 장다리개미는 수확개미보다 더 크고 더 민첩하며 주로 밤에 먹이를 찾는 반면, 수확개미는 탄화수소 막이 몸을 열기로부터 보호해주기 때문에 같은 영토에서 낮에 활동한다. 데보라 고든이 저서 《일하는 개미들Ants at Work》에서 묘사한 것처럼, 장다리개미는 수확개미를 이기기 위해 지저분한 꼼수를 쓴다고 알려져 있다. "밤에 이웃의 붉은수확개미 군체의 집 입구를 막는 사악한 짓을 한다. 그러면 아침 늦게야 붉은수확개미 집 안에 햇살이 비치기 때문에 수확개미는 평소보다 늦게 먹이탐색에 나선다는 의미다." 고든은 그 결과 "장다리개미가 밤에 다시 나와서 먹을 먹이가 더 많이 남게 된다"고 설명한다.

프랫은 비디오에 찍힌 개미들의 행동을 아마 먹이경쟁으로 설명할 수 있을 것이라고 추정했다. "사막의 개미들은 대부분 먹이를 잘게 자르거나, 경쟁자를 쫓아버리는 쪽으로 특화해 있어요. 그런데 이 녀석들은 둘 다 잘 못해요. 대신에 그들의 전략은 커다란 물체를 찾으면 팀을 구성하여 들어 옮기는 거지요. 다른 개미들은 그렇게 할 수 없어요." 개미들이 옮기던 원반은 필라델피아의 쿠마르 연구실의 연구원들이 철사로 만든 가벼운 것으로, 개미의 힘을 측정하기 위해 고안한 시제품이다. 프랫은 개미를 꾀기 위해 거기에 끈끈한 무화과즙을 발랐다. "다른 종류의 개미들은 그냥 즙을 핥아먹어요. 하지만 장다리개미는 그런 짓을 하느라 시간을 낭비하지 않았어요. 그들은 그냥 들어올려서 운반했지요."

쿠마르 연구진은 민첩하고 팀 지향적인 로봇을 만들기 위해 개미들이 어떻게 그렇게 하는지 알고 싶었다. 쿠마르는 말했다. "비디오를 보면 개미들이 원반의 적절한 장소를 찾아 한쪽을 움켜쥔 뒤에 움직이기 시작하는 것처럼 보입니다. 봐요. 이 녀석은 이쪽으로 왔는데 설 곳이 없어요. 그래서 뒤로 물러났다가 다른 쪽으로 접근하려 시도한 듯해요." 한 장면에서는 몇몇 개미들이 장애물에 걸려서 잡은 것을 놓치고 말았다. 다른 개미들은 계속 당기고 있었기에 원반이 빙 돌았다. "이런 식으로 잡아끌고 있는데, 갑자기 상대속도 벡터가 변하면 턱으로 쥐고 있던 것을 놓쳐요. 그들이 놓치면 원반이 돌고, 그들은 원래 붙들고 있던 지점으로 돌아가려는 듯 허둥거리지만, 돌아가지는 않아요. 결코 그렇게 하지 않아요."

후속 계획의 다음 단계는 개미가 밀거나 당길 때 약간 변형이 일어나도록 중합체로 장치를 만드는 것이라고 쿠마르는 말했다. 그 장치를 이용하면 개미들이 운반할 때 비디오로 찍어서 변형 정도를 측정할 수 있을 것이다. "변형을 관찰한다면 어떤 힘들이 작용하는지 추론할 수 있지요. 그러면 사실상 각 개미가 무엇을 하는지 파악할 수 있어요." 공학적 관점에서 볼 때, 이 과제는 중요했다. "대상들이 정확히 어느 위치에 있고, 대상들의 기하학을 알고, 무는 지점들을 정확히 아는 등 모든 것이 정확히 알려져 있다면, 그것은 프로그래밍과 조정의 문제가 됩니다. 그것은 할 수 있는 일이지요. 하지만 대상이 어디에 있고 정확히 어떤 모양이고, 어느 지점을 붙들고 있는지를 정확히 알지 못한다면 만사가 정말로 어려워져요. 그런데 개미들은 그런 상황에서 아주 잘해내지요."

비디오는 로봇학이 SF 영화의 장면처럼 되기는커녕 자연에 있는 집단들의 능력에 견줄 정도가 되려면 얼마나 더 발전해야 하는지를 상기시켰다. 비록 마르코 도리고가 주도하는 스웜-봇 계획이 국소 정보만을 이용하여 자율적인 로봇 집단이 단순한 과제를 이루기 위해 움직임을 조정할 수 있음을 보여주었을지라도, 그 비디오 속의 개미들은 자연의 무리들이 분산 행동에 관한 많은 비밀을 여전히 간직하고 있다고 쿠마르를 납득시켰다. "나는 그것이 개체의 움직임을 모형화하기는 아주 어렵지만 집단의 행동은 여전히 예측 가능함을 보여주는 고전적인 사례라고 생각합니다. 개체로서의 개미는 반드시 최적 행동을 하지 않을 수도 있지요. 하지만 결과들을 평균한다면, 옳다는 것이 드러날 거예요."

그들은 무리에서 뭘 배울까?

1954년 쿠바에서 혁명이 진행되고 있을 때, 드미트리 라다코프라는 소련 과학자는 카리브 해안의 한 조용한 후미에서 일련의 실험을 시작했다. 실험의 주제는 '동요의 물결'이었지만, 그의 연구는 피델 카스트로나 정치 불안과 무관했다. 그가 염두에 둔 동요는 소리나 갑작스러운 움직임, 즉 교란에 놀란 물고기 떼에서 일어나는 현상이었다. 교란이 일어나면, 조약돌을 던졌을 때 호수에 잔물결이 일어나듯이 물고기 떼 전체로 움직임이 물결처럼 퍼진다. 하지만 속도는 훨씬 빠르다. 무리의 한쪽 끝에서 반대쪽 끝까지 퍼지는 데 1초도 안 걸린다.

그런 물결에서 라다코프가 깊은 인상을 받은 부분은 물고기 사이의 지극히 국소적인 상호작용으로부터 어떻게 그것이 출현하는가였다. 그것은 교란에 가장 가까이 있던 개체들에게서 시작하여 이웃한 물고기들이 반응하면서 일종의 연쇄 반응처럼 퍼진다. 그는 이것이 물고기 떼가 서로 의사소통하고 움직임을 조정하는 수수께끼의 메커니즘 중 하나가 아닐까 생각했다. 그렇다면 더 깊이 알고 싶었다.

라다코프는 수면 바로 위에서 하얀 프로펠러를 돌리는 등 몇 가지 장치를 이용하여 색줄멸의 일종인 은줄멸*Atherinomorus*로 불리는 작은 물고기집단을 놀래키는 실험을 했다. 예를 들어 프로펠러를 작동시키자 약 60센티미터 구역 안에 있는 개체들은 모두 동시에 순식간에 프로펠러 날 반대쪽으로 몸을 돌리는 반응을 보였다. 이들은 자신의 눈으로 프로펠러를 볼 수 있을 정도로 가까이 있었다. 그 너머로 최대 3미터까지 펼쳐져 있는 구역의 물고기들은 동요의 물결이 다가왔을 때 방향을 바꾸었다. 그들은 간접적으로 경보를 포착했다.

이 물결이 맨눈으로는 포착할 수 없을 정도로 빠르게 나아가기 때문에, 라다코프는 초당 24장을 찍는 영화용 카메라로 실험 과정을 담았다. 그런 뒤 커다란 종이에 한 장면씩 비추면서 각 물고기의 위치를 표시했다. 이런 식으로 그는 물결이 시속 약 55킬로미터로 물고기 떼 사이를 지나간다는 것을 알아냈다. 은줄멸이 헤엄치는 최대 속도보다 무려 15배 이상 빨랐다.

라다코프는 이 현상에 흥미를 느꼈다. 그것은 물 속이 아주 혼잡하여 대다수의 물고기는 무슨 일이 일어나는지 볼 수 없는 상황에서도, 포식자가 다가온다는 것 같은 특정한 유형의 정보를 집단이 어떻게 신속하게 공유할 수 있는지를 보여주기 때문이다. 그는 그들이 굳이 볼 필요가 없다고 썼다. 신호가 물고기에서 물고기로 짧은 거리를 거쳐 전달되기 때문이라는 것이다. 다시 말해 물고기 떼의 구조 자체가 빠른 전달을 가능하게 했다.

"라다코프는 시대를 앞서간 인물이었지요." 프린스턴대학교 생물학자 이에인 쿠진은 말했다. 그는 최근에 그 러시아인이 떠난 자리를 물려받았다. 쿠진과 공학 교수인 네이오미 레오너드는 프린스턴 기요홀의 지하실 구석에 은줄멸 실험을 할 새 실험실을 만들었다. 좁은 실험실의 한쪽 끝 천장에는 금속 틀에 고속 고화질 비디오 카메라가 설치되어 있다. 카메라는 1.2미터×2.1미터 크기의 수족관을 향해 있다. 그들은 라다코프가 찍었던 것과 같은 종류의 정보를 비디오로 담을 계획이었다. 하지만 그들은 찍은 필름을 벽에 비추면서 연필로 물고기들의 움직임을 그리는 대신, 필요한 것을 디지털화하여 얻을 생각이었다.

어떤 의미에서 그들이 계획한 것은 안드레아 카바냐 연구진이 로마의 찌르레기 떼를 대상으로 했던 일과 비슷했다. 하지만 쿠진은 그들의 일이 더 단순할 것이라고 생각했다. 수족관의 어류는 카바냐의 화상 카메라에 보인 새들보다 그들의 비디오 카메라에 훨씬 더 크게 잡히니까. 또

이 물고기들은 몸이 검어서 수족관의 하얀 바닥과 선명하게 대비되었다. 게다가 물고기들은 대개 상하로 10센티미터 내에서 헤엄을 치는 데 익숙해져 있어서, 움직임을 기본적으로 이차원으로 환원시킬 수 있었다. 그럼으로써 자료를 수학적으로 분석하는 단계가 크게 줄어들었다.

라다코프와 마찬가지로 쿠진도 각 물고기가 무리 전체로 정보를 전달할 때 쓰는 규칙들을 더 알고 싶었다. 아무튼 한 무리에 속해 있을 때의 주된 이점 중 하나는 개체들이 환경에 관한 신호들을 홀로 얻을 수 있는 것보다 더 많이 이웃들로부터 얻는다는 것이다. 먹이의 위치에 관한 신호든, 이주 경로의 방향에 관한 신호든, 굶주린 꼬치고기가 다가온다는 신호든 간에. 한 무리의 물고기들은 서로에게 주의를 기울이는 경향이 있으며, 한 마리가 무언가 흥미로운 것을 발견하면 다른 물고기들도 그것을 알아차릴 가능성이 높다. 그럼으로써 그것은 집단 전체를 일종의 이동 감각 기구로 전환시킨다. 환경의 약한 신호조차도, 그것이 중요한 것이라면 한 개체에서 다른 개체로 줄달음치면서 확대될 수 있다.

한편 집단은 무관한 정보를 걸러내는 데에도 아주 능숙하다고 생물학자들은 말한다. 예를 들어 바다처럼 시끌시끌한 환경에서는 한 물고기가 실제로는 위협이 아닌 무언가에 반응하여 경보를 보내는 실수를 저지를 수도 있다. 하지만 큰 집단에서는 많은 물고기가 같은 실수를 저지를 가능성이 상대적으로 적다. 따라서 사소한 실수는 평균화되어 집단이 나쁜 정보에 반응하는 것을 막아준다.

새부터 순록에 이르기까지 다른 많은 동물 집단에도 마찬가지 논리가 적용될 수 있다. 예를 들어 야외에서 먹이를 찾아다닐 때, 무리의 각 찌르레기는 그들 중 누군가가 매를 발견한다면 집단이 경고를 보낼 것이므로 홀로 있을 때보다 더 많은 시간 동안 먹이를 쪼아댈 수 있다. 생물학자들은 이것을 '집단 경계collective vigilance'라고 하며, 떼를 짓는 육상동물들도 그렇게 한다. 최근에 중앙아프리카공화국의 물영양 연구는 소집단의 구성원들이 더 큰 집단의 구성원들보다 주위의 포식자를 살피는 데 세 배나 더 많은 시간을 보낸다는 것을 보여주었다. 위험을 살피는 눈이 더 많을수록 각 동물은 더 여유 있게 먹을 수 있다.

하지만 그런 동물들은 어떻게 이런 일들을 해내는 것일까? 그들은 경계와 먹기 사이의 균형을 어떻게 찾아낼까? 자연선택이 집단 전체에 혜택이 돌아가도록 그들의 행동을 조정할까? 아니면 집단 경계는 모두의 이기적 전략의 부산물에 불과할까? 생물학자들은 아직 이 모든 의문에 답할 수 없지만, 연구자들은 지난 몇 년 사이에 컴퓨터 시뮬레이션을 이용하여 몇 가지 흥미로운 이론을 도출했다.

예를 들어 얼마 전 쿠진은 개체가 단순한 규칙을 따른다는 개념을 토대로 물고기가 무리 짓는 행동의 시뮬레이션을 만들었다. 어떤 의미에서 그것은 크레이그 레이놀즈가 새 무리에 대해 만든 모형을 닮았다. 레이놀즈와 마찬가지로 쿠진도 각 개체가 남들과 어떻게 반응할지를 결정하는 인지의 공기 방울로 감싸여 있다고 상상했다. 하지만 쿠진의 모형에서는 공기 방울이 세 개였다. 첫 번째는 각 물고기가 이웃들과 충돌하지 않게 막아주는 '밀기 구역zone of repulsion'이었다. 쿠진은 그것을 개체의 사적인 공간으로 생각하라고 했다. 두 번째는 각 물고기가 홀로 떨어지지 않게 하는 '끌기 구역zone of attraction'이었다. 세 번째는 각자가 이웃들과 같은 방향을 향하게 하는 '방향 구역zone of orientation'이었다. 이 세 구역을 유지함으로써 쿠진의 물고기는 꽤 현실적으로 물고기 떼를 모사할 수 있었다.

하지만 쿠진이 이 세 구역을 확대하거나 축소하자 기이한 일이 일어났다. 예를 들어 방향 구역을 거의 없다시피 할 정도로 축소시키자, 그의 시뮬레이션에서 물고기는 모기 떼처럼 우왕좌왕했다. 한편 끌기 구역을 확대하자, 물고기들은 원환체를 이루면서 원을 그리며 헤엄치기 시작했다. 그 구역을 좀더 넓혔을 때에도 물고기 떼는 대체로 같은 방향으로 움직였다. 점점 계속 넓히자, 집단은 우리가 자연 다큐멘터리 영화에서 보는 물고기 떼를 연상시키는 일종의 치밀한 병렬 대형으로 전환했다.

쿠진이 진정으로 놀란 점은 물고기 떼가 어떻게 했는지 한 대형에서 다른 대형으로 갑작스럽게 전환했다는 것이었다. 처음에 그가 상호작용 규칙에 약간의 변화를 주었을 때에는 아무런 충격도 없는 듯했다. 그러다가 갑자기 모든 것이 달라졌다. 어느 시점에는 모기 떼처럼 다니는 물고기 떼를 지켜보고 있었는데, 다음 순간 그들은 커다란 원을 그리며 헤엄치고 있었다. 그것은 일종의 충격이었다. "원환체 대형을 처음 보았을 때 나는 프로그램에 버그가 있다고 생각했어요. 그래서 프로그램 코드를 살펴보느라 몇날 며칠을 끙끙거렸죠." 하지만 잘못된 부분이 없었다. 가상 물고기 떼는 상전이phase transition라고 하는 현상을 그대로 보여주고 있었다.

기체 상태의 물이 특정한 온도와 압력에서 갑자기 응축하여 액체 상태가 되는 것처럼, 쿠진 모형의 물고기 떼도 무질서한 무리 패턴에서 갑작스럽게 더 안정된 원환체 형태로 변했다. 과학자들은 그런 변화를 상전이라고 한다. 한 상태, 즉 한 위상에서 다른 상태로 옮겨가기 때문이다. 우리는 이 장의 앞부분에서 물리학자 터마스 비체크가 자기 입자의 움직임에 영감을 받아 만든 무리 비행 모형에서 비슷한 전이를 살펴본 바 있다. 상온에서 전형적인 장난감 자석의 입자들은 스핀의 방향이 같아지도록 서로 정렬하며, 그것이 장난감 자석에 자성을 부여한다. 하지만 자석을 특정한 온도 이상으로 가열하면, 추가된 에너지로 입자들이 정렬 상태에서 풀려나고 자석은 더 이상 자성을 띠지 않는다. 끌기 규칙을 약화시켰을 때 쿠진 모형의 물고기 떼에서도 같은 일이 일어났다. 물고기 떼는 원환체에서 서로 따르기를 멈추고, 무작위적 헤엄으로 돌아갔다.

물리학자들은 상전이 이야기를 즐겨한다. 물질과 에너지의 일상 법칙들에 비해 거의 마법처럼 보이기 때문이다. 그리고 사실 쿠진 모형에서 물고기 떼의 행동에는 신비한 측면이 있었다. "이 모형의 운동 방정식들 중에 '원을 그리며 돌아라'라고 말하는 규칙 같은 것은 없었어요." 물고기들은 스스로 그 모든 행동을 하고 있었다.

물론 현실 세계의 물고기들에게 눈 깜박할 사이에 형태를 바꿀 수 있는 상전이 비결은 먹히느냐 무사히 피해 헤엄치느냐의 차이를 뜻할 수도 있다. 예를 들어 공중에서 폭격하듯이 물을 뚫고 들어오는 퍼핀들의 공격을 받았을 때, 북대서양청어 무리는 집단 사이로 뚫고 들어오는 그 새들의 주위에 일종의 공기 방울을 형성한다고 알려져 있다. 즉 청어 떼는 모래시계 모양으로 수축하거나 분수처럼 퍼져서 굶주린 포식자들을 혼란에 빠뜨린다. '인화 팽창flash expansion'이라는 극적인 움직임을 보이기도 한다. 이것은 물고기 떼가 폭발했다가 위험이 지나간 뒤에 다시 모이는 듯한 움직임을 말한다. 생물학자들은 포식자가 빙빙 도는 물고기 떼에서 어느 한 표적에 집중하는 것을 더 어렵게 만들기 위해 물고기 떼가 그런 전략을 구사한다고 말한다. 그리고 그들은 일종의 중앙 집중적인 소통을 통해서보다는 개체끼리 서로 반응하는 방식으로 조정함으로써 그렇게 한다.

크리스토스 이오아노는 프린스턴 실험실의 수족관에 은빛으로 반짝이는 물고기들을 처음 풀어놓았을 때 그런 극단적인 행동을 찾으려 한 것이 아니었다. 그는 옮길 어항에 그물을 넣어 약 40마리를 떠서 더 큰 수족관으로 천천히 옮겼다. 물고기들은 그곳을 신중하게 탐사하기 시작했다. 그물을 몇 번 더 꽉 채워 옮긴 뒤, 그는 물고기들이 새 환경에 적응하지 못해 아직 약간 흥분한 상태라고 생각했다. 하지만 그는 물고기들이 곧 차분해질 것이라고 생각했다. 그런데 무언가가 그 물고기를 놀라게 한 것이 분명했다. 그들이 쿠진이 모사한 원환체 대형처럼 큰 원을 그리며 헤엄치기 시작했기 때문이다. "우리는 그것을 보고 아주 놀랐습니다. 나는 실험실의 직사각형 수조에 있는 민물고기가 그렇게 행동하리라고 예상한 사람은 아무도 없었을 것이라고 생각합니다. 그것은 이에인 쿠진의 모형을 멋지게 입증했지요."

물고기들을 그렇게 하도록 만든 것이 무엇이었을까? 이오아노는 그것이 미지의 것에 대한 두려움과 관련이 있다고 추정했다. 그 직후에 그는 그들을 새 수조에 옮겼다. 물고기들은 아마 새 환경에 관한 정보를 얻기 위해 서로를 주의 깊게 살피고 있었을 것이다. 그것이 그들이 놀랐을 때 원환체 패턴으로 넘어가기 더 쉽게 했을 것이다. 바다에서 꼬치고기, 연어, 다랑어 무리가 시시각각 그렇게 대형을 바꾸는 한 가지 이유는 전략적인 것일지 모른다. "집단의 선두에 있는 개체들은 대개 포식자와 마주칠 위험이 가장 높아요. 하지만 원환체에는 선두라는 것이 아예 없지요. 이 물고기 떼는 그래도 서로 정렬하고 빠르게 반응할 수 있지만, 어떤 개체도 지나치게 모든 위험을 떠안지는 않아요."

그것은 민물고기에게는 중요했다. 군체 속의 개미나 벌과 달리 그들은 서로 친족이 아니기 때문이다. 그들은 서로의 생존에 이해관계가 없다. "물고기 떼는 물에서 움직일 때 아름답고 고도의 조화를 이룬 듯이 보이지요. 하지만 솔직히 포식자가 주위에 있으면 다른 개체를 앞에 세우고 싶을 겁니다." 쿠진의 말이다. 어느 개체가 먹이경쟁 등 집단에 소속됨으로써 치르는 비용이 혜택을 초과한다는 것을 알아차린다면, 언제든 떠난다는 대안을 갖게 되며, 아마 홀로 먹이를 찾아나설 것이다. 그런 이기적인 동기를 지니고 있음에도, 많은 물고기는 머물러 있는 쪽을 택한다. 소속되고자 하는 본능은 강력한 것이 분명하다. 그렇지 않다면 바다에서 떼지어 다니는 청어들을 결코 보지 못할 테니까.

포식자로부터의 보호는 무리를 짓는 한 가지 주된 이유가 분명하다. 하지만 무리의 일부가 되는 것이 물고기를 더 영리하게 만들어주기도 할까? 이것을 알아보기 위해 쿠진의 연구원이었던 애쉴리 워드와 스웨덴 웁살라대학교의 수리생물학자 데이비드 숨프터는 몇 년 전 큰가시고기 *Gasterosteus aculeatus*라는 작은 민물고기 집단을 대상으로 일련의 실험을 했다. 그들은 물고기들이 의사결정을 할 때 서로 얼마나 영향을 받는지, 그 영향이 더 나은 선택을 하는 데 도움을 주는지를 알고 싶었다.

1차 실험은 워드가 박사후연구원으로 있던 영국 라이스터셔대학교에서 이루어졌다. 그들은 큰가시고기 집단이 있는 직사각형 수조에 플라스틱으로 만든 길이 3.8센티미터의 모형 물고기를 넣었다. 수조의 한쪽 끝은 둘로 갈라져서 피신할 곳으로 이어져 있었다. 큰가시고기들이 가짜 물고기에 익숙해지자, 과학자들은 가짜 물고기를 끌어서 한쪽 피신처로 이어지는 통로로 천천히 나아가게끔 했다. 마치 가짜 물고기가 진짜 물고기들이 알지 못하는 무언가를 아는 것처럼 보이게 말이다. 진짜 물고기들은 따라올까?

답은 한 집단에 물고기가 얼마나 많으냐에 달려 있다는 것이 드러났다. 두 마리일 때는 둘 다 모형을 따라오는 경향이 있었다. 하지만 집단의 크기를 4~8마리로 늘리자, 약 절반만 따라왔다. 그것은 집단이 클수록 설득하는 데 더 많은 증거가 있어야 함을 시사했다. 가짜 물고기를 한 마리 더 넣자, 제대로 속아넘어가는 듯했다. 거의 모두 모형을 따라왔다.

워드와 숨프터의 실험 자료 분석을 도운 쿠진은 차이를 낳은 것이 모형 물고기의 설득력만이 아니라고 했다. 다른 큰가시고기들의 영향도 마찬가지로 작용했다. 한쪽 방향으로 나아가는 물고기가 많을수록 거기에 합류하고 싶다고 느끼는 물고기도 더 많아졌다. "이것은 고전적인 역치 반응입니다. 당신이 큰 집단에 속한 물고기라고 합시다. 그 무리에서 한 마리가 어디론가 간다고 해도 당신은 따라가지 않을 겁니다. 하지만 짧은 기간에 두 마리가 차례로 떠난다면, 당신은 이 연쇄 반응을 느낄 것이고 모두가 따라가겠지요."

다시 말해 이 물고기들이 보여주는 것은 앞에서 살펴보았던 개미와 벌의 정족수를 토대로 한 의사결정 과정과 똑같은 종류의 것이었다. 데보라 고든의 먹이탐색자 개미들이 특정한 수의 정찰자들과 마주쳐야만 밖으로 나가는 것처럼, 톰 실리의 꿀벌들이 특정한 수의 정찰벌이 새 둥지 후보지가 좋다고 말해야만 그것이 최상의 후보지라고 선언하는 것처럼 큰가시고기들도 특정한 방향으로 헤엄치는 물고기를 충분히 많이 보아야만 뒤를 따랐다. 그런 일이 일단 일어나면, 즉 자극이 반응 역치를 넘어서고 나면, 순응의 연쇄 반응이 일어났다. 그것이 바로 그런 계의 핵심이었다. 즉 그것은 양의 되먹임을 이용하여 집단의 의사결정을 촉진하는 강력한 방법이다. "여기서 보는 것은 속도와 정확성을 놓고 벌이는 흥정입니다." 쿠진은 설명했다. 상황이 긴박한 정도에 따라, 물고기 떼는 이런저런 수준으로 정족수 역치를 조정할 수 있다. "그리고 그것은 탁월한 묘책이지요. 이런 집단 의사결정 시스템에서 우리가 얻는 것이 바로 그것이니까요."

하지만 큰가시고기들은 양호한 결정을 내린 것일까? 그들은 빠르게 반응하긴 했는데, 영리하기도 했을까? 이차 실험은 그들의 판단력을 검사하는 것을 목표로 삼았다. 워드와 숨프터는 길이 20센티미터의 퍼치고기 *Perca fluviatilis* 모형을 수조에 넣었다. 그들은 이 가짜 포식자를 큰가시고기 무리와 이쪽 또는 저쪽 피신처 사이에 놓았다. 정상적인 상황이라면 분별력 있는 큰가시고기는 혼자든 무리를 이루고 있든 간에 그런 위협 요인으로부터 벗어날 것이다. 하지만 동료의 압력이 상식을 압도하도록 하면 기이한 일이 일어날 수 있다.

연구자들이 가짜 큰가시고기 한 마리를 가짜 퍼치고기 앞으로 지나가도록 하자, 진짜 물고기 두 마리로 된 집단은 어떻게 할지 갈피를 잡지 못했다. 따라갈 때도 있었고 따라가지 않을 때도 있었다. 더 큰 집단은 거리를 두었다. 거의 어느 누구도 가짜 물고기를 따라가지 않았다. 하지만 가짜 물고기의 수를 두 마리나 세 마리로 늘리자, 앞서 그랬듯이 극적인 영향이 나타났다. 이제 두 마리로 된 집단은 거리낌없이 퍼치고기 앞을 지나갔고, 더 큰 집단도 인내심을 잃는 듯했다. 약 절반은 머물러 있었지만, 나머지 절반은 가짜 물고기를 따라 정상적이라면 위험한 상황에 빠져들었다.

쿠진은 말했다. "내가 정말로 충격을 받은 부분은 이 행동이 이전 사례들과 대단히 비슷하다는 점이었어요. 겨우 두세 마리가 그렇게 한다고 물고기 떼가 어떻게 포식자 앞으로 곧장 나아가느냐는 겁니다. 정말로 그들은 자신의 정보를 깡그리 무시하고 사회적 맥락을 중시했지요." 물론 이것은 개체들이 주로 서로에게 단서를 얻는 계의 단점이었다. "잘못될 때는 정말로 크게 잘못되지요."

집단의 개체들이 더 많아진다면 결정이 더 나아질까? 연구자들은 그럴 것이라고 보았다. 집단이 더 다양한 의견을 갖출 테니까. 2장에서 살펴보았듯이, 사람들이 당연하게 받아들이는 너무나 많은 정치 제도와 사법 제도는 비슷한 합의 의사결정 원칙들에 토대를 둔다. 집단 전반이 특정한 결정을 할 때 더 정확하다면, 물고기 떼도 그래야 한다.

이 생각을 검증하기 위해, 연구자들은 일종의 큰가시고기 미인 대회를 열었다. 그들은 좋거나 나쁜 특징을 지닌 모형 물고기 네 부류를 후보자로 삼았다. 예를 들어 한 마리는 통통했고 한 마리는 비쩍 말랐다. 통통한 것은 먹이를 찾는 솜씨가 좋음을 시사했다. 한 마리는 건강이 안 좋다는 경고 표시인 검은색을 띤 반면, 다른 한 마리는 밝은 색이었다. 한 마리는 아주 큰 반면 또 한 마리는 중간 크기였다. 한 마리는 기생충이 있다는 흔한 표시인 옆에 작은 검은 반점들이 있는 반면, 다른 한 마리는 없었다. 연구자들은 집단이 영리하다면 안 좋은 특징을 지닌 모형이 아니라 좋은 특징을 지닌 모형을 따를 것이라고 가정했다. 설령 그 차이가 미묘할지라도 말이다. 그리고 그들의 이론이 옳다면 큰 집단이 작은 집단보다 이 일에 더 정확한 판단을 내릴 터였다. 이용할 정보 집합이 더 클 테니까 말이다.

앞서 실험했을 때처럼, 워드와 숨프터는 집단의 개체수를 1마리에서 8마리까지 다르게 하여 실험을 했다. 그들은 각 집단이 있는 수조의 한쪽 벽에는 매력적인 가짜 물고기를, 반대쪽 벽에는 매력 없는 가짜 물고기를 넣었다. 물고기들이 신참자에게 익숙해지도록 한 뒤, 연구자들은 가짜 물고기들을 피신처로 끌고 가면서 무슨 일이 일어나는지 지켜보았다. 결과는 그들의 이론을 뒷받침했다.

거의 모든 실험에서 큰가시고기들의 대다수는 좋은 모형을 더 선호했다. 하지만 더 중요한 점은 이 선호가 집단 크기가 커질수록 압도적이 되었다는 것이다. 연구자들은 큰 집단일수록 두 모형 사이의 차이를 알아챌 개체가 적어도 한 마리는 포함되어 있을 가능성이 더 높기 때문이라고 추정했다. 그 물고기가 더 매력적인 모형 쪽으로 움직이면 다른 물고기들도 따라갈 것이고, 개체 수가 역치에 다다르면, 모두가 합류하여 일치된 선택을 내놓을 것이다. 게다가 큰 집단에서는 역치값도 더 크기 때문에, 그들의 결정은 더 정확할 것이다.

쿠진은 말했다. "당신이 홀로 결정을 내린다면, 그런 결정을 내리는 일을 그다지 잘하지 못할 겁니다. 하지만 당신이 속한 집단의 크기가 커질수록 당신이 올바른 선택을 할 확률도 커집니다. 이 실험에서는 약 60퍼센트에서 80퍼센트 이상으로 높아졌어요."

다시 말해 개체들은 단순히 안전한 피신처 방향으로 헤엄을 치는 것

같은 자연스러운 일을 함으로써 이웃들에게 유용한 정보를 전달한다. 그리고 동시에 같은 일을 하는 개체가 충분히 많다면, 집단 전체는 거기에 따를 가능성이 더 높다. 숨프터는 간결하게 표현했다. "전체로서의 집단이 통통한 물고기를 찾아내는 일을 훨씬 더 잘하지요."

내가 하는 대로 따라해

얼마 전 〈몰래 카메라Candid Camera〉 초창기에 방영된 한 우스꽝스러운 비디오 작품이 인터넷에 돌아다니고 있었다. 그 고전적인 텔레비전 프로그램에서 방영된 다른 편들이 그렇듯이, 그 비디오도 '실생활을 가감 없이' 찍는다는 미명하에 아무런 의심도 하지 않는 개인의 우스꽝스러운 행동을 찍은 것이었다. 기억할지 모르지만, 다른 편들에는 우편함이 말을 하거나, '화장실'이라고 팻말이 붙은 문을 여니 벽장이 나오거나, 손님이 등을 돌리자 카메라 상점이 세탁소로 바뀐 것을 보고 놀라는 사람들의 모습이 찍혔다.

'뒤를 보다'라는 이 편에서는 멋진 모자를 쓴 젊은이가 남자 세 명, 여자 한 명과 함께 승강기에 탄다. 함께 탄 네 사람은 사무직처럼 변장한 촬영 직원들이다. 우리는 남들보다 더 간편한 차림을 한 젊은이가 왜 그 건물에 있는지 어디로 가는 중인지 알지 못하지만, 그는 함께 탄 사람들에게 약간 위협을 느끼는 듯하다. 그들은 모두 사무직 복장을 했고 앞을 보고 있다.

그 장난꾼들의 주모자인 '찰리'가 준 단서에 따르면, 직원 네 명은 모두 서서히 돌아서서 승강기 뒤쪽을 본다. 아무런 이유 없이. 젊은이는 잠시 머뭇거리다가 똑같이 한다. 시청자는 웃음을 터뜨린다. 그는 동료의 압력에 너무나 빨리 굴복하며, 그 모습은 우스꽝스럽다. 동시에 그의 반응에 그렇게 놀랄 필요는 없다. 그는 자신들이 뭘 하는지를 아는 듯한 사람들에게 둘러싸여 있는데 어떻게 저항할 수 있겠는가?

승강기 문이 닫힌다. 문이 다시 열리자, 이제 모두가 왼쪽을 보고 있다. 젊은이까지 포함하여. 시청자는 다시 웃음을 터뜨린다. 〈몰래 카메라〉 직원들은 젊은이에게 장난을 치기 시작한다. 문이 다시 열리자 이번에는 모두 앞을 보고 있다. 젊은이도 보조를 맞춘다. 비록 방어적인 자세로 팔짱을 끼고 있고, 점점 더 불편해지고 있는 듯 보이지만 말이다. 장난꾼들은 이런 짓을 얼마나 할 수 있을까?

이것을 알아보기 위해 찰리는 자기 모자를 벗는다. 젊은이는 따라한다. 잠시 뒤 찰리와 두 사람은 다시 모자를 쓴다. 젊은이는 찰리를 흘깃 훔쳐본 뒤 똑같이 한다. 시청자들은 폭소를 터뜨린다. 그의 행동은 너무나 어처구니가 없다. 측은할 정도다. 젊은이의 허례허식은 이미 다 벗겨진 상태였다. 그것은 순응하려는 본능이 얼마나 강력해질 수 있는지를 보여준다. 새나 물고기가 무리를 짓는 것만큼 사람에게 자연스러운 것이다.

물론 사람이 남을 모방하는 경향이 있다는 개념은 새로운 것이 아니다. 사회학자, 사회심리학자, 정치학자, 경제학자 등은 이 현상을 다각도로 연구해왔다. 우리는 사회적 동물이기 때문에, 모방은 어두컴컴한 극장에서 출구를 찾기 위해 군중을 따라가는 것에서부터 베스트셀러 목록을 보고 새 소설을 사는 것에 이르기까지 많은 인간활동에서 중요한 역할을 한다. 남을 모방하는 것이 우리의 성향이 아니라면, 우리는 최신 유행에 따라 옷을 입지도, 속어를 쓰지도, 차도와 인도 사이의 갓돌에 서서 '건너시오'라는 신호등이 켜지기를 유순하게 기다리지도 않을 것이다.

프린스턴대학교 생물학자 사이먼 레빈이 말한 문신의 인기를 생각해 보라. "십대 소년 소녀 집단은 모두 문신을 하러 가자거나 반지를 끼자거나 특정한 옷을 입자고 결정할 수도 있어요. 이것은 고립된 사건이 아닙니다. 그들은 자신이 속해 있는지 그렇지 않은지를 토대로 형성되는 배타적인 집단이 있기 때문에 그렇게 하는 겁니다. 따라서 거기에는 많은 동료 압력이 있습니다. 모방의 일부와 그 압력의 일부는 당신이 얻는 보상이나 그런 행동을 따르지 않을 때 받는 처벌에서 비롯됩니다."

프린스턴대학교 생물학자인 대니얼 루벤스타인은 그런 집단은 자기 조직적이라고 덧붙인다. "당신이 현실적인 우정 관계를 맺고, 그 집단의 구성원들처럼 자신의 몸을 뚫고 장신구를 하거나 문신을 새겼기 때문에 기분이 좋고 동시에 부모와 소원해진다면, 당신은 그 현실적인 관계 쪽으로 기울어지기 시작합니다. 당신이 '일정한 수준의 양의 되먹임을 얻는 쪽으로 가라, 음의 되먹임을 받는 곳은 피하라' 같은 단순한 경험 법칙을 따른다면, 무리는 이런 망을 중심으로 형성됩니다."

현실적인 관점에서 볼 때, 그 무리를 따르는 것이 전혀 틀리지 않을 때가 많다고 컬럼비아대학교 및 야후 리서치의 사회학자인 던컨 와츠는 말했다. 사실 우리는 선택의 여지가 그다지 많지 않다. "1차 원리들로부터 모든 문제를 풀려고 시도할 수는 없어요. 어떤 것들은 당연하게 받아들여야 합니다." 그는 대부분의 일상적인 상황에서 정보가 부족할 때 남들이 어떻게 하는지 지켜보는 것이 합리적인 전략이라고 말했다. "당신이 도로로 차를 몰고 있을 때 비가 오고 앞이 잘 보이지 않는 상황에 멀리서 한 무더기의 붉은 미등이 눈에 들어온다면, 당신은 속도를 줄일 겁니다. 당신이 볼 수 없는 무언가를 그 사람들이 볼 수 있다는 것을 알기 때문이지요. 그리고 아마 그것이 올바로 행동하는 것이겠고요." 그런 의미에서 우리는 새, 물고기, 순록 무리가 하듯이 무리의 집단적 경험에 종종 의존한다. "십중팔구 그것은 제대로 행동하는 겁니다. 아니 적어도 그것은 위험을 최소화하는 전략이지요. 실제로 우리 모두가 하고자 애쓰는 것은 파국을 피하는 것이기 때문이지요. 그보다 덜한 것이면 무엇이든 간에 우리 행동을 합리화할 수 있어요."

앞서 살펴보았듯이 자연에서는 집단을 따르는 것이 생사의 문제일 때가 종종 있다. 예를 들어 한 쌍의 눈보다는 천 쌍의 눈이 다가오는 포식자를 알아차릴 가능성이 더 높다. 그리고 공격을 받았다면, 홀로 있는 개체일 때보다 고만고만해 보이는 개체들의 집단일 때 그 공격이 무위로 돌아가기가 더 쉽다. 야생의 법칙은 '홀로 있는 개체'가 먹힌다는 것이기 때문이다. 무리의 일부가 되면 먹이나 짝이나 이주 경로를 찾을 기회도 더 커진다. 집단은 일종의 집단 기억까지 계발한다. 드미트리 라다코프가 '반사작용의 축적fund of reflex'이라고 한 그것은 그 정보를 모은 개체들이 사라진 뒤에도 그 집단에 남는다.

그런 정보의 활용 면에서는 유용한 것을 아는 몇 사람만으로도 집단을 올바른 방향으로 나아가게 할 수 있다. 설령 그들이 지도자가 되려 하지 않아도 말이다. 최근에 독일 쾰른에서 200명의 사람을 대상으로 한 실험은 이 점을 잘 보여준다. 실험을 시작할 때 집단은 시계처럼 숫자가 적힌 큰 원의 중심에 모여 있었다. 10명은 '9시 방향으로 가시오. 하지만 집단을 떠나지 마시오'라고 적힌 쪽지를 받음으로써 '아는' 사람이 되었다. 나머지 사람들은 그저 '집단에 머무르시오'라고 적힌 쪽지를 받았다. 연구자들이 '출발'이라고 하자, 집단은 혼란스럽게 뒤섞였다. 하지만 비교적 짧은 기간에 걸쳐 헤쳐 모여가 이루어진 뒤, 아는 사람들은 다른 사람들을 목적지까지 이끌고 갈 수 있었다. 이것은 비행기에서 맨 처음 내린 승객들이 실제로 그럴 생각도 없는데 나머지 승객을 수화물 찾는 곳으로 이끄는 경향이 있는 것과 마찬가지다. 이 실험에서 주목할 점은 아는 사람이 대단히 적게 필요했다는 것이다. 5퍼센트만으로도 충분했다. "그것은 적극적인 신호 전달 없이도 집단 전체로 정보가 대단히 빨리 아주 효율적으로 전파될 수 있음을 보여줍니다." 실험 설계를 도운 생물학자 이에인 쿠진의 말이다.

더 신중한 행동을 보면, 남을 모방하는 성향이 언제나 그렇게 단순한 것은 아니다. 경제와 금융 쪽으로는 더 그렇다. 마케팅과 광고라는 업무를 생각해보자. 예를 들어 소비자가 남들이 무엇을 사는가를 토대로 구매 결정을 내린다는 말이 옳다면, 시장에 이미 뿌리를 내린 제품을 판촉하는 것이 더 쉽지 않은 이유는 무엇일까? 또 으레 예상할 수 있는 것과 달리, 소비자들이 유력 인사들의 사례를 충실히 따르지 않는 이유는 무엇일까? 정말로 좋은 제품이라고 해도, 신제품은 입소문을 퍼뜨리기가 왜 그렇게 어려운가? 아무튼 사회적 영향력을 지닌 사람은 어떤 영화, 책, 노래가 성공하고 실패할지를 결정하는 데 어떤 역할을 할까? 특정한 배우, 작가, 가수를 슈퍼스타로 만드는 전염성 있는 인기의 연쇄 반응을 일으키는 것은 무엇일까? 그리고 우리는 그런 것을 예측하는 일에는 왜 그렇게 젬병일까?

이런 질문들에 흥미를 느낀 던컨 와츠와 두 동료는 몇 년 전 온라인 '음악 시장'을 이용하여 웹 기반의 일련의 실험에 착수했다. 14만 명의 사람들에게 한 번도 듣지 못한 노래를 듣고 평점을 매기고 선호하는 곡을 내려받도록 했다. 사람들의 선호가 남들의 선호에 얼마나 영향을 받는지 알아보자는 것이었다. 그들은 앞서 들은 사람들이 어떤 노래에 좋은 점수를 주었다는 것을 알면 그 노래에 더 높은 점수를 줄까? 만일 그렇다면, 그것은 한 노래의 등위, 즉 '시장 점유율'에 어떤 영향을 미칠까?

실험 대상자들은 젊은 성인들의 소셜 네트워킹 사이트인 〈볼트Bolt〉에서 모았고, 음악은 새 음악 밴드를 알리는 사이트인 〈퓨어볼륨〉에서 선정했다. 연구진은 음악 청취자들이 새로운 노래를 평가해주기를 원했기에, 아직 콘서트를 많이 열지 않았거나 자기 웹사이트 방문자가 많지 않은 밴드를 48개 골랐다. 그들은 '하이들로릭샌드위치Hydraulic Sandwich', '더캘러팩션The Calefaction', '업포나싱Up for Nothing', '52메트로52metro' 같은 이름을 지닌 밴드들이었다.

무리 짓기 행동이 노래 평가에 미치는 영향을 측정하는 방법으로, 와츠 연구진은 실험 대상자들을 크게 두 집단으로 나누었다. 하나는 노래를 독자적으로 평가하는 사람들의 집단이고 다른 하나는 남들이 앞서 어떻게 평점을 주었는지 정보를 받은 사람들의 집단이었다. 첫 번째 집단은 오로지 자신의 개인 선호에 따르므로, 그들의 투표는 노래의 질을 판단하는 기준점이 되었다. 두 번째 집단은 8개 '세계'로 나뉘었다. 각 세계는 자족적이었다. 즉 각 세계에 속한 사람들은 같은 세계의 사람들이 준 평점만을 알 수 있었다는 의미다. 이를 통해 사회적 영향의 충격을 세계별로 비교할 수 있었다. 평점이 비슷하다면, 그것은 아무튼 어떤 노래가 인기를 끌지 예측할 수 있다는 의미일 것이다.

1차 실험에서는 대상자들에게 이 계획 웹사이트인 〈뮤직 랩〉에 접속하여 주크박스 방식의 메뉴에서 노래를 골라 듣도록 했다. 노래가 흘러나올 때 '너무 싫다'인 1에서 '아주 좋다'인 5까지 중에서 평점을 매기도록 했다. 평점을 매기고 나면, 원한다면 그 노래를 내려받을 수 있다는 문구가 떴다. 유일하게 다른 점은 독자적인 집단에 속한 사람들이 보는 목록에는 노래 제목만 나와 있고, 사회적 영향을 받는 집단의 사람들이 보는 목록에는 지금까지 내려받기가 이루어진 횟수도 함께 나와 있었다. 연구자들은 이 숫자가 노래의 인기, 따라서 질을 알리는 사회적 단서 역할을 할 것이라고 보았다.

6주 뒤 〈뮤직 랩〉에는 7천 명 이상의 사람들이 매긴 평점이 쌓였고, 결과는 연구진의 가설을 입증했다. 한 가지가 어긋났다는 점을 빼고. 와츠 연구진이 예상했듯이, 각 노래의 현재 순위를 알 수 있는 8개 세계에서는 실험 대상자들이 상위에 있는 노래를 내려받느라 그 노래들의 인기가 급격히 치솟는 사례가 종종 있었다. 예측과 어긋난 사항은 세계마다 사람들이 서로 다른 노래를 선호했다는 점이다. 예를 들어 한 세계에서는 52메트로가 부른 〈록다운〉이라는 노래가 웹사이트에서 그것을 들은 사람들이 1위라고 매겼지만, 다른 세계에서는 40위에 불과했다. 와츠가 〈뉴욕 타임스〉 특집 기사에 썼듯이, 그것은 "역사가 어떤 식으로든 무수히 되풀이된다면, 같은 경쟁자들과 전반적으로 똑같은 시장 취향을 지닌 똑같아 보이는 우주들에서 서로 다른 승자가 나올 것"임을 시사했다. "이 세계에서는 마돈나가 인기를 끌겠지만, 다른 역사에서는 그녀는 평범한 인물에 불과하고 우리가 들어보지 못한 누군가가 그녀의 자리를 대신 차지하고 있을 것이다."

무엇이 이렇게 제각기 다른 선호 양상을 빚어냈을까? 그것이 '부익부' 효과의 한 형태라는 것이 답인 듯하다. 어떤 이유에서 어떤 노래가 다른 노래들보다 약간 더 우위에 놓이면, 그 노래는 그 여분의 가시성의 혜택을 보았으며 격차는 점점 커졌다. 그 노래가 좋은지 나쁜지는 중요하지 않았다. 그저 내려받기 횟수에서 앞서 있기만 하면 되었다. 2차 실험은 이 가설이 옳음을 확인해주었다. 실험은 1차 실험과 같았다. 단지 주크박스 방식의 메뉴로 곡목을 보여주지 않고 인기 순위에 따라 위아래로 죽 노래를 나열했다는 점만 달랐다. 즉 맨위에 있는 노래들은 나머지 노래들보다 내려받기 횟수가 많았다. 연구자들은 이 밴드웨건 효과bandwagon effect가 증폭될 것이라고 예측했다. 실제로 그렇다는 것이 드러났다.

알다시피 현실 세계에서 마케팅 담당자는 대중 영화를 소개하는 현란한 TV 광고에서 '이 상품을 산 소비자들은 저것도 샀다'라고 알리는 온라인 웹사이트의 쇼핑 도우미 추천 문구에 이르기까지, 자기 상품에 관심을 갖도록 하는 더욱 강력하게 사회적 영향을 미치는 도구들을 활용한다. 한편 정치판의 운동원들은 후보자를 알리기 위해 같은 기법을 빌려와 쓸 뿐 아니라, 공약의 영향력을 증폭시키고 자신들의 대의를 따르는 사람들을 더 끌어모으기 위해 기존 사회망의 힘도 활용한다. 그러나 그런 노력에도 불구하고 어느 상품이 대성공을 거둘지, 어느 후보자가 뽑힐지를 예측하는 일은 그다지 나아지지 않았다고 던컨 와츠는 주장한다. 그는 〈워싱턴 포스트〉에 이렇게 썼다. "이런 실험은 마돈나나 저스

틴 팀버레이크의 매력을 추정하는 차원을 넘어서 훨씬 더 큰 의미를 지닌다. 진정한 요지는 사람들이 남들이 어떻게 하는가를 어느 정도 토대로 삼아 결정할 때마다, 결과 예측이 크게 잘못되기 쉽다는 것이다. 당신이 얼마나 꼼꼼히 예측하든 간에 말이다. 많은 사례들에서는 아마 예측이 불가능할 것이다."

이것이 투자와 금융 같은 분야의 전문가들에게 어떤 의미가 있을까? 그런 분야에서는 성공이냐 실패냐가 남들의 행동을 예측하는 일에 크게 의존하지 않는가? 재무 관리자는 가치가 회사나 제품의 내재 가치뿐 아니라 남들이 어떤 생각과 행동을 하는가라는 '미인 대회식' 동역학에도 좌우되는 시스템의 불확실성을 어떻게 다루어야 할까? 놀랄 일도 아니지만, 한 가지 답은 집단을 따르라는 것이다. 어떤 투자 관리자나 금융 분석가가 능력이 떨어지는 인물로 꼽히는 것을 피하고 싶다면, 그는 대세를 따를 것이다. 설령 그것이 위험한 상황에 맹목적으로 뛰어드는 것이나 문제가 있다는 징후가 보이자마자 안전하게 발을 빼는 것을 의미할지라도 말이다.

옥스퍼드대학교 경제학자 페이튼 영은 이렇게 말했다. "당신이 펀드매니저라면 그 게임의 이름은 투자자 돈 끌어오기지요. 이제 어느 해에 당신이 좋은 실적을 올렸다고 합시다. 좋은 일이지요. 물론 당신은 주목을 받을 것이고 새로운 투자 자금이 밀려들 겁니다. 하지만 실적이 나쁘다면 사람들이 돈을 빼 갈 겁니다. 이런 종류의 게임은 더도 말고 덜도 말고 안전하게 중간을 유지하는 것이 훨씬 더 낫습니다. 돈을 엄청나게 끌어모으는 일도 없고 가라앉는 배의 쥐 떼처럼 돈이 빠져나가는 일도 없는 상태를 말입니다. 따라서 그것은 그저 돈을 끌어모으거나 돈이 못

빠져나가게 막으려는 매니저의 동기를 지켜보는 문제에 불과합니다. 그리고 그것은 자연의 무리들이 하는 일과 아주 비슷하지요."

한편 당신이 금융 분석가라면 마주칠 위험은 다를지 몰라도 전략은 같을 것이다. "합리적인 세계에서 당신이 예측가라면 당신이 하고 싶은 것은 최상의 모형을 갖고, 최고의 전문가들을 구하고, '국민총생산이 이러저러하게 증가할 것이다' 또는 '주식시장이 호황을 누릴 것이고 이것이 우리의 가장 나은 추정값이다'라고 예측을 내놓는 것이라고 생각할 겁니다." 하지만 그는 그들이 하는 일이 그런 것이 아니라고 말했다. 그들은 현재 그래프를 보면서 양쪽에 투자를 하여 위험을 분산시킨다. 평균값보다 오른쪽에 있는 것이 중간에 있는 것보다 더 나은 수익을 올리지 못하는 사례가 자주 있기 때문이다. "분명히 당신은 잘못된 쪽에 서기를 원하지 않습니다. 자칫하면 엄청난 대가를 치르게 되지요. 사자에게 먹히는 얼룩말처럼요."

지난 수십 년에 걸쳐 이론가들이 복잡성을 점점 더 이해하게 되면서, 일부 금융 분석가들은 쏠림의 손익 양쪽을 투자 전략으로 고려하는 더 탄력적인 전략들을 채택해왔다. 볼티모어에 있는 레그메이슨 캐피털 매니지먼트의 수석 투자 전략가 마이클 모부신은 특정한 산업이나 투자에 관해서 남들이 당신보다 더 많은 정보를 갖고 있는 흔한 상황을 생각해 보라고 말한다. 그런 상황에서는 식견이 있는 군중을 따르는 것이 사실상 영리한 행동일 수 있다. 그는 저서 《당신이 모르는 것More Than You Know》에 이렇게 썼다. "예를 들어 유망한 새 산업의 초기 투자자들은 그 산업의 성장을 촉발함으로써 남들의 투자를 촉진할 수 있다." 또 무리를 따르는 것은 난처한 상황에서 빠져나올 수 있는 핑계거리를 제공한다. “자연에서 ‘네 이웃을 따르라’는 전략은 새 떼가 포식자를 따돌릴 수 있게 해준다. 마찬가지로 그것은 투자자가 나쁜 투자를 피하는 데 도움을 줄 수 있다.”

하지만 그는 시장 전체로 보면 맹목적인 모방이 건강한 것일 리 없다고 말한다. 투자자들이 서로를 그대로 따라한다면, 시장의 다양성은 자동적으로 줄어들어서 시장은 더 불안정하고 허약해진다. 불확실한 물에서 안절부절못하는 물고기 떼처럼 시장은 불안정하고 갑작스러운 변동에 휘둘리기 쉽다. 그런 곳에서는 모든 물고기가 적절한 정보든 아니든 간에 모든 사소한 신호에 반응한다. 그런 일이 일어날 때 투자자들은 초조해지며 영리함보다는 두려움이 행동의 방향을 결정한다.

모부신은 쏠림의 함정을 제대로 파악하면 투자자들이 더 나은 결정을 내리도록 도울 수 있다고 말한다. 새, 물고기, 순록과 달리 사람은 사리에 맞지 않을 때 이성이라는 재능을 이용하여 본능에 맞설 수 있기 때문이다. 하지만 캐나다 북부의 두 모험가는 정반대의 것이 도전과제라고 보았다. 즉 얼어붙은 야생 환경을 지나는 끝없이 이어진 순록 떼를 추적하면서 그들은 이성을 끄고서 무리와 영적 교감을 할 수 있을지 알아보기로 했다.

순록과 춤을

캐나다 야생생물 연구자인 카스턴 호이어와 부인인 영화 제작자 린 앨리슨은 일주일 동안 흔적을 뒤쫓은 끝에 첫 늑대를 발견했다. 그들은 알래스카 북극 국립 야생생물 보호 구역에 있는 번식지를 향해 북쪽으로 이주하는 큰순록 *Rangifer tarandus granti* 무리의 발자국을 따라가는 중이었다. 그들은 5개월을 가야 했다. 무리를 따라 북극해까지 1,600킬로미터를 갔다가 돌아오는 길이었다.

늑대는 바위 뒤에 웅크리고 있었지만, 순록 무리는 어쨌든 눈치챘다. 이주하는 동안 그런 만남은 시시때때로 일어나며, 반드시 공격으로 이어지는 것은 아니므로 무리는 기다리면서 지켜보는 자세를 취한다. 호이어는 말했다. "어느 정도까지 이런 공존이 받아들여져 있었어요. 당신이 두려워하는 것이 있지만 그것이 거기에 늘 있을 때, 그저 눈에 보인다고 그것에 반응한다면 생애 전체를 반응하면서 보내게 될 겁니다."

하지만 늑대는 가까이 접근하다가, 무리의 경계 수준에서 어떤 문턱을 넘었다. "이제 모든 동물이 움직임을 멈춘 상태였다. 적어도 가장 가까이 있는 순록 무리의 최전방에 있는 녀석들은 그랬어요. 안쪽에 있는 동물들은 그래도 움직이거나 더 나아가 먹이를 먹고 있을지도 몰랐지만, 바깥의 개체들은 완벽한 경계 상태에서 주시하고 있었지요." 다시 100미터를 접근하자 늑대는 또 하나의 문턱을 건넜다. 그러자 가장 가까이 있는 순록들은 몸을 돌려 달아나기 시작했다. 이것은 무리 전체에 움직임의 물결을 촉발시켰으며, 이윽고 모든 순록이 달리게 되었다. 호이어는 저서 《순록되기 Being Caribou》에서 그 과정이 어떻게 이루어지는지를 묘사했다.

가장 가까이 있는 순록들이 돌진하는 늑대에 반응하는 데는 몇 분의 1초도 걸리지 않았고, 일단 반응하자 순록 무리 전체가 섬광이 물결처

> 럼 터지듯이 일제히 움직였다. 안무에 따라 회전하는 춤을 추듯이 몸을 돌리면서. 꼼짝하지 않는 동물 무리였던 것이 갑자기 달아나는 하나의 생물이 되었고, 그것은 나아가는 물고기 떼가 은색과 검은색으로 반짝이듯이, 앞으로 돌진하면서 좌우로 방향을 바꾸었다.

늑대가 추격하고 있는 무리의 꽁무니에서 순록들이 담요의 올이 풀리거나 해진 것처럼 갑자기 여러 가닥으로 갈라진다. 호이어는 말했다. "포식자의 관점에서 보면 극도로 혼란스러울 것이 분명했습니다. 동물들이 온갖 방향으로 나아가니 어느 한 개체에 집중하기가 어려워졌을 테니까요." 늑대는 이번에는 이 개체를 쫓다가 다음에는 저 개체를 쫓는 식으로 희생자를 무리에서 떼어내려 시도했다. 하지만 실패를 거듭하자 늑대는 열세에 놓인 듯했고, 달리던 속도도 느려져서 이윽고 타박타박 걷는 것에 불과해졌다. 무리는 굶주린 채 헐떡이는 늑대를 놔둔 채 질주하여 고개 너머로 사라져갔다.

순록과 늑대의 만남을 압축한 듯한 이 장면은 적응 모방의 기본 원리 세 가지 모두를 극적으로 보여준다. 무리의 움직임을 조정coordination하여 매의 공격을 따돌리는 로마의 찌르레기 떼처럼, 순록 떼도 마치 전체가 한 마리인 양 함께 질주함으로써 늑대의 공격에 대처했다. 게다가 달리고자 하는 처음의 충동은 라다코프 실험에서 동요의 물결이 은빛 물고기 떼 전체로 퍼지듯이 무리 전체로 빠르게 전달되었다communicated. 마지막으로 가장 가까운 이웃들에게 세심하게 주의를 기울이고 그들의 행동을 모방함copying으로써, 각 순록은 무리의 수많은 눈으로부터 혜택을 본다.

호이어는 무리가 늑대에 반응할 때, "선회하고 몸을 돌리고 움직이는 새 떼와 같았지요"라고 말했다. "개체들 사이에 아무런 반응도 없는 듯하다가, 갑자기 모든 일이 일어납니다. 마치 모든 동물이 자기 이웃이 무엇을 할지 알고, 옆의 이웃은 그 옆의 이웃이 무엇을 할지를 아는 것처럼, 순식간에 일이 일어납니다. 예견 따위는 없어요. 어떤 반응도 없지요. 그냥 일어나요."

그와 앨리슨은 자취를 추적하는 몇 달 동안 다른 것도 알아차렸다. 순록과 함께 보내는 시간이 늘어날수록 자신들도 점점 더 그 무리에 속해 있다고 느끼기 시작한 것이다. 그 여정을 시작하기 전에 호이어는 이런 종류의 일이 일어날지, 과학적 호기심을 만족시키는 차원을 넘어서 무리가 됨으로써 얻는 무형의 혜택을 인식할 수 있을지 궁금해했다. 다시 말해 호이어는 순록이 되는 것이 어떤 느낌일지 궁금했다. 이것은 이 현상을 연구한 다른 과학자들이 물었던 것과 전혀 다른 종류의 질문이었다. 그것은 무리 행동의 메커니즘에 관한 것이 아니라, 전통 과학 쪽에서 보기에 위험스러운, 다소 실험적인 측면이었다.

호이어는 말했다. "생물학자로서 훈련을 받았기에, 나는 지극히 과학자답게 그 여정에 접근했어요. 우리는 밖으로 나가서 그들이 뭘 하는지 관찰하고 기록하고 그것을 갖고 돌아왔지요. 그리고 우리가 정말로 예상하지 못했던 것, 시간이 흐르면서 일어났던 것은 과학자이자 기록자로서의 우리 정체성이 점점 모호해지기 시작했고 우리와 순록 사이의 경계가 점점 흐릿해져 간다는 것이었어요." 얼음으로 덮인 하천을 함께 건너고, 진흙투성이 비탈을 함께 기어오르고, 똑같이 먹파리에 시달리고, 똑같이 곰에게 쫓기는 등 순록들이 겪는 고초의 많은 것을 함께 겪으면서 그들은 유대감을 느꼈다. 그것은 마치 모든 시련이 "우리의 마음을 정화하고 무리 내의 이런 의사소통 수준에, 즉 우리가 대개는 처리하거나 알아차리지 못하는 단서나 신호에 대해 우리 자신을 활짝 여는 중요한 단계들을 거치는 입문식 같았다."

그는 실질적인 의미에서 무리가 이웃에게 무슨 일이 일어나는지를 감지하는 경보 시스템 역할을 한다고 말한다. "우리가 여러 날 동안, 특히 번식지에서 어떤 집단과 함께 지낸다면, 우리는 무리의 가장자리에서 가장 경계 태세를 갖추고 있는 몇몇 동물에 초점을 맞추게 될 것이고, 그들은 곰이 오는지 검독수리가 오는지 다른 어떤 위협이 있는지를 우리에게 알려주는 단서 역할을 하게 될 겁니다." 정서적인 의미에서 이것은 무리에 속해 있을 때 더 안전하다는 느낌으로 해석되었다. "이것은 동물 행동의 관점에서 보면 전혀 새로운 것이 아닙니다만, 나는 그런 감정이 우리에게까지 흘러들었다는 데 놀랐지요. 그것은 생물학이 결코 다루지 않을 주제일지 모르겠지만, 당신이 어딘가에 소속되어 있다고 느낄 때, 당신은 걱정하느라 소모했을지 모를 많은 에너지를 다른 일을 하는 데 돌릴 수 있고 훨씬 더 많은 자유를 누리게 됩니다. 순록의 입장에서는 먹고 쉴 시간이 늘어나지요. 하지만 린과 내게는 공상에 빠질 시간이 늘어났어요. 즉 우리가 자신을 돌아보는 유일한 존재라고 느낄 때보다 좀 더 멀리까지 상상이 뻗어나가도록 할 시간 말입니다."

호이어가 인정했듯이, 그와 린은 고된 여정이 끝날 즈음에 지쳐 있었다. 그들은 순록들이 수세기 동안 남긴 똑같은 자취를 따라가면서 거의 반년을 야생에서 보냈다. 그러니 어떤 의미에서 그들이 자신을 순록 떼와 아주 가깝다고 느끼게 된 것도 놀랄 일이 아니었다. 하지만 이 장의 첫 부분에서 에드먼드 셀로스 이야기를 해준 생물학자 프랭크 헤프너가 보기에 이 모험가들은 미치지 않았다. 훈련된 생물학자이자 경험 많은 야생생물 영화제작자인 그들은 자신들이 무엇을 하고 있는지 잘 알았고, 자신들이 느끼는 감정이 무엇인지도 잘 알았다. 우리가 이해할 자세가 되어 있든 그렇지 않든 간에, 그들은 현대인이 믿기 어려운 방식으로 위안을 주고 심지어 부양하기까지 하는 무리의 일부가 되었다고 말하는 듯했다. 호이어는 말했다. "나는 인간이 알지도 이해하지도 못하고 앞으로도 결코 그럴 수 없는 방식으로 전달되는 그 지능이 생화학적인 것일 수 있다는 생각을 많이 합니다." 물론 그는 텔레파시 같은 어떤 신비적인 현상을 이야기하는 것도, 엄밀한 기계론적 의미로 새나 물고기 무리를 이야기하는 것도 아니다. 그가 말하고자 하는 바는 무언가가 더 있다는 것이다.

호이어는 말했다. "나는 이것이 일종의 신비로운 것임을 압니다. 사실 나는 그 점이 아주 마음에 들어요. 그것은 우리를 다시 야생으로, 그리고 야생동물에게로 계속 끌어당겨 하나가 되게끔 하는 어떤 것입니다."

CHAPTER 5

Locusts

군중의 어두운 면

메뚜기 떼

지킬 박사와 하이드 씨
다리 위의 죽음 | 냄비 혁명

거품과 폭락은 집단 의사결정이 잘못될 수 있는
교과서적인 사례입니다.
거품 때는 집단을 지적으로 만드는 모든 조건들,
즉 독립성, 다양성, 개인적인 판단이 사라집니다.

그들은 좋은 자리를 구하기 위해 일찍부터 줄을 섰다. 표를 구할 일념으로 아예 며칠 전부터 밤을 샌 사람들도 있었다. 그들은 인기 있는 쇼 와와위Wowowee의 특별 녹화 현장에 참가하고 싶어하는 사람들이었다. 그 프로그램이 필리핀에서 방영된 지 1주년을 축하하는 기념 녹화 현장이었다. 주최측은 쇼가 진행되는 동안 소형 버스 여러 대, 주택 한 채, 100만 페소의 상금 등 후한 경품을 제공하겠다고 약속했다. 2006년 2월 4일 새벽 무렵 마닐라 외곽의 필스포츠 경기장을 에워싼 군중은 약 3만 명으로 늘어났다. 하지만 경기장의 수용 인원은 약 1만 7천 명에 불과했다.

얼마 뒤에 정확히 어떤 일이 벌어질지 아무도 몰랐지만, 경기장 문이 열리기 직전 군중은 동요하기 시작했다. 몇몇 증인들은 쇼의 대변인이 첫 입장객 300명에게만 가장 큰 경품에 뽑힐 자격을 줄 것이라고 선언했다고 증언했다. 나머지는 더 소액의 경품을 받을 자격만 주겠다는 것이었다. 나중에 한 공무원은 이렇게 추정했다. "그들은 배도 고프고 잠도 제대로 못 잔 상태였어요. 그 선언을 듣는 순간, 사람들의 머릿속에는 오로지 먼저 입장해야겠다는 생각으로 가득해졌어요. 들어가지 못하면 부자가 된다는 꿈도 물거품이 될 테니까요."

그 날 아침에는 문 하나만 열었는데 경비원들이 경기장 문을 여는 순간 군중이 미친 듯이 밀려들었다. 뒤쪽에 있는 사람들이 밀어대기 시작하자 보행 차단벽이 무너졌고 놀란 경비원들은 다시 문을 닫았다. 대다수 군중은 무슨 일이 일어나고 있는지 알지 못했지만, 이미 흥분의 열기가 차 오른 상태였다. 군중은 앞으로 쇄도했고 앞쪽에 서 있던 사람들을 닫힌 문 앞 아래로 향한 비탈로 마구 떼밀었다. 수많은 사람들이 발부리가 걸려 넘어졌고, 그 위를 나머지 군중이 덮쳤다. 엄청난 압력이 사람들을 짓눌렀다. 사태가 진정되고 보니, 74명이 압사당했고, 다친 사람도 수백 명에 달했다.

사상자는 대부분 나이든 여성이었다. 다음날 한 신문은 애도 사설을 실었다. "그들의 꿈은 소박했을 것이다. 다음날까지 버틸 돈을 얻거나, 빚을 갚을 상금을 받거나, 작은 사업을 시작할 기회를 얻거나, 자기 집을 갖거나 하는 등. 어제 라디오에서 계속 흘러나오던 사망자들의 이름은 정말로 슬프고 애처롭게 들렸다."

그 비극이 있은 뒤 글로리아 마카파갈 아로요 대통령은 진상조사위원회를 설치했다. 조사 보고서에 따르면, 당시 경기장에는 긴급 상황에 대처할 지침이 마련되어 있지 않았고, 그런 대규모 군중을 통제하기에는 경비원 수도 턱없이 부족했다. 비록 방송사 측에서 희생자 장례비와 가족 위로금으로 약 200만 페소를 지불하기로 했지만 쇼의 진행자인 코미디언 윌리 레빌라메는 결국 아무런 책임도 지지 않았다.

다른 유명한 경기장 참사 사고와 마찬가지로, 마닐라 경기장 사고도 대규모 군중이 어떤 위험을 내재하고 있는지를 섬뜩하게 상기시켰다. 2001년 5월, 가나의 수도 아크라에서는 축구 시합 도중 130명이 압사당하는 사고가 일어났다. 2006년 9월에는 남예멘의 한 경기장에서 군중 정치 집회 때 50명 이상이 사망했다. 대규모 군중은 최악의 재난을 일으킬 수 있는 무언가를 지니고 있다. 마닐라에서 그 날 아침 즐거운 마음으로 모였던 대중이 어찌된 일인지 흥분한 폭도로 돌변했다. 집단을 이룸으로써 개인들이 더 영리해지는 대신에, 군중의 역동성은 그들의 상식을 앗아갔다. 집단의 힘을 다스려서 쓸 만한 정보를 솎아내고 문제 해결을 분산시키는 대신에, 군중은 자신에게 맞서 혼돈 에너지를 분출했다.

자연에서도 종종 본능이 마구 날뛸 때 같은 일이 벌어진다. 생물학자 T. C. 슈네일러가 1936년 파나마의 한 연구시설 바깥에서 오후 늦게 마주친 군대개미 무리를 생각해보자. 미국 자연사박물관 연구원인 슈네일러는 파나마 운하 지대의 자연보호구역인 바로콜로라도 섬에 있는 스미소니언 열대연구소에서 어스름이 깔릴 무렵에 공터를 가로지르는 몸집이 작고 검은 군대개미 *Eciton praedator* 무리를 보았다. 다음날 연구소의 요리사 로자가 그를 찾았다. 그녀는 그 개미들이 연구소 도서실 앞 인도에서 뭘 하고 있는지 그에게 보여주고 싶어했다. 가서 보니 개미들은 마치 보이지 않는 소용돌이에 갇혀 있는 양, 계속 빙빙 원을 그리며 돌고 있었다. 원은 지름이 약 13센티미터였고, 개미들은 시멘트 바닥 위에서 시계 반대 방향으로 계속 돌았다. 원의 바깥쪽에 있는 개미들은 중심에 가까운 개미들보다 더 빨리 돌았다. 이따금 개미 한 마리가 몸을 돌려 반대 방향으로 움직이려 시도했지만, 무리의 다른 개미들과 계속 부딪치는 바람에 어쩔 수 없이 다시 시계 반대 방향으로 돌았다.

이 군대개미는 서로를 따르는 순종 본능 때문에 끝없는 행군의 고리에 갇힌 듯했다. 슈네일라는 이 무리가 전날 습격에 나섰다가 군체로부터 떨어졌을 것이라고 추정했다. 그 날 오후에 비가 심하게 내렸기에 아마 습격은 중단되었을 것이고, 개미 군체와 그 집단을 잇는 화학물질의 자취는 씻겨나갔을 것이다. 습격이 중단되었을 때, 집단의 선두에 있던 개체들은 아마 그 지역을 탐색하러 나섰을 것이다. 하지만 집단의 언저리에서 벗어나지 않은 채였다. 집단을 이루고 있어야 가장 안전할 테니까. 그러면서 그들은 원형으로 페로몬 자취를 남겼고 곧 다른 개미들이 그 뒤를 따랐다. 잠시 뒤에 페로몬 자취는 어느 누구도 벗어날 수 없을 만큼 강렬해졌다.

개미들의 별난 행동에 흥미를 느낀 슈네일러는 연구실에서 일을 하는 짬짬이 몇 시간마다 나와서 그들을 살펴보았다. 날이 저물 무렵까지 개미들은 15시간 넘게 돌고 또 돌고 있었다. 다음날 현장을 가본 그는 깜짝 놀랐다. 그는 이렇게 기록했다. "어제 그 자리에서 맴돈 흔적이라고는 거의 또는 전혀 찾아볼 수 없었다. 그곳 전체가 죽거나 죽어가는 개미들로 뒤덮여 있었다. 오전 7시 30분, 제대로 서 있는 개미는 거의 찾아볼 수 없다. 맴돌기는 중단된 상태였고, 근처의 자그마한 두배자루개미류와 시베리아개미류가 몰려들어 바쁘게 죽은 개미들을 나르고 있었다." 군대개미들은 죽음을 맞이할 때까지 서로의 뒤를 따랐던 것이다.

이것은 집단행동의 어두운 측면이다. 그것은 "우리 중 어느 누구도 집단 전체보다 멍청하지 않다"라고 비꼰 표어에 적힌 것처럼, 우리가 품은 최악의 의구심을 확인해주면서, 대중의 지혜에 관해 지금까지 살펴보았던 모든 것을 부정한다. 슈네일러가 발견했듯이 군대개미 같은 집단이 이런 유형의 기능 장애에 사로잡히면, 집단행동은 거기에 속한 모든 개체에게 재앙이 될 결과를 빚어낼 수 있다.

하지만 그것은 사막메뚜기desert locust 무리가 위세를 부릴 때 벌어지는 일에 비하면 아무것도 아니다. 이 곤충이 자신의 어두운 면을 드러낼 때면, 한 대륙 전체가 말 그대로 초토화될 수 있다.

지킬 박사와 하이드 씨

2004년 모리타니의 수도 누악쇼트를 습격한 사막메뚜기 떼는 선두에서 맨 뒤까지 1.7킬로미터가 넘었을 것이다. 한 주민은 이렇게 말했다. "몇 분 사이에 하늘이 온통 갈색으로 변했어요. 달라붙은 메뚜기들의 무게 때문에 나무들이 휘어졌고, 얼마 안 되는 도시의 녹색 잎들을 깡그리 먹어치웠지요." 사람들은 거리에서 타이어를 태워서 메뚜기 떼를 쫓으려 했지만 아무 소용이 없었다. 아이들은 막대기를 두드려대면서 곤충을 몰아내려 했지만 헛일이었다. 몇 시간 사이에 대통령궁의 화원은 온데간데없어졌고 시의 축구장은 온통 쥐어뜯긴 상태가 되었다.

이 메뚜기 무리는 지난 약 15년 사이에 서아프리카를 습격한 최악의 메뚜기 떼의 일부였다. 그 계절이 가기 전에 메뚜기 떼는 사헬지대(사하라사막 남쪽의 초원지대—옮긴이)에 펼쳐진 수천 킬로미터의 농경지를 쑥대밭으로 만들고, 동쪽으로 이스라엘까지 북쪽으로는 포르투갈까지 나아가서 수백만 명을 기아로 내몰았다.

2004년 메뚜기 떼가 창궐할 때 누악쇼트를 찾은 BBC 라디오 방송국의 기자 패스케일 하터는 이렇게 말했다. "메뚜기들이 노란 더듬이를 씰룩거리는 모습을 자세히 들여다보고 있으면, 왠지 섬뜩하게 그들이 지능을 지닌 듯이 느껴져요." 그녀는 몸길이 약 10센티미터의 이 연분홍색 곤충이 날개 달린 커다란 새우처럼 보인다고 했다. "또 머리카락 사이로 파고들거나 바지 속으로 기어올라와서 갈고리 같은 발톱으로 움켜쥐고는 직접 공격을 가하기도 해요. 수백만 마리가 떼지어서 한 번에 몇 시간씩 하늘을 가득 채우며 한 방향으로 날아갈 때면, 외계인의 공습이 시작된 것처럼 느껴지지요."

그들이 일으키는 엄청난 재앙을 생각할 때면, 사막메뚜기 *Schistocerca gregaria*라는 이 아프리카 종이 대부분의 시기에는 눈에 띄지 않는 순한 동물이라는 점을 잊기 쉽다. 모든 조건이 같을 때, 흔한 메뚜기의 친척인 이 종은 다른 메뚜기들과의 접촉을 피하고 평화롭게 사막 식물들을 갉아먹으면서 홀로 지내는 쪽을 좋아한다. 이들은 이런 홀로 생활하는 단계에서는 사람을 비롯한 어느 누구에게도 전혀 위협이 되지 않는다.

하지만 그들의 행동에 급격한 변화를 촉발하는 어떤 일이 너무나 자주 일어난다. 그것은 대개 폭우와 함께 시작된다. 북아프리카에서 인도에 이르기까지 그들이 사는 건조 지역에서는 비가 내린 뒤에 갑자기 식물들이 왕성하게 자라나며 이어서 메뚜기 떼도 수가 급증한다. 모래 많은 축축한 흙에 낳은 알은 몇 주 사이에 부화하여, 엄청나게 많은 메뚜기 유충이 출현한다. 먹이가 충분한 기간에는 메뚜기 떼는 행복하게 지낸다. 하지만 사막이 정상적인 메마른 상태로 돌아가고 식생이 줄어들어 듬성듬성 남게 되면, 메뚜기들은 남은 먹이에 몰려들어 밀쳐대면서 복작거린다. 그러다가 개체군 밀도가 전환점에 도달하면, 무리 내에서 무언가 확 뒤집힌다.

이제 그들은 서로를 피하는 대신, 다른 메뚜기를 적극적으로 찾아나선다. 조용한 생활을 고수하는 대신에, 그들은 갑자기 더 공격적이 된다. 이 외향적인 '군거' 단계가 되면, 그들의 겉모습도 크게 변한다. 보통 때에는 황갈색과 녹색이 섞인 모습이었지만, 이제 그들은 검은색과 노란색(덜 성숙한 개체는 밝은 분홍색)이 섞인 모습이 된다. 조용한 지킬 박사에서 야만적인 하이드 씨로 급격히 변했음을 알리는 신호인 셈이다. 그것은 자연에서 가장 놀라운 마법 같은 변신 중 하나다.

2004년 여름, 호주 중부와 동부의 당국은 소규모 무리를 지어 수백 군데에서 발생하고 있는 호주메뚜기 *Chortoicetes terminifera* 떼를 억제하기 위해 애쓰고 있었다. 뉴사우스웨일스의 한 농민은 정부에서 나온 곤충학자에게 자기 건초밭의 상황을 설명했다. "어제까지만 해도 알팔파들이 잘 자라고 있었어요. 그런데 오늘 보니 밭에 온통 줄기만 남아 있는 거예요." 자동차 운전자들에게는 곤충들이 라디에이터 그릴을 막아서 엔진이 과열될 수 있으니 조심하라는 경고가 나왔다.

"메뚜기들이 성체가 되기 전에 잡아야 했어요. 거기에서 승산이 갈리는 겁니다." 호주 메뚜기 대책위원회의 피터 스퍼진의 말이다. 위원회는 정찰기를 띄워 메뚜기 떼의 움직임을 파악한 뒤 농약 살포 비행기를 이용하여 메뚜기 떼에 화학적 또는 생물학적 살충제를 뿌린다. "날개가 돋고 메뚜기들이 무리를 형성하면, 일이 훨씬 더 어려워져요. 시골 전역을 돌아다니면서 홍청망청 먹어치우는 녀석들을 쫓아다녀야 하니까요."

몸길이가 약 0.8센티미터에 불과한 유충 단계의 메뚜기는 약 1제곱미터 면적에 7천 마리의 무리를 형성할 수 있다. 아프리카의 메뚜기보다 훨씬 더 조밀하게 말이다. 스퍼진은 말한다. "몇 킬로미터 떨어진 곳에서도 이들을 알아볼 수 있어요. 초원에 떨어진 기름막처럼 보이거든요. 이 검은 덩어리가 물결치면서 초록빛 식생을 따라 움직이는 것처럼 보이는데, 그 뒤에는 메마른 식생만 남아요."

과학자들은 수줍은 메뚜기가 재앙을 일으키는 약탈 무리로 변하는 원인이 지나친 개체 밀도와 관련이 있음을 일찍부터 알고 있었다. 홀로 생활하다가 군거 상태로 옮겨가는 스위치는 메뚜기들이 포식자에 먹힐 가능성을 줄이는 한 방법일 수도 있다. 무리를 지음으로써 각 메뚜기는 군중 속에 파묻힐 수도 있지만, 집단으로서의 메뚜기는 유럽솔개 같은 굶주린 새의 표적이 되는 개체 수를 전반적으로 줄일 수 있다.

하지만 최근까지 이 변화를 자극하는 것이 무엇인지 정확히 아는 사람은 없었다. 다른 메뚜기들을 보았기 때문일까? 그들의 냄새 때문이었을까? 서로 부딪힐 때 일어나는 신체 접촉 때문이었을까? 그것을 알아내고자 호주 생물학자 스티브 심프슨은 몇몇 동료와 함께 몇 년 전 메뚜기들이 다양한 자극에 어떻게 반응하는지를 알아보는 일련의 실험을 했다. 그들은 핵심 신호가 화학적인 것이라고 추측했지만, 확신하지는 못했다. 한 실험에서 그들은 홀로 사는 메뚜기 한 마리를 우리에 넣고 유리벽을 사이에 두고 군거성 메뚜기 10마리를 옆에 두었다. 홀로 있는 메뚜기는 다른 메뚜기들을 볼 수는 있으나 냄새는 맡을 수 없었다. 그러자 메뚜기 무리를 눈으로 보는 것은 수줍은 개체에게 별 영향을 미치지 않는다는 것이 드러났다.

이어서 연구진은 그 메뚜기를 군거성 메뚜기들로부터 추출한 화학물질에 노출시켰다. 냄새에 반응하는지 알아보기 위함이었다. 놀랍게도 냄새도 그다지 영향을 미치지 않았다. 마지막으로 연구진은 다른 메뚜기들과 계속 부딪히는 상황을 모사하기 위해 꽤 오랜 기간 기장 씨를 독거성 메뚜기에게 뿌려보았다. 그것이 가장 큰 영향을 미친다는 것이 드러났다. 그 메뚜기는 군거성을 띠게 되었다. 즉 가장 중요한 자극 요인은 화학적 신호가 아니라 물리적 신호인 듯했다.

연구를 더 진행하기 위해 심프슨 연구진은 메뚜기에 일어나는 극적인 반응을 담당하는 신체 부위가 어디인지 찾아보았다. 메뚜기 170마리를 대상으로 미세한 붓으로 4시간 동안 1분에 한 번씩 몸의 특정 부위를 건드리는 아주 지루한 작업이 계속되었다. "메뚜기 몸의 각 부위를 간질이면서 오랜 시간을 보내곤 했지요." 심프슨의 말이다. 그들은 더듬이부터 시작해서 몸을 간질이며 훑어나갔다. 얼굴, 입, 가슴, 날개딱지, 배, 앞다리, 가운뎃다리, 뒷다리 넓적다리마디, 뒷다리 발목마디, 뒷다리 가운데마디를 간질이면서 무슨 일이 일어나는지 살펴보았다. 그들은 메뚜기의 근육질 뒷다리를 건드렸을 때에야 답을 찾아냈다는 것을 알았다. 뒷다리는 아주 예민했다. 넓적다리마디를 간질인 뒤에 독거성 메뚜기는 상당히 더 사교적이 되었다. 정상적으로 하듯이 조용한 은신처로 피하는 대신에 군거성 메뚜기 무리에 합류했다. 연구자들은 메뚜기의 뒷다리 옆쪽이 더듬이나 입과 달리 평소에 촉감에 쓰이는 부위가 아니라는 점을 생각할 때 일리가 있다고 보았다. 뒷다리에 계속 닿는 느낌을 받는다면, 그것은 그 메뚜기에게 과밀 상태임을 알리는 명확한 신호였다.

이 신호는 메뚜기 신경계에서 세로토닌 분비를 촉발한다는 것이 드러났다. 세로토닌은 뇌에 작용하는 강력한 화학물질로서 지금은 급격한 성격 변화를 일으키는 열쇠처럼 보인다. 옥스퍼드대학교에 있는 심프슨의 동료들은 메뚜기의 배마디에 있는 신경 덩어리인 가슴신경절에 세로토닌을 주사했다. 그러자 메뚜기는 군거성으로 급격히 행동이 바뀌었다. 메뚜기의 신경계에서 세로토닌의 작용을 차단했을 때에는 메뚜기를 무리에 집어넣거나 간질여도 군거성으로 변하지 않았다.

물론 이 모든 내용은 흥미를 자극한다. 세로토닌은 인간의 뇌에서 기분, 성욕, 식욕, 사회적 행동 등 다양한 것들과 관련되어 있으며, 이른바 '클럽 약물'인 엑스터시가 주는 마음이 열리고 사교성이 커지는 듯한 황홀한 느낌에도 기여하기 때문이다. 이것이 사막메뚜기가 행동을 바꿀 때 비슷한 느낌을 경험한다는 의미일까? 그들도 무리를 지을 때 일종의 마약에 취하는 것일까? 심프슨은 그럴지도 모른다고 말했다. "세로토닌은 많은 동물에게 있고, 사회성, 각성, 허기와 관련이 있는 듯해요." 하지만 세로토닌이 메뚜기에게 하는 일이 인간에게 하는 것과 똑같은지는 알려져 있지 않다. 알려진 것은 그것이 메뚜기들을 서로 접촉을 꺼리는 개체로부터 적극적으로 접촉을 추구하는 무리로 변화시킨다는 것이다. "그것은 그들을 파티 때 부엌 구석에 틀어박혀 있는 수줍은 개체에서 진정한 파티광으로 변화시키지요."

은둔자에서 군거성으로 바뀐 사막메뚜기는 다른 메뚜기들에게 더 끌릴 뿐 아니라 그들과 보조를 맞추어 움직이고 싶어한다. 그리고 인간에게 골칫거리로 등장하게 된다. 사막에 있는 한 메뚜기 무리가 과밀 상태에 있음을 감지하면 무리의 개체들은 더 좋은 환경을 찾아나서는 나머지 개체들과 같은 방향으로 움직이기 시작하기 때문이다. 한 집단은 옆의 다른 집단도 날아오르도록 자극하며, 이윽고 집단들은 합쳐서 더 큰 집단을 이루고 사실상 대규모 무리를 이루어 씨앗을 찾아나서게 되는 연쇄 반응을 촉발할 수 있다. 그것은 그런 무리를 예방하고 모리타니의 국민들이 겪은 것 같은 대규모 작물 손실을 피하는 열쇠가 메뚜기 밀도의 역치 수준이 정확히 얼마인지 아는 데 달려 있다는 의미다. 우글거리는 개체들이 너무 우글거리게 되는 때가 언제일까?

그것이 바로 제롬 벌이라는 옥스퍼드대학교 박사후연구원이 이끄는 연구진이 새로운 실험에 착수했을 때 심프슨이 알고자 했던 핵심 질문 중 하나였다. 컴퓨터 모형들은 동물 집단이 밀도가 증가함에 따라 서로에 대해 일종의 무작위적 운동을 하다가 고도로 조율된 움직임을 보이는 단계로 갑작스럽게 변한다고 예측해왔다. 하지만 실험실에서 메뚜기를 대상으로 그 모형을 검증한 사람은 아무도 없었다. 그래서 벌 연구진은 지름이 약 90센티미터인 원형 플라스틱 안에 메뚜기 집단을 넣었다. 각 집단의 개체 수는 5마리에서 120마리까지 다양했다. 예측한 대로 밀도가 낮을 때 메뚜기들은 온갖 방향으로 움직이는 경향을 보였다. 하지만 개체 수가 사막 1제곱미터당 약 60마리에 해당하는 30마리로 늘어나자마자, 메뚜기들은 자발적으로 하나가 되어 원을 그리며 행군하기 시작했다. 파나마에서 빙빙 돌던 군대개미들처럼. 60마리가 무리 행동을 촉발하는 역치 수준인 듯했다.

하지만 이야기는 거기에서 끝이 아니었다. 어느 날 벌은 통상적인 실험 과정을 찍은 비디오를 검토하다가 통 안에 든 메뚜기의 수가 한 마리 부족하다는 것을 알아차렸다. 그는 아침에 통 안에 메뚜기를 넣은 연구자를 불러 물어보았다. 동료는 답했다.

"전부 다 넣었어요. 20마리였어요."

"그런데 비디오로 보니 19마리밖에 없었어요."

떨떠름해진 동료는 비디오를 처음으로 돌려서 메뚜기 수를 셌다. "봐요, 20마리잖아요." 그가 말했다. "어라!" 그래서 벌은 비디오를 끝으로 돌려서 다시 수를 셌다. "19마리네! 어떻게 된 거지?" 벌은 물었다.

그들은 함께 비디오를 보면서 꼼꼼히 살펴보았다. 통 안에 있는 메뚜기들이 서로를 몹시 공격적으로 대하고 물어뜯고 있었다. 17초마다 한 차례씩 격돌할 때도 있었다. 한 장면에서 한 마리가 다른 메뚜기를 짓누르더니 먹어치우기 시작했다. 상황이 끝날 즈음 희생자는 흔적도 없이 사라졌다. 비디오에서 개체 수가 달라진 이유가 설명된 것이다. 하지만 그뿐만이 아니었다. 사막메뚜기가 비디오에 나타난 것처럼 동족 섭식을 한다면, 그것은 그들이 뒷다리의 충돌에 그토록 민감한 아주 좋은 이유가 될 터였다. 다른 메뚜기가 뒤에서 접근하는 것을 감지하고, 날쌔게 발로 차서 공격을 물리칠 수 있는 능력은 생사의 문제일 수 있다.

적어도 이 동족 섭식의 위험은 그 집단의 행동 연구에 새로운 빛을 던져준다. 각 개체가 군체에 본능적으로 헌신함으로써 자기 조직화를 이루는 개미, 벌, 흰개미의 집단행동과 달리, 메뚜기의 무리 행동은 주로 두려움에 토대를 둔 듯하다. 무리의 각 메뚜기는 더 큰 선에 기여하지 않는다. 그들은 자기 자신을 위해 행동한다. 그들은 서로 협력하는 것 같지 않다. 그들은 그저 자기 앞에 있는 메뚜기를 잡아먹으려 하고 뒤에서 오는 메뚜기에게 먹히지 않으려 애쓸 뿐이다.

무리 행동을 하는 메뚜기들이 계속 움직여야 한다는 충동을 느끼는 것도 놀랄 일이 아니라고 심프슨은 말한다. 그들은 강행군하는 군대에 희생되기를 원치 않는다. 그는 메뚜기들이 "뒷다리로 다른 메뚜기들을 차지 않으면 자신이 죽은 고깃덩이가 되기" 때문에 뒷다리의 촉감에 그토록 민감한 것이라고 말했다.

다리 위의 죽음

해마다 사우디아라비아로 성지 순례에 나선 사람들은 편한 여행을 기대하지 않는다. 메카에서 5일 동안 벌어지는 의식 행사는 신자에게 아브라함의 시련을 되새기고 전 세계 무슬림 형제자매들과의 유대감을 보여주는 기회다. 해마다 같은 시기에 수백만 명의 신자들이 버스나 비행기를 타고 또는 걸어서 도착한다. 순례 여정은 덥고 혼잡하고 몸이 지치고 정서적으로도 노곤해지게 만든다. 나이든 사람은 더 그렇다. 하지만 사막의 이 성지 저 성지로 이동하는 군중에 합류하는 사람들은 해마다 늘어난다.

2006년 1월 12일 수십만 명의 순례자들이 메카 동쪽으로 약 5킬로미터 떨어진 미나라는 먼지 자욱한 텐트촌에 모였다. 자마라트라는 세 기둥에서 돌을 던지는 의식인 성지 순례의 마지막 의무 중 하나를 이행하려는 사람들이었다. 이 세 기둥은 악마를 상징한다. 이슬람인들은 이 악마들이 이 황량한 계곡에서 유혹하여, 이스마엘을 제물로 바치라는 신의 요구를 이행하지 말라고 아브라함, 그의 아내 하갈, 아들 이스마엘을 유혹했다고 믿는다. 기둥에 돌을 던질 수 있게 가까이 다가가기 위해 순례자들은 기둥을 둘러싸고 있는 콘크리트 발판 위에 놓인 넓은 진입로를 걸어 올라가야 했다. 공항에서 보는 것과 그리 다르지 않은 형태였다.

그보다 2년 전 자마라트 다리라고 하는 이 구간에서 250명이 넘는 사람들이 군중에 깔려 사망했다. 몇몇 공무원은 음식과 기념품을 파는 행상인들이 정체를 일으키는 바람에 사고가 일어났다고 말했다. 반면에 개인 소지품을 들고 온 순례자들 때문이라고 본 사람들도 있었다. 순례자들에게 어디로 가라고 말하는 안내판이 없었기 때문이라고 말하는 사람들도 있었고, 너무나 많은 사람들이 서로 다른 말을 썼기 때문에 얼마 안 되는 안내판들을 군중이 무시했기 때문이라고 말하는 사람들도 있었다. 어쨌든 상황이 완벽하게 통제되지 않은 듯했다.

2006년 대규모 군중이 몰릴 것이라고 예측한 사우디 정부는 몇 가지 대책을 수립해두었다. 그들은 교통 흐름을 개선하고 더 많은 순례자가 동시에 가까이 다가갈 수 있도록 좁은 기둥들을 타원형 벽으로 둘러쌌다. 또 군중의 움직임을 감시할 비디오 카메라 시스템도 설치하고, 정해진 방향으로 움직이도록 차단벽을 세우고, 약 6만 명의 병력을 동원하여 질서 유지 임무를 맡겼다. 당국은 성지 순례가 끝나자마자, 30년 된 다리를 허물고 군중의 흐름을 크게 개선할 여러 단으로 된 더 큰 구조물을 세울 계획도 수립했다. 이제 그들은 할 수 있는 일은 다한 상태였다. 그만하면 충분할까?

1월 12일 정오 무렵, 50만 명이 넘는 순례자 무리가 다리 앞의 계곡에 밀려들었다. 남자들은 이람이라는 간편한 흰옷을 입었고, 여자들은 전통적인 옷차림을 했다. 이슬람 교칙에 따르면, 돌 던지기 의식은 정오를 가리키는 종소리가 울린 뒤에 시작하도록 되어 있었지만, 일부 순례자들은 군중이 몰릴 것을 우려하여 아침에 미리 다녀갔다. 정오 직후에 사건이 벌어졌다. 동쪽에서 다리로 진입하는 주요 길이 사람들로 미어졌다.

그때 다리 위에서 사람들을 오도가도 못하게 만드는 어떤 일이 일어났다. 1차 보고는 혼란스러웠다. 이번에도 한 사우디 정부 관리는 순례자들이 가방에 걸려 넘어진 것이 병목 현상을 일으킨 원인이라고 했다. 반면에 경비대가 어떤 이유인지 몰라도 입구를 막았다고 주장한 사람들도 있었다. 이유야 어떻든 간에, 정체 상태는 금방 심각해졌다. 엄청난 수의 군중이 계속 앞으로 밀려들고 있었으니까.

"사람들이 움직이는 광경을 보고 있었는데, 갑자기 울부짖고 통곡하고 외치는 소리가 들려 왔어요. 주위를 돌아보니 쓰러진 사람들 위를 군중이 덮치고 있었습니다." 한 목격자가 BBC 인터뷰에서 한 말이었다. 사람들은 팔꿈치로 찌르면서 난폭하게 밀쳐대고 있었다. 몇 분 지나지 않아 구급차와 경찰차가 현장으로 달려왔다. 하지만 군중이 너무나 빽빽하게 몰려 있었기에, 구조 요원들은 접근하기조차 어려웠다. 그들이 한 시간이 넘어서야 겨우 현장에 도착했을 때, 희생자들은 7층 높이로 쌓여 있었다. 약 345명이 사망했다. 경비원들도 몇 명 포함되어 있었다. 다친 사람도 수백 명이었다. 한 이집트인 순례자는 나중에 병상에서 취재하러 온 텔레비전 방송 기자에게 말했다. "우리는 여자들을 보호하기 위해 그들을 에워싸려고 했어요. 하지만 소용이 없었어요. 그들은 모두 목숨을 잃었지요."

사우디아라비아뿐 아니라 이집트, 파키스탄, 방글라데시, 예멘, 수단, 아프가니스탄 등의 나라에서 성지 순례를 하겠다고 떠났다가 죽은 사랑하는 사람을 찾아 슬픔에 젖은 가족들이 미나 외곽에 마련된 공시소를 찾았다. 그것은 그 사고로 무차별적으로 사람들이 희생되었음을 뜻했다. 사우디 보안군은 바로 이런 일이 일어나지 않도록 할 수 있는 모든 조치를 다 취한 상태였다. 하지만 그 일은 일어났다. 한 순례자는 로이터 통신에 말했다. "거기에 죽음의 도로가 있는 것 같았어요." 무엇이 잘못되었던 것일까?

답을 얻기 위해 사우디 당국은 유럽의 전문가들에게 사고 현장을 담은 감시 비디오를 분석해 달라고 의뢰했다. 우연히도 진입로 바로 위 35미터 높이의 장대에 설치된 카메라 한 대가 사고 과정을 고스란히 찍었다. 취리히에 있는 스위스 연방 기술연구소의 디르크 헬빙도 분석에 참여했다. 물리학자에서 사회학자로 분야를 바꾼 그는 군중 재난을 좀 다른 관점에서 접근했다. 그 문제를 심리학적, 사회학적, 또는 공학적 관점에서 접근한 다른 분석가들과 달리, 헬빙은 군중의 움직임과 입자 또는 유체의 행동 사이의 유사성을 연구해왔다. 이전 연구에서 그는 분자 동역학, 기체 운동론, 유체역학, 입자 흐름 같은 분야에서 나온 공식들을 보행자들이 혼잡한 횡단보도에서 서로 지나가기 위해 자발적으로 열을 짓는 방식이나 뻥 뚫린 도로에서 아무런 이유 없이 갑자기 교통 정체가 나타나는 방식 같은 현상들의 컴퓨터 시뮬레이션을 만드는 데 적용해왔다. 그런 연구를 통해 그는 특정한 상황에서는 군중을 하나의 기체나 액체나 고체로 생각하는 것이 유용할 수 있다는 확신을 얻었다.

"그것은 군중의 밀도에 따라 달라집니다. 우리가 경기장으로 들어가고 있는 보행자들을 연구하고 있다고 합시다. 밀도가 낮을 때 사람들은 서로 그다지 상호작용을 하지 않은 채 자유롭게 움직일 수 있으므로, 그것은 일종의 기체 상태입니다. 밀도가 더 높아지면 사람들은 서로를 방해하고 상호작용이 일어나므로, 그것을 유체 상태라고 부를 수 있습니다. 밀도가 더 높아진다면, 특히 사람들이 서로를 밀쳐댄다면, 무슨 일이 벌어지는지 이해하기 위해 입자에 유추할 수 있습니다." 다시 말해 모래시계의 모래알들처럼, 병목 지점을 통과하려고 하는 사람들은 아무도 움직이지 못할 정도로 서로 꽉 끼일 수 있다.

헬빙은 사고 현장의 비디오에서 그런 패턴을 볼 수 있을 것이라고 예상했다. 하지만 분석 결과는 그가 예상한 방식과 정확히 일치하지 않았다. 그와 동료들이 분석한 비디오에는 다리로 이어지는 진입로의 오른쪽 절반이 찍혀 있었다. 사고가 일어난 날 오전 11시 45분, 한 순례자 집단이 비교적 원활하게 기둥을 향해 나아가고 있었다. 몇몇 사람들이 햇빛을 가리기 위해 양산을 펼 수 있을 정도로 공간이 넉넉했다. 그러다가 11시 53분에 선두에 있는 사람들이 갑자기 멈춰 섰다. 그들은 오래 멈춰 있지 않았다. 1분도 지나지 않아서 그들은 다시 앞으로 나아가기 시작했다. 하지만 그 짧은 시간은 뒤에서 밀려오는 군중에 정지-출발이라는 지체의 물결을 빚어내기에 충분했다. 어떤 의미에서 이 행동은 헬빙이 도로 정체 연구에서 관찰한 것과 비슷했다. 한 운전자가 앞차의 제동등이 들어온 것을 보고 브레이크를 밟으면, 그 뒤쪽의 운전자들도 즉시 속도를 늦춘다. 그것은 헬빙이 '부메랑 효과'라고 부른 것을 빚어낸다. 한 방향으로 나아가는 자동차들 사이의 간격이 좁아지면 반대 방향으로, 즉 뒤쪽으로 제동등이 켜지는 물결이 진행된다는 것이다.

진입로의 정지-출발 패턴은 20분 넘게 계속되었고, 그에 따라 군중 속으로 연달아 파문이 퍼지면서 군중의 밀도는 계속 높아졌다. 헬빙 연구진은 밀도를 비롯한 요인들을 측정하기 위해, 다리로 진입하는 사람의 수, 이동 속도, 유량, 국소 밀도를 추적하는 알고리즘을 이용하여 비디오를 한 장면씩 분석했다. 그러다가 12시 19분에 다시 갑자기 모든 것이 달라졌다. 헬빙이 '불규칙한' 흐름 패턴이라고 말하는 것으로 군중이 변화한 것이다. 그가 유체의 난류에 비유하는 이 단계에서 순례자들은 서로 밀착되었고, 자신의 의지에 상관없이 이쪽저쪽으로 무작위로 떠밀렸다. 다른 전문가가 말한 것처럼, 그런 상황에서는 "발이 닿지 않을 정도로 사람들을 들어올려서 3미터 이상 밀어댈 수 있을 정도의 충격파가 군중 속으로 전파될 수 있다." 사람들은 말 그대로 신발이 벗겨진 채 들어올려지고 옷이 찢겨나갈 수도 있다.

몇 분 지나지 않아 몇몇 순례자가 비틀거리다가 넘어졌다. 다시 발을 딛고 설 수 없는 상태에서 그들은 엄청난 힘으로 앞으로 쇄도하는 군중에 짓밟혔다. 더 많은 사람들이 쓰러지면서 더 많은 순례자들의 장애물이 되었고, 이런 식으로 재앙은 눈더미처럼 커졌다. 그것은 일종의 악순환이었다. 군중이 점점 더 빽빽해질수록 다리로 사람들을 보내는 진입로의 수용 능력은 더 줄어들었고, 압착도는 더 높아졌다. 이윽고 군중의 밀도는 한계치에 도달했고 사람들이 죽기 시작했다. 넘어지지 않은 사람도 군중의 압력에 짓눌려 사망할 위험에 처했다. 그 압력은 금속을 구부리고 벽돌담을 무너뜨릴 정도로 강력했다. "자동차가 당신 가슴 위에 올라가 있다고 상상하면 됩니다." 헬빙이 말했다.

비디오를 보다가 헬빙이 가장 놀란 점은 사고가 일어나기 전에 경고등이 아주 오랫동안 켜져 있었다는 사실이었다. 다리 진입로에서의 정지-출발 물결은 20분 넘게 지속되었다. 그리고 뒤이은 난류 패턴도 10분 동안 지속되었다. 그는 사우디 당국이 군중의 유량을 실시간으로 보여주는 비디오 분석 시스템을 사용했더라면, 경비 요원들이 어떤 조치를 취할 시간이 30분은 있었을 것이라고 추정했다. 예를 들면 다리로 진입하는 순례자들의 흐름을 줄이거나, 그 중 일부를 다른 길로 돌리거나, 충격파가 전파되지 않도록 그들을 분리시키는 차단막을 설치할 수도 있었다. 시간은 충분했다.

하지만 마찬가지로 사우디 당국에 자문을 한 다른 군중 전문가는 그렇지 않았을 수도 있다고 말했다. 사우디 정부가 몇 년 전 돌 던지기 의식을 위한 새 통행 계획을 설계하는 일을 도운 크라우드다이내믹스라는 영국 회사의 설립자 키스 스틸은 말했다. "그런 충격파를 볼 때쯤이면 이미 늦은 겁니다. 이런 극단적인 충격파에 휩쓸려 있는 군중에게 뭘 하겠다는 겁니까? 이미 군중은 붕괴 시점에 와 있어요. 당신이 뭘 하든 간에 그것은 사고를 빚어내는 마지막 단추를 누르는 꼴이 될 겁니다."

스틸은 그런 경고등이 켜질 때까지 기다리는 대신에, 책임자들은 문제의 근본 원인을 기억할 필요가 있다고 말한다. 즉 너무 좁은 공간으로 너무 많은 사람이 지나가려고 한다는 것 말이다. "그 다리의 진입률은 시간당 13만 5천 명이었어요. 기둥으로 나가는 진출률은 시간당 10만 명에 불과했고요. 500밀리리터 맥주잔에 1천 밀리리터를 부을 수는 없어요."

그는 사우디 정부가 다리가 시대에 뒤떨어져 있다는 것을 안다고 말했다. 2006년 성지 순례 기간이 끝나고 마지막 순례자가 떠나자마자, 정부는 그 다리를 허물고 새 다리를 짓기 시작할 예정이었다. 그것이 바로 진입로 주변에 건설 장비를 들여놓기 위해 공간을 더 넓게 확보해둔 이유였다. 불행히도 그렇게 함으로써 당국은 그 사이에 더 많은 군중이 모일 공간을 마련해준 셈이 되었다. 그는 돌 던지기 의식이 시작될 무렵, 그 공터에는 75만 명이 모여 있었을 것이라고 추정했다. 그 규모의 군중이 정오 기도 종소리가 울릴 때까지 기다렸다가 의식을 시작하라는 교칙과 결합되자, 재난의 모든 조건이 마련되었다. 그것은 역사상 가장 대규모 마라톤 경주를 시작하는 것과 같았다. "출발을 알리는 탕 하는 총소리, 기도 종소리가 울리면, 모두 앞으로 나가려 하지요. 그러나 조건은 그런 상황에 대처할 수 있도록 설계되어 있지 않았어요." 스틸은 말했다.

정상적인 상황이라면 군중은 놀라울 정도의 정체도 자기 조직화를 통해 다룰 수 있다. 예를 들어 두 줄기의 보행자들이 마주치면, 그들은 우림의 군대개미들과 똑같이 충돌을 피하기 위해 서로 앞뒤로 섬으로써 자연스럽게 줄을 짓는다. 하지만 일시적이라고 해도 밀도가 수용 용량을 크게 넘어서면, 군중의 동역학은 변하고 개인들은 신체적 및 정신적으로 통제력을 잃는다. 극단적인 밀도에서는 개인의 움직임과 인식이 집단 움직임과 반응으로 대체된다. 그 군중은 자기 조직화하는 능력을 포기하고 물리학과 두려움에 이끌리는 생각 없는 대중이 된다. 개미 군체가 하듯이 단순한 경험 법칙을 통해 통행 문제를 세분하여 무수한 개인들에게 분산시키는 대신에, 군중은 자기 보존에 이끌리는 혼돈 상태로 넘어간다. 메뚜기 무리와 더 비슷해지는 것이다.

이렇게 붕괴하는 한 가지 이유는 군중 구성원 사이의 의사소통 부재 때문이다. 너무 큰 집단에서는 물고기 떼나 새 떼에서처럼 정보가 사람 사이에 빠르게 전파되지 않는다. 물고기나 새 같은 동물들은 그런 신호를 포착하도록 진화한 본능을 지니고 있다(4장에서 살펴보았듯이). 특히 정보는 군중의 선두에서 뒤쪽으로는 전파되지 않는다. 그것은 짓밟히고 있는 현장의 경비 요원들이 압력을 줄이는 것을 불가능하게 만든다. 밀어대는 사람들은 뒤에 있어서 듣지 못하기 때문이다. 대신에 믿을 만한 정보가 없는 상태에서 소문이 형성되어 퍼지면서 사람들이 비합리적으로 행동하고 밀거나 밀쳐대거나 달아나려 하기 시작할 정도로 불안감을 고조시키는 일이 종종 일어난다.

대중집회에서 그런 혼돈을 예방하는 확실한 방법은 오직 처음부터 안전 계수들을 설계하고 설치하는 것이다. 사우디 정부가 2006년 사고 직후에 하려고 한 바로 그것 말이다. 정부는 낡은 자마라트 다리를 철거하고 이전의 두 층(바닥층과 한 계단 높은 층) 대신에 적어도 5층으로 된 새 다리를 짓기 시작했다. 각 층은 이전 층보다 더 길고 더 넓으며, 입구와 출구도 여러 곳에 만들 예정이었다. 순례자들을 드넓은 텐트촌에서 다리까지 인도하는 통행 차단막을 설치하고, 그들이 한 방향으로만 움직이도록 모든 길을 조정하는 등 새로운 통행 전략들도 제대로 실행되었다. 등록한 순례자 집단들은 새 입장권 발행 시스템을 통해 출발 시간을 달리하도록 설정되어 있었고, 집단들을 낮 시간 전체에 걸쳐 분산시키도록 되어 있었다. 경비 요원들에게는 순례자 수를 자동 집계하는 감시 시스템을 이용하는 훈련을 시켰다. 키스 스틸은 말했다. "그것은 그냥 다리가 아니라, 하나의 접근법이었어요. 이제 모든 것이 완벽한 통제하에 있었죠."

아마 그랬을 것이다. 하지만 2006년 12월 다시 성지 순례 기간이 시작될 무렵까지, 새 다리는 처음 두 층만 완성된 상태였고, 모인 군중은 역대 최고 수준이었다. 미나 주위의 계곡에 300만이나 되는 군중이 모여들면서, 새 자마라트 다리는 가장 혹독한 시험대에 올랐다. 순례자들도 높은 수준의 불안을 느꼈을 것이 분명하다. 그들은 자신들과 똑같은 사람들 수백 명이 목숨을 잃은 지 아직 1년이 채 안 되었음을 기억하고 있었으니까. 그럼에도 돌 던지기 의식은 진행되었다.

하지만 이번에는 아무런 사고도 일어나지 않았다. 짓밟힌 사람도 없었다. 공황 상태도 없었다. 비록 군중은 미나에서 유례 없이 큰 규모였지만, 밀도는 단 한 차례도 새 구조물의 수용 용량을 초과하지 않았다. 그리고 바다를 이룬 순례자들은 더위에 시달리고 지친 상태였음에도, 결코 정체성을 잃지 않았다. 그들은 결코 생각 없는 군중으로 변하지 않았다. 그들은 하고자 하는 일을 했고, 지쳤지만 행복한 마음으로 집으로 돌아갔다.

냄비 혁명

레이캬비크에 있는 의회 건물 밖에 모인 군중은 화가 났지만 예의 바르게 행동했다. 그들은 추위를 피해 옹기종기 바짝 붙어서 나무 숟가락으로 냄비와 팬을 두드리고, 휘파람을 불고, 구호를 외치고, 아이슬란드

입법자들이 동절기 휴회에 들어간 이래로 2009년에 처음 모여 의회를 열고 있는 회색 석조 건물에 눈 뭉치를 던져댔다. 한 여성은 〈선데이 타임스〉 기자에게 말했다. "우리는 너무 일찍 잠이 든 것 같은 정부를 깨워야 합니다."

몇 달 전 아이슬란드의 잘나가던 뱅킹 시스템이 위험이 큰 다양한 차입 계획에 발목이 잡히는 바람에 붕괴했다. 규제 당국은 자국의 최대 은행들을 국유화할 수밖에 없었고, 그 결과 국가의 총 부채가 현금 보유고보다 엄청나게 늘었다. 외국 투자자들이 발을 빼면서, 아이슬란드 주식시장 규모는 85퍼센트가 하락했고, 통화인 크로나의 가치도 한 주 사이에 3분의 1로 떨어졌다. 군중 집회에 모인 사람들 같은 보통 시민에게 이런 금융 붕괴는 해고, 비어가는 통장 잔고, 부동산 가치 폭락, 주택 대출 불가능, 엄청난 물가 상승을 의미했다. 사람들이 열받은 것도 놀랄 일이 아니었다.

주전자 뚜껑 두 개를 맞부딪치고 있던 한 시위자는 말했다. "사람들의 넋이 나갔어요. 온 나라가 난리가 났는데, 정부에서 중앙 은행과 금융 감독 당국에 이르기까지 어느 누구 하나 책임지고 물러나지 않고 있어요." 하지만 오래 버티지는 못했다. 냄비 혁명Saucepan Revolution이라고 알려지게 될 운동의 일부였던 그 시위가 있은 지 며칠 뒤 가이르 하르데 수상은 자신을 비롯한 각료 전원이 사임하겠다고 발표했다. 지구적인 금융 위기에 직격탄을 맞아 무너진 최초의 정부였다. 아이슬란드는 몇 달 사이에 세계에서 가장 번영하는 국가 중 하나에서 금융 위기로 몰락한 국가로 추락했다.

경제 용어로 이런 갑작스러운 붕괴는 군중이 통제 불가 상태가 되어 일어난 최악의 경기장 재난 사고만큼 극적인 시장 행동의 실패 사례였다. 전문가들은 시장이 제 기능을 할 때 다양한 투자자들의 서로 경쟁하는 욕구들이 각자의 수익과 위험 계산을 통해 걸러지면서 두려움과 탐욕은 자동적으로 균형을 이룬다고 말한다. 하지만 시장이 균형을 잃고 투자자들이 끓어오르는 거품에 편승하려는 기대 심리나 거품이 터졌을 때의 공황 상태에 휘말리는 것처럼 맹목적으로 서로를 추종할 때 우호적인 시장은 아비규환의 장으로 변할 수 있다.

아이슬란드에서 이 일이 어떻게 일어나는지 알아보기 위해 1990년대 말로 돌아가보자. 갖가지 규제를 철폐하고, 은행들을 민영화했던 시기다. 정부가 물가 상승을 억제하기 위해 유지한 고금리 정책에 힘입어, 은행들은 외국 자산가들에게 거부할 수 없는 조건을 제시하면서 갑자기 국제 금융 시장의 공격적인 참가자로 부상했다. 5년이 채 지나기 전에 아이슬란드에서 규모가 가장 큰 3대 은행들은 자산이 10배로 불어났다. 세계 은행업계에서 유례를 찾아볼 수 없이 빠른 성장이었다. 또 고금리는 화폐 크로나의 가치를 높이는 데에도 한몫했다. 그에 힘입어 각계각층의 아이슬란드 국민들은 흥청망청 소비하고 외국 통화로 돈을 빌리고 담보 대출을 받아 집을 샀다. 해외에서 돈이 몰려들면서 수세기 동안 주로 고기잡이로 생계를 유지했던 그 섬의 주민 약 30만 명은 아이슬란드의 금융 거품이 결코 터지지 않을 것이라고 믿기 시작했다.

그러다가 2008년 10월, 거품이 터졌다.

상황은 전 세계에서 갑자기 신용 대출이 까다로워지면서 시작되었다. 월스트리트에서 시작된 주택저당증권 위기가 전 세계로 확산되면서, 은행들은 다른 은행에 대출을 중단했고, 아이슬란드의 글리트니르 은행은 순식간에 직격탄을 맞았다. 상당한 액수의 단기 차입금을 갚을 수 없게 되자 그 은행은 결국 국유화에 동의했다. 공황 상태에 빠진 고객들은 글리트니르 은행뿐 아니라 다른 두 최대 은행인 란트스반키와 카우프팅에도 달려가서 서둘러 예금을 인출했다. 상황이 급박하게 돌아갈 때, 정부는 국내 은행의 예금은 지급 보증을 했지만, 은행의 해외 자회사에 예치된 돈은 지급 보증을 하지 않았다. 외국인 예금자들에게는 불행한 소식이었다. 영국 지방 자치 단체 120곳은 18억 달러의 예금 손실을 보았다. 보복 조치로 영국 당국은 반테러법을 근거로 카우프팅 은행 자회사의 자산을 압류했다.

이 대혼란의 한 가지 역설적인 점은 그것이 나머지 세계를 쑥대밭으로 만든 모기지 붕괴와 아무 관련이 없었다는 점이다. 적어도 직접적으로는 말이다. 아이슬란드 은행가들이 무모하게 해외 채무를 계속 늘려왔음에도, 대체로 그들은 지독한 피해를 입힌 것으로 드러난 미국 서브프라임 모기지의 피해를 입지 않았다. 그런 의미에서 글리트니르를 비롯한 은행들은 거대한 도미노처럼 자신들을 무너뜨린 상호 연결된 세계적인 연쇄 사건들의 우연한 희생자였다. 그 은행가들의 실수는 자국의 금융 거품이 지속될 수 없으리라는 것을 오래 전에 알아차리지 못했다는 것이다. "아이슬란드가 그저 빙하로 이루어진 헤지 펀드에 불과하다는 것을 누가 알았으랴?" 〈뉴욕 타임스〉 컬럼니스트 토머스 프리드먼은 그렇게 썼다.

하르데 수상은 위기를 설명하기 위해 텔레비전 방송에 나와서 국민들에게 국가 경제가 "은행들과 더불어 소용돌이에 빠지는 것"을 막기 위해서 은행들을 국유화할 필요가 있었다고 말했다. 그는 여기서 배운 교훈은 "작은 나라가 국제 은행업을 선도하는 역할을 하려고 애쓰는 것은 현명하지 못하다"는 것이라고 말했다.

아마 그럴지도 모른다. 하지만 여기에는 언제나 사람들을 홀리는 일확천금이라는 계획에 관한 또 하나의 교훈이 있었다. 신바이킹이라는 별명이 붙은 아이슬란드 은행가들은 갑작스럽게 밀려든 예금으로 상당한 액수의 부채를 상쇄시킴으로써, 수세기 동안 이어진 일류 투기꾼 집단에 합류했다. 예를 들어 1720년 영국의 말재주 좋은 금융가들은 여왕으로부터 중앙아메리카와 남아메리카의 독점 무역권을 확보하여 투자자들로부터 엄청난 양의 자금을 끌어모았다. 그곳의 상당 지역이 적대국가인 스페인의 통제하에 있었음에도 말이다. 그들이 교역이라는 그 단순한 착상을 어찌나 설득력 있게 제시했는지, 그 회사의 주가는 몇 달 만에 10배로 치솟았다. 그에 자극을 받아 다른 사람들도 비슷한 모험적인 계획을 내놓았고, 영국의 거의 모든 사람은 이런저런 위험한 계획에 모은 돈을 투자하는 모험을 감행했다. '남해거품South Sea Bubble'이라고 알려지게 된 그것은 몇 달 뒤에 마침내 터지고 말았다. 추문은 금융가들로부터 공모했다는 혐의를 받는 정부 관리들에게로 퍼졌다.

17세기 초 네덜란드를 휩쓴 튤립 열풍은 더 심했다. 그것은 역사상 가장 널리 알려진 투기 거품의 하나였다. 상인들이 튤립의 가격을 점점 올리는 바람에 가격이 무게당 금의 가격보다 100배나 더 비쌀 정도가 되었다. 튤립은 11세기부터 페르시아에서 재배되었고 16세기 초부터는 이스탄불의 슐레이만 대왕의 정원에서도 재배되었지만, 마이크 대시가 《튤립, 그 아름다움과 투기의 역사》에 썼듯이, 네덜란드인들은 그렇게 멋진 꽃을 한 번도 본 적이 없었다. "튤립은 보통 식물보다 더 강렬하고 더 농축된 색깔들을 지녔다. 단순한 빨간색은 밝은 자주색이 되었고, 칙칙한 자주색은 거의 검은색에 가까운 황홀한 음영을 지니게 되었다." 17세기가 시작될 때부터 30년 동안 부유한 수집가들은 가장 희귀한 튤립 표본을 구하기 위해 경쟁했다. 네덜란드의 선박들이 인도네시아를 비롯한 아시아 곳곳에서 향신료와 이국적인 물건들을 들여와 교역하면서 네덜란드가 크게 번영하던 시기였다. 현금이 경제 전체로 홍수처럼 흘러다녔다. 그러던 중 1635년 투기꾼들이 판을 벌리기 시작했다.

그들이 도입한 위험한 혁신은 물리적으로 소유주를 바꾸는 행위인 실제 꽃을 사고 파는 대신에, 아직 땅 속에 있는 알뿌리를 거래하기 시작한 것이다. 때로는 예치금을 일부 넣고 시간이 흐른 뒤 흙에서 알뿌리를 캘 때 잔금을 치르게 하기도 했다. 이 방법으로 손쉽게 금방 수익을 올릴 수 있다는 것을 깨닫자, 목수에서 벽돌공, 변호사, 성직자에 이르기까지 모두가 그 거래에 끼고 싶어했다. 직조공은 튤립 알뿌리를 캘 때가 되면 훨씬 더 비싼 값에 팔 수 있을 것이라고 여기고 납입금을 더 늘리기 위해 베틀을 팔았다. 물론 이것은 아이슬란드 은행들을 곤경에 빠뜨린 것과 같은 종류의 레버리지 도박이었다. 그것은 네덜란드 투기꾼들도 깊은 수렁에 빠뜨렸다. 얼마 지나지 않아 튤립 가격은 실제 꽃과 무관해졌다. 대시는 이렇게 쓰고 있다. "화훼업자가 구입할 돈도 없고 심겠다는 욕구도 전혀 가진 적이 없는 구매자에게 건넬 수 없는 튤립을 파는 것이 지극히 정상적인 일이 되었다."

1636년이 되자 가장 탐나는 튤립의 가격은 어이없을 정도로 치솟았다. 당시의 한 소책자에는 알뿌리 하나의 판매가가 3천 길더라고 적혀 있었다. 그 돈이라면 살진 돼지 8마리나 살진 소 4마리, 살진 양 12마리, 밀 24톤, 호밀 48톤, 포도주 2통, 8길더짜리 맥주 4통, 버터 2톤, 치즈 450킬로그램, 은제 컵 하나, 옷 한 보따리, 매트리스와 침구가 구비된 침대 하나, 혹은 작은 배 한 척을 살 수 있었다.

1637년 마침내 거품이 터지자, 거의 아이슬란드의 금융 붕괴만큼 빠르게 폭락 사태가 벌어졌다. 2월 충격적인 몇 주 사이에 목수의 연봉보다 20배나 더 비쌌던 튤립 알뿌리는 갑자기 아무 쓸모 없는 것이 되었다. 상인들은 전전긍긍하면서 고가의 알뿌리들을 아무 가격에나 팔려고 애썼다. 대시가 쓴 바에 따르면, 가격이 통제를 벗어났다는 것을 감지하고 있던, "튤립 상인들은 무언가 일어나기를 기다리고 있었는데, 마침내 그 일이 일어난" 것처럼 보였다. 2008년 세계적인 은행 신용 경색 때에도 똑같은 일이 벌어졌다. 갑자기 어느 누구도 위험을 무릅쓰려고 하지 않게 되었다. 이제는 빚을 지고 있다면 불행의 나락에 빠지게 되었다. 마침내 암스테르담에서 평지풍파가 가라앉고 수집가들이 남은 것들을 건지러 시장으로 돌아왔을 때, 알뿌리는 대부분 예전 가격의 5퍼센트 이하로 살 수 있었다.

그것은 찰스 매케이가 1841년에 《집단 망상과 군중의 광기》라는 걸작에서 쓴 것처럼, "인간의 어리석음이라는 놀라운 책"의 한 장을 차지했다. "돈은 대중의 망상을 불러일으키는 원인일 때가 종종 있다. 냉정한 국민들은 갑자기 지독한 도박가가 되어 종이 쪼가리 하나에 거의 모든 인생을 건다." 그런 거품을 그토록 위험천만하게 만드는 것은 대규모 군중을 그토록 위험천만하게 만드는 것과 똑같다. 당신은 캘리포니아의 주택 차압률의 한 차례 급등이나 순례자가 진입로에 놔둔 가방 하나 같은 작은 사건이 언제 갑작스러운 대붕괴를 촉발할지 결코 알지 못한다.

제임스 서로위키는 설명한다. "거품과 폭락은 집단 의사결정이 잘못될 수 있는 교과서적인 사례입니다. 거품 때는 집단을 지적으로 만드는 모든 조건들, 즉 독립성, 다양성, 개인적인 판단이 사라집니다." 대신 개인들은 오로지 남에게서 단서를 얻어서 맹목적으로 일확천금을 추구한다. T. C. 슈네일러가 파나마에서 본 계속 빙빙 맴돌던 군대개미들처럼 말이다. 서로위키는 이렇게 쓰고 있다. "이미 보았다시피, 투자자들이 서로에게 독립적이 되기는 이미 어려워졌다. 거품일 때에는 그것이 사실상 불가능해진다. 다시 말해 시장은 폭도로 변한다."

메뚜기 떼에도 비슷한 일이 일어난다. 이에인 쿠진은 이렇게 말했다. "자원이 부족해지면 개체들은 서로 잡아먹으려 합니다. 이것은 양의 되먹임을 일으키면서 고도로 파괴적인 행동을 야기합니다. 폭도도 같은 종류의 양의 되먹임에 빠지면 공격적이거나 폭력적이거나 파괴적인 행동으로 치닫지요." 두 사례에서 모두 작은 것이 급격히 커지면 거대한 것이 될 수 있다. 군중 재난이 금방 규모가 커져서 대규모 사상자를 불러오는 것처럼, 메뚜기 떼도 급격히 규모가 커져서 대규모 무리가 된다.

군중의 재난을 예방하는 열쇠는 밀도가 임계 수준 아래에 머물러 있도록 조치하는 것이다. 키스 스틸은 무엇보다도 군중이 모이는 경기장 같은 구조물을 최대 수용 인원을 처리할 수 있도록 지적으로 설계함으로써 그것을 달성할 수 있다고 말한다. 또 개인들에게 자신의 통제력을 유지할 수 있도록 충분한 정보를 제공함으로써 군중을 진정시킬 수도 있다. "군중 자체는 시야가 한정되고 이동 능력도 한정되어 있기 때문에 위험이나 위기를 알아차리지 못합니다." 군중의 한가운데 있으면, "당신은 군중에게 속박됩니다. 자신의 본래 걸음걸이로 나아갈 수 없다는 사실 때문에 속박되는 겁니다." 그런 상황에서 무엇을 예상할지에 관한 정확한 정보를 얻을 수 없다면, 당신은 자기 통제력을 잃고 폭도의 일원이 될 수 있다.

정보는 건강한 시장에도 대단히 중요하다. 투자자들이 개인적으로 판단을 내리는 것을 포기하고 군중의 변덕을 추종할 때, 그들은 시장을 극히 중요한 정보로부터 단절시키는 것이다. 서로위키는 이렇게 쓰고 있다. "문제는 일단 모든 이가 집단의 지혜에 편승하기 시작하면, 아무도 그 집단의 지혜에 무언가를 추가하는 일을 하지 않는다는 것이다." 극단적일 때는 거대한 거품이 형성되어 온 나라가 미친 듯이 덜컹거리며 질주할 수도 있다.

2009년 4월에 실시된 총선거에서 아이슬란드 유권자들은 국회 의석 63곳 중 34석을 좌파에 줌으로써 거의 20년 동안 의회를 좌우했던 보수당을 내쫓았다. 요한나 지구르도티르 수상은 국제통화기금과 이웃 북유럽 국가들로부터 차입한 50억 달러를 갚겠다고 약속하면서, 아이슬란드가 유럽연합 회원국이 되도록 노력하겠다고 맹세했다. 그녀는 기자들에게 행운이 따른다면, "이런 규모의 경제 위기에 빠진 최초의 국가가 가장 먼저 회복되는 국가가 될 것"이라고 말했다.

아이슬란드대학교의 사회과학자 올라푸르 하르다르손은 〈뉴욕 타임스〉 기자에게 이렇게 말했다. "우리는 역사적으로 흉작, 물고기가 사라지는 계절, 나쁜 기후, 흥망성쇠에 익숙해져왔습니다. 혹독한 시련의 시기가 되겠지만, 우리는 잘 대처해야 하며, 아마 잘 헤쳐나갈 겁니다."

진화를 거쳐 세밀하게 조율된 영리한 무리는
불확실성, 복잡성, 변화를 다루는 데 놀라울 정도로 뛰어나다.
수많은 개체들의 힘을 활용함으로써 그들은 스스로를
살아 있는 계산기, 이동 감지기망, 의사결정 기계로
전환시키는 반면, 우리는 전력망, 공급망, 금융 시장 같은
복잡계를 제어하려 고군분투한다.

결론

SMART
SWARM

올바른 일을 하기

2009년 전몰장병기념일에 예일대학교는 노벨 경제학상을 받은 경제학자 토머스 셸링에게 사회과학 명예박사학위를 수여했다. 전직 예일대 교수였던 셸링은 그 날 아침 학위 수여식에서 학위를 받은 9명 중 한 명이었다. 국무장관 힐러리 클린턴도 명예 학위를 받았다.

셸링은 행사가 진행될 때는 알지 못했지만, 자신이 분석한 것으로 유명한 유형의 흥미로운 사회적 상황에 참여할 터였다. 그것은 가장 익숙한 환경에서 일어나지만 집단행동의 세계에서 개인의 역할에 관한 더 심오한 의문을 불러일으키는 상황을 말한다.

"우리가 한 사람씩 호명을 받아 일어나 걸어가서 예일대 총장과 악수를 하고 학위 증서를 받을 때마다 박수가 나왔지요. 힐러리 클린턴은 마지막에 받기로 되어 있었어요. 이름이 불리자 그녀는 총장이 서 있는 곳으로 걸어갔습니다. 드넓은 광장에 수천 명이 모여 있었죠. 청중이 박수갈채를 보낼 때, 한 무리의 학생들이 일어서기 시작했습니다. 그러자 남들도 따라서 일어섰고 거의 모두가 서게 되었지요."

셸링은 단상에서 다른 고위 인사들 및 학교 관리자들과 함께 앉아 있었는데, 뒤쪽에서 몇 사람이 일어났다. 그는 잠시 생각했다. '나도 일어나야 할까?' 그가 말했다. "우리 중 많은 이들에게는 당혹스러운 선택 상황이었어요. 단상에 있는 우리 중 세 명만 일어선다면, 그것이 우리에 관해 무엇을 시사할까? 그것이 일어서지 않은 사람들에게 어떤 말을 전하는 것일까? 우리는 무엇을 표명하고 있는 것일까?" 이쯤 되면 그 문제는 국무장관이 기립 박수를 받을 만한지 여부와 무관해졌다. 그것은 오로지 집단 동역학에 관한 것이었다.

우리가 영리한 무리에서 보았던 많은 현상들과 마찬가지로, 기립 박수는 많은 개인들 사이의 상호작용의 물결에 의존한다. 경제학자 존 밀러와 스콧 페이지가 공저《복잡 적응계》에서 지적한 것처럼. 첫째, 청중 가운데 한 명 이상이 중압감을 떨치고 첫 번째로 일어설 만큼 강렬한 감정을 느껴야 한다. 둘째, 이들은 남들이 볼 수 있는 곳에 있어야 한다(기립 박수가 맨 뒷줄에 있는 사람들에게서 시작되는 사례는 거의 없다). 셋째, 나머지 청중 중 특정한 비율이 일단 누군가 시작하면 일어서려는 기분을 느끼고 있어야 한다. 넷째, 나머지 청중은 그냥 앉아서 이목을 끌기보다는 일어서는 편이 낫다고 여길 만큼 일어선 사람들로부터 충분한 압력을 느껴야 한다. 그들은 "비록 겉으로는 단순해 보이지만, 기립 박수의 사회적 동역학은 복잡하다"고 쓰고 있다.

예를 들어 힐러리 클린턴을 향한 열렬한 기립 박수는 법대생들이 앉은 쪽에서 시작되었다. 그들은 그녀의 이름이 불리자 벌떡 일어났다. 그녀가 1973년 예일대에서 법학 학위를 받은 선배였기 때문이다. 거의 동시에 단상에서 클린턴 뒤에 앉아 있던 사람들도 그녀의 경력을 존중했는지 일어섰고, 그것은 청중에게 기립 박수가 진행된다는 것을 알리는 신호였다. 셸링은 말했다. "복잡했지요. 거기에는 집단행동뿐 아니라, 서로 다른 집단이 있었으니까요. 단상에 있는 사람들과 청중 속의 사람들 말입니다. 나는 재빨리 주위를 둘러보았는데, 모두가 일어서고 있었습니다. 그래서 나도 괜히 앉아서 눈에 띄는 짓을 하지 않으려고 일어섰지요."

이것은 셸링이 탁월하게 분석한 바로 그런 유형의 상황이었다. 개인들이 자신의 감정과 견해뿐 아니라, 남들이 표명한 감정과 견해에도 의존하여 결정을 내리는 상황 말이다. 하지만 그것이 전개되는 방식에는 그조차도 잠시 당혹스러웠다. 그 날 아침에 명예박사학위를 받는 사람이 클린턴뿐이었다면, 기립 박수를 해도 전혀 놀랍지 않았을 것이다. 그녀의 명성, 수십 년에 걸친 대중 활동, 정부 내 지위를 생각할 때, 그렇게 하는 것이 올바른 일임을 아무도 의심할 수 없었을 것이다. 그러나 셸링을 당혹스럽게 한 것은 앞서 학위를 받은 나름대로 비범한 인물인 8명까지는 기립 박수 없이 똑같이 박수를 받다가, 마지막에 법대생들이 행동을 주도하면서 군중에게 행동 규칙을 재고하라고 압박했다는 사실이었다.

밀러와 페이지는 그런 상황을 살펴볼 가치가 있다고 말한다. 기립 박수에 살펴볼 것이 많아서가 아니다. 기립 박수는 참여하는 것도 신나고 받는 것은 더욱 신난다. 그것은 연쇄적인 신호나 행동을 통해 서로에게 영향을 미치는 개인들에게 그렇게 하도록 하는 바로 그 행동 패턴이 사람들이 자식을 공립학교나 사립학교에 보내거나, 탈세를 하거나, 약물 실험을 하거나, 특정한 정당에 투표하거나, 집을 크리스마스 전구로 장식하는 일과 관련이 있기 때문이다. 기립 박수의 진행 과정을 이해한다면 트위터가 어떻게 일상 용어가 되는지 또는 조류독감의 국지적 발생이 어떻게 지구 전체의 유행병이 되는지를 더 잘 이해할 수 있다. 그들은 이렇게 쓰고 있다. "비록 기립 박수 자체는 가장 긴급한 사회 문제가 아니지만, 그것은 사회적 전염과 밀접한 많은 중요한 행동 집합과 관련이 있다."

즉 기립 박수는 그런 전염성 있는 행동이 작용하는 메커니즘을 지극히 단순화하여 보여준다. 그런 의미에서 그것은 동물 집단이 이 책 전체에서 영리한 무리의 기본 원리들의 모형 역할을 한 것과 똑같은 역할을 한다. 즉 자기 조직화, 정보 다양성, 간접 협동, 적응 모방 말이다. 예를 들어 개미 군체를 관찰함으로써 우리는 대규모의 개체 집합이 지휘 감독 없이 만나서 상호작용할 때 단순한 규칙들을 따름으로써 어려운 과제를 해낼 수 있다는 것을 살펴보았다. 군체는 문제를 해결하기 위해 많은 개체들에 해결 과제를 분산시키기 때문에, 자원을 효율적으로 배분할 뿐 아니라, 환경 변화에 빠르게 순응할 수 있다. 아무튼 컴퓨터 과학자들은 개미 군체가 본능적으로 자기 조직화하는 영리한 방식에 영감을 받아 그들의 행동을 알고리즘에 담았고, 그 알고리즘은 에어리퀴드 같은 회사가 복잡한 업무를 최적화하는 데 도움을 주었다.

꿀벌 무리로부터 우리는 집단이 정보와 관점의 다양성을 추구하고, 생각들의 우호적인 경쟁을 도모하고, 투표 같은 메커니즘을 통해 선택안을 좁히는 한, 시의적절하게 타당한 결정을 내릴 수 있다는 것을 알았다. 이 심의 과정은 데니스 오도너휴가 인식했듯이 보잉 같은 큰 조직에서 대중의 지혜를 활용할 수 있는 실용적인 방법을 제시할 뿐 아니라, 버몬트 주민들이 발견했듯이 공동체가 힘든 시기에 의지할 수 있는 무형의 신뢰 자산을 쌓는 데에도 도움을 준다.

흰개미 둔덕을 연구함으로써 우리는 공동 과제에 미미하게 기여하는 부분들조차도 개체들이 서로의 노력을 토대로 삼아 일을 해나갈 때 진정으로 인상적인 무언가를 빚어내는 데 도움을 줄 수 있다는 것을 알았다. 마찬가지로 위키, 블로그, 소셜 태깅 같은 웹 기반 도구들은 정보 분석가 같은 집단에게 정보를 공유하고 서로의 통찰력에 활용할 효과적인 기반을 제공해왔다.

마지막으로 찌르레기 떼는 지도자의 지휘 없이도 집단의 구성원들이 단순히 가장 가까이 있는 이웃들에게 세심하게 주의를 기울임으로써 놀라울 정도로 정확히 서로 행동을 조정할 수 있다는 것을 보여주었다. 물고기 떼나 순록 무리는 똑같은 유형의 적응 모방을 통해 무리의 한쪽 끝에서 반대쪽 끝까지 신속히 정보를 전달할 수 있다. 특히 굶주린 늑대의 접근 같은 위협을 느낄 때면 더 그렇다. 물고기 떼와 순록 떼는 우리가 어떻게 행동해야 할지에 관한 단서를 계속 서로에게서 포착하는 사회적 동물임을 상기시킨다. 이것은 불확실한 순간에 손쉽게 의사결정을 내릴 수 있는 방법이지만, 유행이나 어리석은 금융 계획에 휩쓸릴 때처럼 군중을 무비판적으로 추종하도록 유혹할 수도 있다.

우리가 서로를 모방하는 경향은 이따금 우리가 왜 엉뚱하게 기립 박수를 치는지도 설명한다. 컴퓨터 시뮬레이션이 잘 보여주듯이, 당신이 예상하는 것보다 훨씬 더 자주 청중은 실제로 재미있었다고 생각한 사람이 거의 없는 공연에도 일어서서 박수를 치곤 한다. 그 이유는 배우들의 친구 몇 명이 어찌어찌해서 연쇄 반응을 촉발시켰다는 식으로 단순할 수 있다. "반면에 미네소타 같은 곳에서처럼 관객이 너무 숫기가 없어 일어서지 않기 때문에 공연에 아주 만족한 관객일지라도 다 그냥 앉아 있을 수도 있어요." 존 밀러의 말이다. 즉 기립 박수에 참가하는 집단은 군중의 지혜를 활용하는 집단과 전혀 다르게 행동한다. 베스트바이의 제프 세버츠가 했듯이, 다양한 정보와 관점을 결합하여 하나의 영리한 결정을 내리는 대신에, 기립 박수에 참가하는 청중은 모방의 물결에 이런저런 식으로 떠밀린 것일 수 있다. 그런 일이 일어날 때 결과는 그들이 실제로 느끼는 것과 정반대일 수 있다.

생물학자 토머스 실리는 꿀벌 무리에서는 그런 일이 결코 일어나지 않을 것이라고 말한다. "예일대 학위 수여식의 청중이 일벌들이었다면, 청중 각자는 '벌집'의 일부 구성원이 자세를 바꾸고 따라서 뭔가를 하기 위해 일어서는 것을 주목하겠지만, 따라야 한다는 의무감은 지니지 않을 겁니다." 그들은 그저 유전적으로 그렇게 하도록 프로그램되어 있지 않다. "대신에 일벌들은 자연선택을 통해 그런 동료 압력이나 시류에 편승하는 밴드웨건 효과를 피하고, 독자적으로 결정을 내리도록 다듬어져왔어요." 실리와 비셔의 벌집 구하기 실험에서 보았듯이, 정찰벌은 다른 벌의 춤을 지켜봄으로써 벌집 후보지에 관해 인식할 때만, 오직 스스로 평가하고 바람직하다고 판단함으로써 그 후보지를 지지한다는 의사를 표명한다. 실리가 말했듯이, 벌은 그런 식으로 함께 일하기와 홀로 일하기를 효과적으로 결합한다. "그래서 나는 벌들이 힐러리에 관해

갈리는 결정을 내리지 않을까 생각합니다. 일부는 일어서서 날개를 윙윙거리며 박수를 치고 일부는 조용히 앉아 있겠지요. 아마 더듬이를 만지작거리면서요."

좋든 나쁘든 간에, 인간은 같은 식으로 행동하지 않는다. 우리의 딜레마를 대단히 단순화시킨다면, 우리는 공동체에 소속되기와 자기 개인의 행복을 최대화하기 사이를 오락가락한다. 우리는 타고난 본능 외에 공통의 목표를 향해 일하도록 우리를 도와줄 무언가가 필요하다. 우리는 합법적 계약, 세금, 혼란을 막는 법률, 차례를 기다리고 영화 상영 때 떠들지 않는 등의 사회 규범 같은 것들을 필요로 한다. 셸링이 말하듯이, 무엇보다도 우리는 올바른 일을 한다는 암묵적인 협정을 존중할 필요가 있다. "이런 환경에서 우리에게 필요한 것은 강제할 수 있는 사회 계약입니다. 나는 당신과 다른 모든 이들이 받아들인다면 협력할 겁니다." 하지만 그는 이 사회 계약이 대단히 허약한 것임이 드러난다고 경고한다. 그것을 깨는 데는 그저 몇 사람이 속이거나 자신의 이익을 위해 규칙을 왜곡시켜서, "그냥 쉽게 태워버릴 수 있는 쓰레기를 가지고 가거나 동네 강으로 들어가는 세제를 최소화하기 위해 애쓰는 사람들을 바보로 만들기"만 하면 된다. 개미나 벌과 달리, 우리는 집단의 요구에 무조건 봉사하도록 유전적으로 프로그램되어 있지 않다.

아마 그것이 바로 동물 집단이 그렇게 효과적으로 협력할 수 있다는 데 우리가 그토록 놀라는 이유일 것이다. 우리 자신은 그렇게 하기가 너무나 어렵다는 것을 알기 때문이다. 진화를 거쳐 세밀하게 조율된 영리한 무리는 불확실성, 복잡성, 변화를 다루는 데 놀라울 정도로 뛰어나다. 수많은 개체들의 힘을 활용함으로써 그들은 스스로를 살아 있는 계산기, 이동 감지기망, 의사결정 기계로 전환시키는 반면, 우리는 전력망, 공급망, 금융 시장 같은 복잡계를 제어하려 고군분투한다.

개미, 벌, 새와 달리, 우리는 올바로 일하는 법을 언제나 알고 있는 것이 아니다. 집단 현상에 사로잡힌 우리는 자신이 테러리스트를 알아내려 애쓰는 보스턴의 학생이든, 맥주 게임을 하느라 골몰한 시애틀의 시험 비행사든, 고장난 전력망을 다시 제어하려 애쓰는 애크론의 통제실 요원이든, 네트워크 퍼즐을 푸느라 최선을 다하는 필라델피아의 대학원생이든, 뱅킹 시스템의 붕괴에 직면한 레이캬비크의 시위자든, 위험하게 혼잡한 다리를 건너려 하는 미나의 이슬람 순례자든, 일어나서 힐러리 클린턴에게 박수 갈채를 보내야 할지 고민하는 뉴헤이븐의 청중이든 간에, 자신의 복잡성을 갖고 씨름한다. 이런 개인들로서는 올바른 일을 하기가 결코 쉽지 않다.

앞서 살펴보았듯이 우리는 보잉의 문제 해결 팀처럼 소집단이든, 위키피디아를 유지하는 다수처럼 거대한 집단이든 간에 집단으로 함께 일할 때 더 잘하는 경향이 있다. 영리한 무리의 기본 원리들을 따르고 우리 동굴인 뇌의 덫을 피함으로써, 성공 기회를 높인다. 희한한 일은 그런 집단의 일원이라고 해도 우리는 자신의 개체성을 포기할 필요가 없다는 점이다. 사실 우리는 맹목적으로 남을 모방하거나, 남을 이용하거나, 더 나은 본능을 무시할 때가 아니라 확실하고 독창적인 것, 즉 자신만의 독특한 경험과 재주로부터 도출되는 것을 가져올 때에만 집단에 가치 있는 무언가를 추가한다. 때로 이것은 집단의 선을 위해 희생하거나 일이 돌아가는 방식을 받아들임으로써 적절한 부담을 지는 것을 뜻할 수도 있다. 그리고 때로 그것은 우리가 믿는 것을 옹호하거나, 대의를 위해 운동하거나, 군중과 보조를 맞추기를 거부하는 것을 뜻할 수도 있다. 어느 쪽이든 간에 집단에 봉사하는 최선의 방법은 자신에게 진실해지는 것이다.

아무튼 인간의 행동이라는 불확실한 세계에서, 당신은 일이 어떻게 돌아갈지 결코 확신할 수 없다. 청중은 올바로 기립 박수를 칠 때도 있고, 그렇지 못할 때도 있다. 하지만 한 가지는 확신할 수 있다. 당신은 실제로 즐겁지 않았던 일들에 박수를 치면서 인생을 살아가고 싶지는 않다. 게다가 진정으로 굉장한 무언가에 환호할 완벽한 기회를 지나치고서 후회하고 싶지도 않다. 벌은 그렇게 하지 않을 것이다. 당신도 그래야 한다.

옮긴이의 글

SMART
SWARM

이한음

아이들과 동네 놀이터에서 놀다가 한 구석에서 개미집을 발견했다. 몸길이가 1센티미터쯤 되는 검은 개미들이 활기차게 들락거리고 있다. 이들이 영리한 무리란 말이지? 아이가 먹던 과자를 집 입구에서 좀 떨어진 곳에 놓아본다. 몇 녀석이 더듬이로 냄새를 맡더니, 그냥 간다. 한 녀석은 붙들고 낑낑거리며 옮기다가, 크고 작은 돌에 계속 걸리는 바람에 포기한다. 그다지 영리하다는 생각이 안 든다. 한참 뒤에 다시 가보니, 여전히 과자는 방치 상태다. 몇 녀석이 군데군데 뜯어먹은 자국만 있을 뿐이다. 실험 실패. 과자가 개미의 입맛에 안 맞았던 모양이다.

그 와중에 아이들이 개미를 몇 마리 밟는다. 개미가 짓이겨지면서 위험 신호가 퍼진 듯하다. 순식간에 개미들이 새까맣게 발치에 모여들어 둘러싼다. 신발 위로 기어오르려는 녀석들도 있다. 살짝 발을 들어 옆으로 옮겨본다. 금방 따라붙는다. 개미집에서 서서히 멀리 걸음을 옮겨본다. 개미들은 계속 따라붙는다. 거의 5미터가 넘는 곳까지 따라온다. 그 전까지는 겨우 1.5미터 근방에서 머물러 있었는데. 하지만 이 정도의 집단 방어와 공격 행동이야 우리도 얼마든지 하지 않나?

오만한 마음에 거부하거나 받아들이기를 꺼려하기도 하지만, 사실 우리는 자연에서 많은 것을 배운다. 최근의 지구 온난화 사례에서 보듯이, 자연은 우리가 자연의 일원임을 위압적인 태도로 상기시키기도 한다.

이 책은 우리가 자연에서 배울 것이 또 있다고 말한다. 이번에는 개미 떼, 벌 떼, 새 떼 같은 우리가 별 것 아니라고 치부하는 무리가 우리의 교사가 된다. 그들 개체 한 마리 한 마리는 단순한 규칙에 따라 행동할 뿐이며, 전체라는 큰 그림을 보지 못한다. 하지만 그들은 모여서 무리를 이루면 영리해진다. 영리한 무리는 어려운 과제들을 별 어려움 없이 수월하게 해결하면서 오랜 세월 변하는 환경에 대처해왔다.

저자는 그들의 행동 원리를 기업, 대중, 사회에 적용하여 난제를 해결한 사례들을 제시한다. 또 그들은 인간이 머리를 싸매고도 풀기 힘든 수학적 난제조차도 단순한 경험 법칙을 통해 수월하게 해결한다.

그들이 어처구니없을 정도로 고약하게 느껴질 수도 있지만, 저자는 그들에게서 배우면 우리도 더 영리해질 것이라고 말한다. 우리는 영리하지만 무리로서의 우리는 그들보다 영리하지 못하다는 것이다. 이 책에는 인류가 군중으로서 저지르는 실수와 재난 사례도 나와 있으며, 우리 사회도 그런 사례들을 여러 번 접한 바 있다. 모여 있던 군중이 갑자기 서로 밀쳐대다가 넘어져서 다치고 죽는 사례 말이다. 저자는 자연의 영리한 무리를 따라하면 그런 일을 예방할 수 있다고 말한다.

번역자 개인적으로는 영화 〈반지의 제왕〉에 등장했던 진짜 사람 같던 대규모 오크 군대 무리가 사실은 영리한 무리를 보고 깨우쳐서 만든 소프트웨어의 산물임을 알고 깊은 인상을 받았다. 배우가 분장을 하고 연기를 했거나, 감지기를 온몸에 붙이고 블루 스크린 앞에서 이런저런 자세를 잡은 뒤에 컴퓨터 그래픽으로 덧입힌 것이라고 생각했는데 착각이었다니. 영리한 무리의 원리를 이런 용도로 활용할 착상을 떠올리는 사람들도 놀랍다. 저자는 그런 깨달음을 얻는 사람이 많을수록 인류 무리도 더 영리해질 것이라고 말하는 듯하다. 좀 보고 배우라고 말이다.

해제

SMART SWARM

영리한 무리에서 답을 찾는다

이인식

과학문화연구소장 · KAIST 겸임교수

개미, 벌, 흰개미 같은 사회성 곤충의 군체. 새, 물고기, 순록의 떼. 이들의 공통점은 무엇일까. 이 책의 지은이는 '영리한 무리smart swarm'라는 현상이라고 이름을 붙인다. 그리고 인류로서 우리가 그런 무리와 공통의 문제를 안고 있다고 주장한다.

1

흰개미는 수만 마리가 집단을 이루고 살면서 질서 있는 사회를 유지한다. 흰개미는 흙이나 나무를 침으로 뭉쳐서 집을 짓는다. 아프리카 초원에 사는 버섯흰개미는 높이가 4미터나 되는 탑 모양의 둥지를 만들 정도이다. 이 집에는 온도를 조절하는 정교한 냉난방 장치가 있으며, 애벌레에게 먹일 버섯을 기르는 방까지 갖추고 있다.

개개의 흰개미는 집을 지을 만한 지능이 없다. 그럼에도 흰개미 집합체는 역할이 상이한 개미들의 상호작용을 통해 거대한 탑을 짓는다. 1928년 곤충학자인 윌리엄 휠러는 개개의 흰개미가 가진 것의 총화를 훨씬 뛰어넘는 지능과 적응 능력을 보여준 흰개미 군체를 지칭하기 위해 '초유기체superorganism'라는 용어를 만들었다. 흰개미의 군체를 하나의 거대한 유기체와 대등하다고 여겼기 때문이다.

초유기체 개념은 1960년대에 분자생물학의 전성시대가 열리면서 무용지물이 되었다. 분자생물학의 환원주의reductionism와 초유기체 개념의 전일주의holism는 양립할 수 없었기 때문이다.

분자생물학은 생명을 개체, 기관, 조직, 세포, 세포소기관, 분자의 순서로 내려가면서 분석한다. 이처럼 사물을 간단한 구성요소로 나누어 이해하면, 그것들을 종합하여 전체를 파악할 수 있다고 보는 접근방법이 환원주의이다. 그러나 흰개미 군체는 환원주의로 접근할 수 없다. 전체(개미 집단)가 그 부분들(개개의 개미)을 합쳐놓은 것보다 항상 크기 때문에 분석적 방법으로는 이해가 불가능한 것이다. 따라서 사물을 구성요소의 합계가 아니라 하나의 통합된 전체로 파악해야 한다는 전일주의가 환원주의의 대안으로 등장하게 되었다.

환원주의에 짓눌려 가사 상태에 있던 초유기체 개념의 부활을 시도한 사람들은 생물학자들이었다. 개미나 벌 따위의 사회성 곤충을 연구하는 입장에서 초유기체는 사회성 곤충의 군체를 이해하는 개념으로 안성맞춤이었기 때문이다. 게다가 1980년대 들어 복잡성 과학이 태동함에 따라 전일주의가 각광을 받으면서 초유기체 개념의 중요성이 부각되었다.

복잡성 과학의 연구대상은 사람의 뇌나 생태계 같은 자연현상, 주식 시장이나 세계 경제 같은 사회현상이다. 이를 통틀어 '복잡 적응계complex adaptive system'라 한다. 복잡 적응계는 단순한 구성요소가 상호간에 끊임없는 적응과 경쟁을 통해 보다 높은 수준의 복잡한 구조를 형성해 낸다. 이처럼 하위수준(구성요소)에는 없는 특성이나 행동이 상위수준(전체 구조)에서 자발적으로 돌연히 출현하는 현상은 '창발emergence'이라 한다. 창발은 복잡성과학의 기본 주제이다.

2

창발은 초유기체의 본질을 정의하는 핵심 개념이다. 개미, 흰개미, 꿀벌 따위의 사회성 곤충이 집단행동을 할 때 창발하는 군체의 지적 능력을 일러 '떼 지능swarm intelligence'이라 한다.

1989년 처음 등장한 용어인 떼 지능은 개미나 벌의 군체, 새나 물고기의 집단에서 나타나는 자연적인 것도 있지만 로봇의 무리에서 출현하는 인공적인 것도 있다.

떼 지능은 인간사회의 문제를 해결하는 소프트웨어 개발에 활용된다. 대표적인 것은 개미 떼가 먹이를 사냥하는 행동을 응용한 소프트웨어이다. 일종의 인공개미인 셈이다. 이러한 소프트웨어는 개미가 먹이와 보금자리 사이의 최단 경로를 찾아가는 것처럼 길을 추적하는 능력이 뛰어나기 때문에 운송업체나 전화회사에서 크게 활용될 전망이다. 인공

개미를 사용하면 운송업체는 채소나 석유 따위를 단시간에 배달하고, 전화회사는 통화량이 폭증하는 네트워크에서 통화를 경제적으로 연결해줄 수 있다. 이를테면 인공개미가 교통 체증을 정리하는 경찰관처럼 통화 체증을 해소하는 역할을 하는 셈이다. 하지만 인공개미에게 많은 일을 맡길 경우 사람의 힘으로 제어할 수 없는 상황이 발생하지 말란 법이 없다. 가령 개미 떼에게 통신망의 관리를 일임하고 나면 어느 누구도 네트워크의 운영 상황을 정확하게 파악할 수 없다. 또한 다른 전화회사의 네트워크에 침입하여 제멋대로 날뛰는 개미들이 출현하더라도 속수무책일 것이다. 게다가 인공개미 떼가 전화 네트워크를 파괴하는 괴물로 둔갑하는 불상사가 생긴다면 어떻게 할 것인가. 어쨌거나 떼 지능 연구 역시 여느 과학기술처럼 우려되는 측면이 없지 않은 것 같다.

떼 지능에 가장 관심이 많은 기관은 미국 국방부이다. 수많은 로봇 집단에서 떼 지능이 출현하면 군사작전을 효과적으로 수행할 수 있기 때문이다. 떼 지능의 원리를 로봇에 적용하는 분야를 '떼 로봇공학swarm robotics'이라 한다. 전쟁터를 누비는 무인지상 차량이나 혈관 속에서 암세포와 싸우는 나노로봇 집단을 제어할 때 떼 지능이 활용될 전망이다.

곤충로봇insectoid의 세계적 권위자인 로드니 브룩스 역시 떼 지능이 우주 탐사처럼 사람에게 힘든 작업에 활용될 것으로 확신하고 있다. 수백만 마리의 모기로봇이 민들레 꽃씨처럼 바람에 실려 달이나 화성에 착륙한 뒤에 메뚜기처럼 뜀박질하며 여기저기로 퍼져 나갈 때 모기로봇 집단에서 떼 지능이 창발하게 되면 우주탐사 임무를 성공적으로 수행할 수 있다고 믿고 있는 것이다.

또한 떼 지능은 생체모방학biomimetics에서 가장 기대를 걸고 있는 분야의 하나로 손꼽힌다. 생체모방학은 생명체의 구조와 기능을 연구하여 생명체를 닮은 물건을 만드는 융합 학문이다. 38억 년 전 지구에 생명이 출현한 이후 생물은 환경에 적응하기 위해 가장 바람직한 구조와 기능을 진화시킨 것이라고 볼 수 있다. 이러한 전제하에 자연을 본뜨는 생체모방학은 인공개미나 떼 로봇공학처럼 인류 사회의 문제 해결에 광범위하게 활용되고 있다.

3

떼 지능은 집단 지능collective intelligence의 일종이다. 일부 언론과 지식인이 집단지능을 집단지성이라고 표현하는 것은 부적절하고 부끄러운 일이다. 개미 떼에게 지능은 몰라도 지성이 있다고 할 수야 없지 않은가.

웹 2.0 시대를 맞아 수많은 네티즌의 자발적인 협동 작업으로 위키피디아wikipedia.org가 세계 최대의 온라인 무료 백과사전으로 성공함에 따라 집단지능은 여러 각도에서 조명되고 있다. 미국의 과학저술가인 하워드 라인골드는 휴대전화와 인터넷으로 무장한 새로운 형태의 군중을 '영리한 군중smart mob'이라 명명하고, 2002년 펴낸 자신의 저서 제목으로 사용했다. 라인골드는 2002년 한국의 신세대들이 인터넷과 이동통신 기술을 활용해 노무현 대통령의 당선에 결정적 기여를 했다고 주장했다. 미국의 경영 칼럼니스트인 제임스 서로위키는 집단의 지적 능력을 '대중의 지혜wisdom-of-crowds'라고 명명하고, 2004년 펴낸 같은 제목의 저서에서 전문가의 말만 듣지 말고 대중에게 답을 물어보는 것도 현명한 처

사라는 논리를 펼쳤다. 피터 밀러 역시 이 책에서 '영리한 무리'의 지혜에 대해 특유의 접근방법으로 체계적인 분석을 시도하고 있다.

하지만 밀러는 책의 끄트머리에서 모든 군중이 반드시 현명한 것은 아니라는 사실을 강조하고 있다. 사막메뚜기 집단이 갑자기 대륙 전체를 초토화시키는 현상을 소개한 까닭은 군중이 얼마든지 어리석은 행동을 할 수 있음을 강조하기 위해서임은 물론이다. 1630년대 네덜란드를 휩쓴 튤립 광풍부터 2009년 아이슬란드의 금융 붕괴에 이르기까지 군중이 메뚜기 떼처럼 얼마나 엉뚱한 의사결정을 하는지를 유감없이 보여주고 있다.

이 책의 지은이는 우리가 날마다 부딪히는 집단현상의 과제를 해결하기 위해 전문가에게 물어볼 것을 권유한다. 그가 말하는 전문가는 다름 아닌 풀밭, 나무, 호수, 숲에 사는 '영리한 무리'이다.

이 책을 통해 초유기체, 복잡성 이론, 떼 지능, 집단지능, 생체모방, 로봇공학 등 서로 관련이 없어 보이는 듯한 21세기의 핵심 키워드 여섯 개가 긴밀하게 연결되어 있다는 사실을 확인하고 나면 그런 똑똑한 전문가들과 더욱 알찬 대화를 나눌 수 있게 될 것임에 틀림없다.

사족 한마디 – 2001년 6월 《한겨레》에 연재하던 고정칼럼에 떼 지능 용어를 처음 소개한 바 있는 나로서는 9년 만에 국내에 처음 선보이는 떼 지능 개론서를 소개할 기회를 갖게 되어 기쁘기 그지없다.

참고문헌

서문

p. 6　피터 드러커가 관리자에 관해 한 말. *The New Realities in Government and politics / in Economics and Business / in Society and World View* (New York: Harper & Row, 1989), p. 209.

p. 8　토머스 스튜어트는 프로그래머 크레이그 레이놀즈의 말을 인용. 레이놀즈는 무리의 규칙을 이용하여 〈배트맨 리턴즈〉의 특수 효과 장면들을 만들었다. Stewarts *Intellectual Capital* (New York: Doubleday Business, 1997).

프롤로그

p. 10　더그 로슨의 가상 개미는 행위자 기반 모형의 좋은 사례다. 이 모형은 개별 단위, 즉 행위자가 단순한 행동 규칙에 따라 서로 상호작용하도록 한 컴퓨터 시뮬레이션의 일종이다. 여기서는 비행기의 좌석을 고르는 것이 과제였다. 가장 최근에 로슨은 사우스웨스트 항공사에서 무인 매표소나 짐을 부치는 곳처럼 고객에게 봉사하기 위해 경쟁하는 행위자들이 하나의 생태계를 이룬 공간을 상상하여 미래의 공항터미널의 로비 설계를 돕는 과제를 맡았다. 생물과 마찬가지로 고객에게 가장 잘 봉사하는 행위자는 증식하도록 하고, 가장 미흡한 행위자는 죽어 사라지게 한다. 로슨은 이 모형에

실제 사우스웨스트 고객들의 자료를 입력함으로써, 사실상 로비가 일종의 모사된 자연선택을 통해 스스로를 설계하도록 했다.

p. 13 잎꾼개미에 대해 더 알고 싶으면 다음 문헌 참조. Bert Hälldobler and Edward O. Wilson, *The Superorganism: The Beauty, Elegance, and Sstrangeness of Insect Societies* (New York: W. W. Norton, 2009), pp. 430–438.

1장 여기 책임자가 누구야?

p. 24 550번 군체 내의 생활을 서술한 부분은 데보라 고든이 수십 년 동안 뉴멕시코 사막에서 연구한 자료를 토대로 한다. 세세한 설명은 모두 그녀가 고생하여 한 실험에서 나온 것이다. 예를 들어 고든 연구진은 두 번의 여름에 걸친 실험을 통해 수확개미가 그 지역 식물의 씨보다는 바람과 비에 흩어진 씨를 찾아다닌다는 단순한 사실을 입증했다. 이 장에 실린 붉은수확개미에 관한 모든 사실은 고든의 연구에서 나왔다. 군체가 정찰자, 유지 관리자, 쓰레기장 일개미, 먹이 탐색자 등으로 업무를 분담한다는 내용도 그렇다. 이것은 고든의 초기에 개미를 연구할 때 다룬 주제였다.

p. 28 이 연구는 마이클 그린과 데보라 고든의 논문에 실려 있다. Interaction Rate Informs Harvester Ant Task Decisions, in *Behavioral Ecology*, March/April 2007, pp. 451-455.

p. 32 자기 조직화 원리는 다음 문헌 참조. Scott Camazine, Jean-Louis Deneubourg, Nigel R. Franks, James Sneyd, Guy Theraulaz and Eric Bonabeau, *Self-Organization in Biological Systems* (Princeton, NJ: Princeton University Press, 2001).

p. 36 데뉴부르 연구진은 이중다리 실험이라고 알려진 것에 관한 논문을 몇 편 발표했다. 그중 가장 중요한 것은 두 편이다. S. Goss, S. Aron, J.-L. Deneubourg, and J. M. Pasteels, Self-Organization Shortcuts in the Argentine Ant, *Naturwissenschaften* 76(1989), pp. 579-581: and J.-L. Deneubourg, S. Aron, S. Goss, and J. M. Pasteels, The Self-Organizing Exploratory Patterns of The Argentine Ant, *Journal of Insect Behavior* 3(1990), pp. 159-168.

p. 38 개미 군체 알고리즘을 순회 외판원 문제에 적용하는 과정에 대한 세부 사항은 다음 문헌 참조. March Dorigo an Thomas Stutzle, *Ant Colony Optimization* (Cambridge, MA: The MIT Press, 2004), pp. 65-119.

p. 38 도리고와 마니에초, 콜로르니의 연구는 다음 문헌에 실려 있다. The Ant System: Optimization by a Colony of Cooperation Agents, in *IEEE Transactions on Systems, Man, and Cybernetics*, Part B, 26, no. 1(1996).

p. 41 브리티시텔레콤의 연구는 다음 문헌 참조. Eric Bonabeau, Marco Dorigo, and Guy Theraulaz, *Swarm Intelligence: From Natural to Artificial Systems* (Santa Fe, NM: Santa Fe Institute, 1999), pp. 85-93.

p. 50 아서 새뮤얼의 체커 두는 프로그램을 다룬 내용은 존 홀랜드의 탁월한 책을 토대로 했다. *Emergence: From Chaos to Order* (New York: Basic Books, 1998), pp. 16-19, 143-154.

2장 영리한 결정을 내리다

p. 59 마르틴 린다우어의 정찰벌 관찰 내용의 그의 저서에 실려 있다. *Communication Among Social Bees* (Cambridge, MA: Harvard University Press, 1967). 톰 실리는 자신의 걸작에서 린다우어의 연구를 다루고 있다. *The Wisdom of the Hive: The Social Physiology of Honey Bee Colonies* (Cambridge, MA: Harvard University Press, 1996).

p. 62 꿀벌의 집 구하기 실험을 상세히 다룬 문헌. Thomas D. Seeley, P. Kirk Visscher, and Kevin M. Passino, Group Decision making in Honey Bee Swarms, *American Scientist* 94 (2006), p. 222.

p. 62 꿀벌 무리의 의사결정 과정은 다음 문헌 참조. Kivin Passino, Thomas D. Seeley, and P. Kirk Visscher, Swarm Cognition in Honey Bees, *Behavioral Ecology and Sociobiology* 62, no. 3 (January 2008), p. 404.

p. 68 제프 세버츠의 선물 카드 판매량 조사 내용은 다음 문헌에서 찾아볼 수 있다. Rene Dye, The Promise of Prediction Markets: A Roundtable, *McKinsey Quarterly*, April 2008, pp. 86-87.

p. 68 비전문가의 통찰력을 상세히 다룬 문헌. James Surowiechi, *The Wisdom of Crowds* (New York: Anchor, 2004).

p. 72 스콧 페이지의 연구는 다음 문헌 참조. *The Difference: How the Power of Diversity*

Creates Better Groups, Firms, Schools, and Societies (Princeton, NJ: Princeton University Press, 2007).

p. 76 모의 테러 공격 실험은 다음 문헌 참조. Anita W. Woolley, Margaret Gerbasi, Christoper F. Chabris, Stephen M. Kosslyn, and J. Richard Hackman, What Does It Take to Figure Out What Is Going On? How Team Composition and Work Strategy Jointly Shape Analytic Effectiveness, in *The Group Brain Project*, Technical Report No 4, January 2007. 또 해크먼은 2007년 3월 5일 MIT 집단 지능 센터에서 강연을 할 때 이 내용을 언급한 바 있다.

p. 80-81 정박, 현상 유지, 매몰 비용 함정은 다음 문헌 참조John S. Hammond, Ralph L. Keeney, Howard Raiffa, The Hidden Traps in Decision Making, *Harvard Business Review*, September/October 1998.

p. 82 에릭 보나보가 동굴인의 뇌 습관을 다룬 글은 두 편이다. When Intuition Is Not Enough: Strategy in the Age of Volatility, *Perspectives on Business Innovation* 9 (2003), pp. 41-47; Dont Trust Your Gut, *Harvard Business Review*, May 2003.

p. 83 집단 의사결정의 문제점을 다룬 문헌. Craig D. Parks and Lawrence J. Sanna Group Performance and Interaction (New York: Westview, 1999); Norbert L. Kerr and R., Scott Tindale, Group Performance and Decision Making, *Annual Review of Psychology*, 2004.

p. 85 꿀벌 무리를 뇌로 본 문헌. Passino, Seeley, and Visscher, Swarm Cognition in Honey Bees, p. 407.

p. 87 맥주 게임을 탁월하게 분석한 문헌. Peter Senge, *The Fifth Discipline: The Art and Practice of the Learning Organization* (New York: Doubleday, 1990), pp. 27-54: John Sterman, *Business Dynamics: Systems Thinking and Modeling for a Complex World* (New York: McGraw-Hill, 2000), pp. 684-695.

p. 100 이런 실험들을 더 알고 싶다면 다음 문헌 참조. Patric R. Laughlin et al., Groups Perform Better Than the Best Individuals on Letters-to-Numbers Problems: Effects of Group Size, *Journal of Personality and Social Psychology* 90, no. 4 (2006), p. 646.

p. 106 주민 회의를 뛰어난 통찰력과 따뜻한 시선으로 살펴본 프랭크 브라이언의 저서. *Real*

Democracy: The New England Town Meeting and How It Works (Chicago: University of Chicago Press, 2004).

p. 125 로버트 퍼트넘의 원래 논문. Bowling Alone: Americas Declining Social Capital, *Journal of Democracy* 6, no. 1 (January 1995). 그는 나중에 논의를 더 발전시켜서 책으로 냈다. *Bowling Alone: The Collapse and Revival of American Community* (New York: Simon & Schuster, 2000).

3장 꼬리에 꼬리를 물고

p. 138 헨리 스미스먼의 이야기는 다음 문헌에 실려 있다. Some Accounts of the Termites Which Are Found in African and Other Hot Climates (1781), in Erich Hoyt and Ted Schultz, eds., *Insect Lives: Stories of Mystery and Romance From a Hidden World* (New York: John Wiley & Sons, 1999), p. 160.

p. 151 흰개미집의 항상성 조절 구조를 상세히 다룬 문헌. J. Scott Turner, *The Extended Organism: The Physiology of Animal-Built Structures* (Cambridge, MA: Harvard University Press, 2000), A Superorganisms Fuzzy Boundaries, *Natural History* 111, no. 6 (July/August 2002).

p. 152 코리 라이들과 타일러 스트레인저의 비행기 충돌 사고는 국립교통안전국의 사건 번호 DCA07MA003 자료와 새로운 시각에서 본 다음 문헌들을 토대로 했다. James Barron, Manhattan Plane Crash Kills Yankee Pitcher, *The New York Times*, October 12, 2006: Michelle ODonnerll, Sifting Through the Ruins to Understand a Disaster, *The New York Times*, October 17, 2006; and Carrie Melago and Corky Siemaszko, Yank Killed in Plane Horror, New York *Daily News*, October 12, 2006.

p. 158 앤드러스의 선구적인 논문. D. Calvin Andrus, The Wiki and the Blog: Toward a Complex Adaptive Intelligence Community, September 10, 2005.

p. 158 숀 데너히와 돈 버크는 2008년 6월 9-12일에 보스턴에서 열린 〈엔터프라이즈 2.0 대회〉에서 인텔리피디아의 기원을 설명하는 강연을 했다. 온라인으로 비디오를 볼 수 있다. http://www.e2conf.com/archive/ videos/playvideo/index.php?id=641.

p. 158 위키피디아 내용은 다음 문헌 참조. Clasy Shirky, *Here Comes Everybody: The*

Power of Organizing Without Organizations (New York: The Penguin Press, 2008), pp. 109-142.

p. 163 마이클 케언스의 연구 결과가 실린 논문. An Experimental Study of the Coloring Problem on Human Subject Network, *Science* 11(August 2006), p. 824. 합의 문제를 다룬 그의 실험이 상세히 실려 있는 문헌. Michael Kearns, Stephen Judd, Jinsong Tan, and Jennifer Wortman, Behavioral Experiments on Biased Voting in Networks, *PNAS (Proceedings of the National Academy of Sciences)*, February 3, 2009, pp. 1347-1352.

p. 165 작은 세계 망은 다음 문헌 참조. Duncan Watts, *Six Degrees: The Science of a Connected Age* (New York: W. W. Norton, 2003), pp. 69-100;: Duncan Watts and Steven Strogatz, Collective Dynamics of Small-World Networks, Nature 4 (June 1998), pp. 440-442.

p. 167 척도 없는 망은 다음 문헌 참조. Albert-László Barabási, *Linked: How Everything Is Connected to Everything Else and What It Means for Business, Science, and Everyday Life* (New York: Plume, 2003); Albert-László Barabási and Eric Bonabeau, Scale-Free Networks, Scientific American, May 2003, pp. 50-59.

p. 168 말콤 글래드웰의 저서. *The Tipping Point: How Little Things Can Make a Big Difference* (New York: Little, Brewn, 2000), pp. 38-59.

p. 171 카트리나에 관한 사항은 다음 문헌 참조. Tricia Wachtendorf and James M. Kendra, Improvising Disaster in the City of Jazz: Organizational Response to Hurricane Katrina, June 2006, at http://understanding katrina.ssrc.org/Wachtendorf_Kendra.

p. 172 헬리 바버의 말은 미국 상원 위원회의 보고서에 실려 있다. *Hurricane Katrina: A Nation Still Unprepared: Special Report of the Committee on Homeland Security and Governmental Affairs*, 2006.

p. 175 케이준 해군 이야기는 더글러스 브링클리의 글에 생생하게 실려 있다. *The Great Deluge: Hurricane Katrina, New Orleans, and the Mississippi Gulf Coast* (New York: William Morrow, 2006), pp. 371-381. 다음 문헌도 참조하기를. Jefferson Hennessy, The Cajun Navy, *Acadiana Profile*, January/ February 2007.

4장 무리의 비밀

p. 181 에드먼드 셀로스의 책. *Thought-Transference (or What?) in Birds* (New York: Richard R. Smith, 1931).

p. 184 셀로스와 집단 지능을 다룬 문헌. Iain Couzins essay Collective Minds, *Nature*, February 15, 2007.

p. 185 안드레아 카바냐 연구진의 연구가 실린 문헌. Andrea Cavagna et al., The STARFLAG Handbook on Collective Animal Behaviour: 1. Empirical Methods, *Animal Behaviour* 76, no. 1(2008), pp. 217-236. 카바냐와 이레네 자르디나는 이 연구를 더 상세히 다룬 책을 펴냈다. The Seventh Starling, *Significance*, June 2008.

p. 191 집단 비행을 다룬 더 이전의 문헌. Peter F, Major and Lawrence M. Dill, The Three-Dimensional Structure of Airborne Bird Flocks, *Behavioral Ecology and Sociobiology* 4(1978), pp. 111-122; Richard Budgey, The Three Dimensional Structure of Bird Flocks and Its Implications for Birdstrike Tolerance in Aircraft, *International Bird Strike Committee Proceedings* 24 (1998), pp. 307-320.

p. 197 헝가리 물리학자의 모형. Tamás Vicsek et al., Novel Types of Phase Transition in a System of Self-Driven Particles, *Physical Review Letters*, August 7, 1995, pp. 1226-1229.

p. 197 매시브소프트웨어사의 웹사이트(www.massive.com)에는 흥미로운 내용들이 있다. 그 회사의 창의력은 상업 광고, 영화 등에 지대한 영향을 미치고 있다. 다음 기사 참조.Model Behaviour, *The Economist*, March 9, 2009, p. 32.

p. 219 라다코프의 연구. D. V. Radakov, *Schooling in the Ecology of Fish* (New York: Halsted, 1973).

p. 221 이에인 쿠진의 연구는 다음 문헌 참조.Cousin et al., Collective Memory and Spatial Sorting in Animal Groups, *Journal of Theoretical Biology* 218 (2002), pp. 1-11.

p. 227 큰가시고기, 무리, 의사결정은 다음 문헌 참조. Ashley J. W. Ward et al., Quorum Decision-Making Facilitates Information Transfer in Fish Shoals, *PNAS (Proceedings of the National Academy of Science*) 105, no. 19, p. 6952; David J. T. Sumpter et al., Consensus Decision Making by Fish, *Current Biology* 18 (November 25, 2008), pp. 1773-1777.

p. 228 인간 집단 실험은 다음 문헌에 실려 있다. John R. G. Dyer et al., Leadership, Consensus Decision Making and Collective Behaviour in Humans, *Philosophical Transactions of the Royal Society B (Biological Sciences)* 364, no. 1518 (March 2009), pp. 781-789.

p. 230 크리스타키스와 파울러의 발견. Nicholas A. Christakis, M.D., Ph.D., and James H. Fowler, Ph.D., *Connected: The Surprising Power of Our Social Networks and How They Shape Our Lives* (New York: Little, Brown, 2009); Christakis and Fowler, The Spread of Obesity in a Large Social Network over 32 Years, *The New England Journal of Medicine*, July 26, 2007; Fowler and Christakis, Dynamic Spread of Happiness in a Large Social Network: Longitudinal Analysis over 20 Years in the Framingham Heart Study, *British Medical Journal*, December 4, 2008; Christakis and Fowler, The Collective Dynamics of Smoking in a Large Social Network, *The New England Journal of Medicine*, May 22, 2008.

p. 236 음악 시장 실험. Matthew J. Salganik, Peter Sheridan Dodds, and Duncan J. Watts, Experimental Study of Inequality and Unpredictability in an Artificial Cultural Market, *Science*, February 10, 2006.

p. 241 카스턴 호이어의 저서. *Being Caribou* (Seattle: The Mountaineers Books, 2005). 린 앨리슨의 걸작 필름은 다음 웹페이지에서 찾아볼 수 있다. http://www.beingcaribou.com/ necessaryjourneys /film.html.

5장 군중의 어두운 면

p. 251 맴도는 행동에 사로잡힌 군대개미 이야기는 다음 문헌 참주. T. C. Schneirla, A Unique Case of Circular Milling in Ants, Considered in Relation to Trail Following and the General Problem of Orientation, *American Museum Novitates*, no. 1253 (April 8, 1944). 윌리엄 비비도 저서에서 군대개미의 비슷한 행동을 언급한다. *Edge of the Jungle* (New York: Henry Holt, 1921).

p. 257 메뚜기가 촉감에 민감하다는 내용을 상세히 다룬 문헌. S. J. Simpson, E. Despland, B. F. Hägele, and T. Dodgson, Gregarious Behavior in Desert Locusts Is Evoked by Touching Their Back Legs, *PNAS (Proceedings of the National Academy of Science)* 98, no. 7 (March 27, 2001), pp. 3895–3897. 세로토닌이 무리 행동에 미치는 영향을 상세히 다룬 문헌. M. L. Anstey, S. M. Rogers, S. J. Simpson, S. M. Rogers, S. R. Ott, and M. Burrows, Serotonin Mediates Behavioral Gregarization Underlying Swarm Formation in Desert Locusts, *Science*, January 30, 2009, pp. 627-630.

p. 259 제롬 벌 연구진의 연구 내용. Jerome Buhl et al., From Disorder to Order in Marching Locusts, *Science*, June 2, 2006, pp. 1402-1406.

p. 265 미나 다리 사건의 비디오 분석 자료. Anders Johansson, Dirk Helbing, Habib Z. Al-Abideen, and Salim Al-Bosta, From Crowd Dynamics to Crowd Safety, *Advances in Complex Systems*, April 2008; Anders Johansson and Dirk Helbing, From Crowd Dynamics to Crowd Safety: A Video-Based Analysis, *Advances in Complex Systems*, October 2008.

p. 266 인파가 발이 닿지 않은 채 떠밀려가는 충격파를 기술한 전문가는 존 프루인이며, 다음 문헌에 내용이 실려 있다. R. A. Smith and J. F, Dickie, eds., *Engineering for Crowd Safety* (Amsterdam: Elsevier Science, 1993), p. 99.

p. 275 튤립 열풍. Mike Dash, *Tulipomania: The Story of the Worlds Most Coveted Flower and the Extraordinary Passions It Aroused* (New York: Three Rivers Press, 1999).

결론

p. 281 토머스 셸링의 저서 *Micormotives and Macroeconomics* (New York: W. W. Norton, 1978)는 비전문가도 쉽게 읽을 수 있도록 게임 이론과 경제 모형을 결합시킨 고전이다.

p. 281 기립 박수 문제를 상세히 다룬 문헌. John H. Miller and Scott E. Page, *Complex Adaptive Systems: An Introduction to Computational Models of Social Life* (Princeton, NJ: Princeton University Press, 2007)

찾아보기

ㅂ

THE SMART
SWARM